한자학 학술용어 5개 국어 대조사전

[한] 하영삼(河永三), 신근영(辛勤英)
[중] 왕 핑(王平), 웨이 양(魏陽)
[일] 사사하라 히로유키(笹原宏之)
[베] 꽝 티 응아(郭氏娥)

한자총서 15

제목: 한자학 학술용어 5개 국어 대조사전
    Five-Language Dictionary of Chinese Characterology Terminology
저자: 하영삼(河永三), 신근영(辛勤英), 왕핑(王平), 웨이양(魏陽),
    사사하라 히로유키(笹原宏之), 꽝 티 응아(郭氏娥)

Korean Translation Copyright ⓒ 2025 by 3publication Co. All rights reserved.
이 책은 저작권법에 의하여 보호를 받는 저작물이므로 무단 전재와 복제를 금합니다.

This work was supported by the Ministry of Education of the Republic of Korea and the National Research Foundation of Korea (NRF-2018S1A6A3A02043693)

한자학 학술용어
5개 국어 대조사전

Five-Language Dictionary of Chinese Characterology Terminology

五國語言漢字學術語詞典
五力国語漢字学用語辞典
Từ điển thuật ngữ Hán tự học năm ngôn ngữ

도서출판 3

01
서문
범례
목차

서문

"한자학 학술용어 5개 국어 대조사전"의 발간을 축하하며

학문 분야에서 학술용어의 정의와 표준화는 연구의 기초이자 출발점입니다. 특히 한자학과 같이 동아시아 여러 국가의 역사와 문화에 깊이 뿌리내린 학문 분야에서는 국가 간 학술 교류와 연구 성과의 국제적 공유를 위해 다국어 학술용어 대조 작업이 필수적입니다.

한자학 분야에서 학술용어의 정의는 다른 분야에서와 마찬가지로 학술연구의 출발점입니다. 특히 다국어 대역은 학술검색과 학문의 국제화를 위해 매우 필요한 작업입니다. 그러나 주목할 점은 한중일 3국과 영어권에서 '한자학 학술용어 사전'의 편찬이 본격적으로 이루어진 사례가 없다는 것입니다. 한국에서는 '한자학'을 전문 범주로 독립하여 다룬 용어집이나 자전이 부재하고, 중국에서도 한자학학술용어(漢字學術用語)를 독립적으로 정리한 사례가 없습니다. 일본 또한 한자학만을 대상으로 한 전문 용어사전은 존재하지 않습니다.

물론 각국에서 중국언어학(漢語語言學) 분야의 학술용어집이 정리된 바 있으며, 이는 한자학과 일부 영역이 겹칩니다. 중국에서는 『중국언

어학대사전(中國語言學大詞典)≫(商務印書館, 1997)과 같은 대형 종합사전이 존재하며, 이 안에 문자학(文字學), 음운학(音韻學), 의미론(語義學) 관련 용어가 포함되어 있습니다. 또한 『언어학대사전(語言學大辭典)』(上海辭書出版社, 1990)에서도 한자학과 관련된 기본 용어(예: 六書, 假借, 形聲 등)를 찾아볼 수 있습니다. 일본에서는 『언어학대사전(言語學大辭典)』(三省堂) 등이 참고 될 수 있으나, 역시 한자학만을 특화한 용어집은 없습니다. 한국에서는 전광진 교수의 『중국문자훈고학사전』(동문선, 2003)에 의해 한자 학술용어에 대한 정의가 시도된 적이 있으며, 최근에는 연변대학 편집부의 『조선어학사전』(역락, 2025)이 출간되어 이 영역에 대한 관심을 보여주고 있습니다. 영어권에서는 Chinese linguistics를 포괄하는 일반 언어학 사전이 존재할 뿐, 독립된 'Chinese character studies glossary'나 'Chinese Characterology Terminology'에 관한 저술은 드뭅니다. 물론 Victor Mair 편집의 'ABC Chinese-English Dictionary'나, John DeFrancis의 'ABC Chinese-English Comprehensive Dictionary' 등이 있긴 하나, 이는 한자학 전용이 아닙니다. 물론 중국언어학 연구에서 Bernhard Karlgren, William G. Boltz, Jerry Norman 등의 훌륭한 저작이 있지만, 중국언어학이나 한자학에 대한 전문적인 용어 정리는 여태껏 없었다는 점이 주목할 만합니다.

결론적으로, 한자학에 특화된 '학술용어대역사전'은 아직 어느 나라에서도 본격적으로 편찬되지 않았으며, 이러한 상황에서 본 사전은 한자학 분야에서 처음으로 시도되는 다국어 대조사전으로서 그 의의가 매우 크다고 하겠습니다. 이 사전은 동아시아 문자 연구의 새로운 장을 여는 역사적인 작업이며, 한자를 공유하는 문화권에서 학술적 소통의 기반을 마련하는 중요한 초석이 될 것입니다.

본 사전은 한자학 분야의 주요 학술용어 800개 항목을 대상으로 한국어, 중국어, 일본어, 베트남어, 영어의 5개 언어 대역과 각 술어에 대한 상세한 설명을 제공합니다. 이 작업은 한국의 하영삼(河永三), 신근영(辛勤英) 교수, 중국의 왕 핑(王平), 웨이 양(魏陽) 교수, 일본의 사사하라 히로유키(笹原宏之) 교수, 베트남의 꽝 티 응아(郭氏娥) 교수 등 4개국 연구자들의 긴밀한 협력을 통해 이루어졌습니다. 이러한 다국적 학자들의 협업은 단순한 용어 대조 이상의 학술적 가치를 지니며, 각국의 한자학 연구 전통과 방법론이 서로 교차하고 융합되는 학문적 교류의 장을 마련했다는 점에서도 그 의미가 깊습니다.

이 기획은 약 10여 년 전에 왕 핑 교수와 제가 함께 구상한 것으로, 당시에는 프랑스어, 독일어, 태국어 등도 포함하는 더 광범위한 프로젝트로 계획되었습니다. 그러나 현실적인 여건을 고려하여 이번에는 경성대학교 한국한자연구소의 HK+과제의 지원을 받아 5개 국어 대역으로 범위를 한정하고, 표제어도 800개로 축소하여 진행하게 되었습니다. 이렇게 시작된 작업이 마침내 결실을 맺게 된 것은, 한자학 연구의 역사에서 작지만 의미 있는 이정표가 될 것입니다.

특히 생성 AI 시대에 접어들면서 학술용어의 표준화된 정의와 다국어 대역의 중요성은 더욱 커지고 있습니다. AI 기반 학술 검색과 번역, 국제 학술교류의 효율성을 높이기 위해서는 표준화된 학술용어 체계가 필수적입니다. 생성 AI는 기본적으로 대량의 텍스트 데이터를 학습하여 언어를 이해하고 생성하는데, 학술 분야에서 용어의 통일성이 보장되지 않으면 AI 시스템이 정확한 정보를 제공하기 어렵습니다. 한자학과 같은 전문 학문 분야에서 다국어 대역 용어집의 존재는 국제적 학술교류의 기반이 될 뿐만 아니라, 향후 AI 기술을 활용한 학술 검색과 번역의 정확성을 높이는 데 크게 기여할 것입니다. 디지털 인문학과 전산언어학이 발전하는 현 시점에서, 이 사전은 단순한 참고자료를 넘어 디지털 시대 한자학 연구의 중요한 인프라가 될 것입니다.

물론 이러한 작업은 매우 어렵고 방대한 과제입니다. 각국의 학술 전통과 용어 체계가 서로 다르고, 특히 한자학과 같이 각국의 문화적 배경과 밀접하게 연관된 분야에서는 개념의 일대일 대응이 쉽지 않기 때문입니다. 하지만 "시작이 반"이라는 말처럼, 한자학 분야에서 처음으로 시도되는 이 작업은 앞으로의 발전을 위한 중요한 초석이 될 것입니다.

본 사전은 부족한 점과 보충해야 할 부분이 많을 것입니다. 그러나 "한 술에 배부를 수는 없는 법"이므로, 이번 출간을 시작으로 앞으로도 부단히 보충하고 보완하여 한자학 학술용어의 국제 표준화를 위해 계속 노력해 나갈 것입니다. 이 사전 편찬 사업이 향후 한자 문화권 학문 공동체의 소통과 협력을 위한 독창적인 학술 기반으로 자리매김하기를 기대합니다.

본 사전의 편찬은 또한 교육적 측면에서도 큰 의미를 가집니다. 이제 한자학을 공부하는 학생들과 연구자들은 다양한 언어로 표현된 학술 개념을 정확히 이해하고 비교할 수 있게 되었습니다. 이는 학문의 세대 계승과 국제적 학술 네트워크 형성에 있어 중요한 기반이 될 것입니다.

사전은 한국의 자모순으로 배열하였으며, 독자들의 검색 편의를 위해 한국어 색인 외에도 중국어, 영어, 베트남어 색인을 부록으로 추가하였습니다. 이러한 다중 색인 시스템은 다양한 언어권 사용자들의 접근성을 높이고, 국제적 학술 교류의 도구로서 본 사전의 가치를 더욱 높일 것입니다.

마지막으로, 이 사전의 집필에 참여해 주신 왕평, 사사하라 히로유키 교수 등 각국의 연구자분들께 깊은 감사의 말씀을 드립니다. 특히 이 프로젝트의 간사로서 조정과 실무를 담당해 주신 신근영 교수께도 특별한 감사의 마음을 전합니다. 이 조그만 사전이 한자학 연구의 국제화와 학술 교류 활성화에 기여하고, 동아시아 문자 문화의 풍요로운 세계를 탐구하는 모든 이들에게 귀중한 길잡이가 되기를 진심으로 기대합니다.

2025년 4월
집필진을 대표하여 하영삼 씁니다

범 례

○ 기호 설명

기호	설명	예시
*	일본어로 표제어를 작성하였으나, 의미에 미묘한 차이가 있거나 의문이 드는 등 주의가 필요한 경우로 아직 확정하기 어려운 용어를 나타낸다.	仮借分化字*
☆	일본어 표제어를 확정할 수 없는 경우를 나타낸다.	
◇	정의 부분을 나타낸다.	◇각부(刻符)는 부절(符節: 증표)에 새겨진 문자를 가리킨다.

○ 항목 구성 및 배열

1. 표제어와 배열순서: 총 800개의 용어에 대해, 한국어, 중국어, 일본어, 베트남어, 영어 순으로 배열했다.
    (예): 1_가차(假借) ‖ 假借 ‖ 仮借 ‖ Giả tá (sử dụng ký tự mượn) ‖ Borrowing in Writing
2. 배열 원칙: 본문의 표제어는 한글 자모음의 가나다순으로 배열했다.
3. 부록: 영어, 중국어 색인을 첨부했다.

○ 감사의 글

상기 저자 이외에 다음 학자들께서 일본어 관련 작업에 귀중한 조언과 협조를 제공해 주셨습니다.
리쓰메이칸대학(立命館大學)의 오치아이 준시(落合淳思) 교수

도쿄외국어대학(東京外國語大學)의 아라카와 신타로(荒川愼太郞) 교수
도호쿠대학(東北大學)의 지스크 매슈(ジスク・マシュー) 교수
동북사범대학(東北師範大學)의 홍인선(洪仁善) 교수

목 차

서문	i
범례	viii
목차	ⅩⅤ
가	3
나	26
다	27
라	37
마	38
바	43
사	55
아	73
자	96
차	124
타	129
파	132
하	143
색인(1) 한국어	173
색인(2) 중국어	191
색인(3) 영어	209
색인(4) 베트남어	231

02

본문

한자학 학술용어 5개 국어 대조사전

가

1-가차(假借) ‖ 假借 ‖ 仮借 ‖ Giả tá (sử dụng ký tự mượn) ‖ Borrowing in Writing ◇가차(假借)는 특별히 하나의 문자(文字) 현상을 가리키는데, 본래 해당 글자가 없어서 빌려오거나, 본래 그 글자가 있음에도 다른 글자를 빌려 와서 표현하는 글자를 말한다.

2-가차분화자(假借分化字) ‖ 假借分化字 ‖ 仮借分化字* ‖ Chữ phân hóa giả tá ‖ Borrowed Differentiation Characters ◇가차분화자(假借分化字)는 이미 만들어진 어떤 원래 글자(原字)를 가차(假借)하여 생성된 분화자(分化字)를 가차분화자(假借分化字)라고 한다.

3-가차소리부(借音符) ‖ 借音符 ‖ 仮借字* ‖ vay mượn ký hiệu biểu âm ‖ Borrowed Yin Fu ◇한자에서 차음부(借音符: 가차소리부)는 고대 한자에서 특정 음절을 나타내기 위해 사용된 글자를 말하는데, 이러한 글자들은 원래 자신만의 의미를 가지고 있었을 수 있으나, 어떤 조합에서는 다른 음절의 발음을 나타내기 위해 사용된다.

4-가차의미(假借義) ‖ 假借義 ‖ 仮借義 ‖ Nghĩa giả tá (nghĩa

mượn) ‖ Borrowed Meaning ◇가차의미(假借義)는 특정한 어휘 맥락에서 한 한자가 본래의 뜻과는 무관한 의미를 차용하여 나타내는 의미를 말한다.

5-가차자(假借字) ‖ 假借字 ‖ 仮借*/仮借字* ‖ Chữ giả tá (chữ mượn) ‖ Borrowed Character ◇가차자(假借字)는 음운(音韻) 또는 의미상 서로 근접하거나 유사한 글자를 사용하여 원래 사용했어야 할 글자를 대체하는 현상을 가리킨다.

6-가차자형(借形) ‖ 借形 ‖ 字体借用* ‖ Mượn hình ‖ Borrowed form ◇가차자형(借形)은 한자 중 어느 하나 혹은 몇몇 필획을 의미가 비슷한 도형(圖形)으로 대체하거나, 혹은 다른 한자의 일부 필획을 빌려와 자신의 부족한 필획을 보충함으로써, 새로운 의미 있는 한자 조합 형식을 형성하는 것을 말한다.

7-가체지사(加體指事) ‖ 加體指事 ‖ ☆ ‖ Chỉ sự thêm nét ‖ Jia ti zhi shi ◇가체지사(加體指事)는 이미 존재하는 상형자(象形字)를 기초로, 지사 부호나 표기를 추가함으로써 형상화할 수 없는 부위나 추상적 개념을 '지시'하거나 '표시'하여, 전혀 새로운 추상적 개념이나 구체적 사물의 특정 부분을 표현한 글자를 말한다.

8-각계설(刻契說) ‖ 刻契說 ‖ 刻契說* ‖ Thuyết chữ khắc ‖ The Theory of Carving and Notching ◇각계설(刻契說)은 한자 기원에 대한 학설 중 하나인데, 달리 '각획설(刻劃說)'이라고도 한다. 목간(木簡)이나 죽간(竹簡)에 홈을 새겨 사건이나 사물의 수량을 기록하는 것을 가리키는데, 이러한 각계(刻契)는 계약의 증거와 정보 전달의 역할을 가졌다.

9-각부(刻符) ‖ 刻符 ‖ ☆ ‖ Ký tự văn khắc ‖ Inscription Carving ◇각부(刻符)는 부절(符節: 증표)에 새겨진 문자를 가리킨다.

10-각획부호(刻畫符號) ‖ 刻畫符號 ‖ 刻画符号 ‖ Ký hiệu khắc ‖ Carved Symbols ◇각획부호(刻畫符號)는

신석기시대(新石器時代)의 도기(陶器)에 새겨진 문자(文字)와
유사한 대량의 부호(符號)를 가리킨다.

11-간독문(簡牘文) ‖ 簡牘文 ‖ 簡牘文字 ‖ Chữ giản đốc ‖ Bamboo
and Wooden Slip Inscriptions ◇간독문(簡牘文)은 달리
'간백문(簡帛文)'이라고도 하는데, 죽간(竹簡)과 포백(布帛) 위에
쓰인 문자를 가리키며, 그중 '간(簡)'은 죽간(竹簡: 대 쪽)을,
'백(帛)'은 백서(帛書: 비단)를 지칭한다. 이것은 중국 고대 필사
재료의 한 가지 중요한 형식으로, 동주(東周)에서 위진(魏晉)
시기에 이르기까지 광범위하게 사용되었다.

12-간록자서(干祿字書) ‖ 『干祿字書』 ‖ 『干祿字書』 ‖ Càn lộc tự
thư ‖ Gan Lu Character Book ◇『간록자서(干祿字書)』는
당(唐)나라 정자학(正字學)의 중요 성과이다. 안원손(顔元孫)이
저자이며, 주로 이체자(異體字)를 정리하고 연구하여 문자의 표준
형체를 확정했다.

13-간자(簡字) ‖ 簡字 ‖ 簡体字/略字 ‖ Chữ giản thể ‖ Simplified
Characters ◇간자(簡字)에는 세 가지 의미가 있다. 즉
①간화한자(簡化漢字)를 가리키거나, ②간체자(簡體字)를
가리키거나, ③청나라 말기 노내선(勞乃宣)이 제정한 일종의
병음자모(拼音字母)를 가리킨다. ☞'간체자' 항목 참조.
☞'간화자' 항목 참조.

14-간접구성요소(間接構件) ‖ 間接構件 ‖ ☆ ‖ Bộ phận cấu thành
gián tiếp ‖ Indirect component ◇한자의 간접구성요소(間接構件:
간접구건)는 한자를 구성하는 각각의 부분 또는 요소를
가리키는데, 이러한 부분들은 한자 전체의 의미를 직접 나타내는
것이 아니라 다른 부분들과 결합하여 완전한 한자를 구성한다.

15-간체자(簡體字) ‖ 簡體字 ‖ 簡体字 ‖ Chữ giản thể ‖ Simplified
Characters ◇간체자(簡體字)는 번체자(繁體字)에 상대되는 한자
필사 형식으로, 간화자(簡化字) 또는 간체중문(簡體中文)이라고도

한다. ☞ '간화자(簡化字)' 항목 참조.

16-간필자(簡筆字) ‖ 簡筆字 ‖ ☆ ‖ Chữ giản hoá nét ‖ Simplified Stroke Characters ◇간필자(簡筆字)는 간화자(簡化字) 또는 간체자(簡體字)라고도 불리는데, 민중 속에서 수집되어 규범화와 정리를 거쳐 정부 관련 기관에서 공포한 문자로서 번체자(繁體字)와 상대되는 개념이다.

17-간화(簡化) ‖ 簡化 ‖ 簡化 ‖ Giản hóa ‖ Simplification ◇간화(簡化)는 통상 번체한자(繁體漢字)를 간체한자(簡體漢字)로 간화(簡化)하는 과정을 가리킨다. 이러한 간화(簡化)는 한자의 필획수를 줄여서 필사(筆寫)를 보다 편리하게 하는 것을 목표로 하였으며, 동시에 한자의 보급과 학습을 촉진하였다. ☞ '한자간화' 항목 참조.

18-간화성(簡化性) ‖ 簡化性 ‖ ☆ ‖ Tính giản hóa ‖ Simplification ◇간화성(簡化性)은 선조화(線條化)하여 한자의 자형을 더욱 간화(簡化)해, 필사(筆寫)와 기억(記憶)에 편리하게 하는 것을 가리킨다. ☞ '한자간화' 항목 참조.

19-간화원자(簡化原字) ‖ 簡化原字 ‖ ☆ ‖ Giản hóa chữ ban đầu ‖ Simplification of Original Characters ◇간화원자(簡化原字)란 번체자(繁體字)의 필획을 간화(簡化)하여 형성된 간화자(簡化字)를 지칭한다.

20-간화자(簡化字) ‖ 簡化字 ‖ 簡体字/簡化字 ‖ Chữ giản hóa ‖ Simplified Characters ◇간화자(簡化字)는 규범화와 정리를 거쳐 정부 관련 기관에서 공포한 글자로, 간체자(簡體字) 또는 간체중문(簡體中文)이라고도 한다. 번체자(繁體字)와 상대되는 개념이다.

21-간화자총표(簡化字總表) ‖ 『簡化字總表』 ‖ 簡化字総表 ‖ Bảng tổng hợp chữ giản hóa ‖ General Table of Simplified Characters ◇『간화자총표(簡化字總表)』는 1964년에

『한자간화방안(漢字簡化方案)』을 기초로 출판되었으며, 총 2,238개의 간화자(簡化字)를 수록하였고, 중국 대륙의 현행 사용 한자의 표준이 되었다. 『간화자총표(簡化字總表)』는 중국이 최종적으로 한자 간화(簡化)를 진행한 후의 총표(總表)이다.

²²-간화편방(簡化偏旁) ‖ 簡化偏旁 ‖ 偏旁簡体字* ‖ Giản hóa bộ thủ bàng ‖ Simplified Radicals ◇간화편방(簡化偏旁)은 한자 간화 방안 중 하나로, 전문적으로 편방으로 사용되는 간화된 편방을 가리킨다.

²³-감필자(減筆字) ‖ 減筆字 ‖ 略字/省文 ‖ Chữ bớt nét ‖ Character Reduction ◇감필자(減筆字)는 간체자(簡體字)의 일종인데, 필획(筆劃)을 줄인(減) 한자를 지칭한다.

²⁴-갑골문(甲骨文) ‖ 甲骨文 ‖ 甲骨文字 ‖ Chữ giáp cốt ‖ Oracle Bone Script ◇갑골문(甲骨文)은 '계문(契文)', '귀갑문자(龜甲文字)', '은허문자(殷墟文字)', '갑골복사(甲骨卜辭)' 등으로도 불린다. 이는 중국 상대(商代) 후기부터 서주(西周) 초기까지 사용된 문자의 일종으로, 거북의 등껍질(甲)과 짐승의 뼈(骨)에 새겼기 때문에 그런 이름이 붙었다.

²⁵-갑골문 문자학(甲骨文文字學) ‖ 甲骨文文字學 ‖ 甲骨文字学 ‖ văn tự học Giáp cốt ‖ Oracle Bone Script Studies ◇갑골문 문자학(甲骨文文字學)은 문자학(文字學)의 방법을 사용하여 갑골문(甲骨文)의 성질(性質), 구조(結構), 특징(特點), 발전(發展), 변화 등의 측면에 대해 연구하는 학문이다.

²⁶-갑골학(甲骨學) ‖ 甲骨學 ‖ 甲骨学 ‖ Giáp cốt học ‖ Oracle Bone Studies ◇갑골학(甲骨學)은 갑골문(甲骨文)을 연구하는 학문이다. 갑골문은 중국 상대(商代) 말기(약 기원전 14세기부터 기원전 11세기까지) 왕실에서 점복(占卜)을 기록하기 위해 거북의 등딱지나 짐승의 뼈에 새겨 넣은 문자로, 중국에서 현재까지

발견된 가장 이른 시기의 체계적인 문자 형식이다. 갑골학의 연구 대상에는 주로 갑골문의 발견, 발굴, 정리, 저록(著錄), 해독은 물론 갑골문을 이용한 관련 역사, 문화, 언어 등 방면의 연구 등이 포함된다.

27-강영여서(江永女書) ‖ 江永女書 ‖ 江永女書/女文字 ‖ chữ viết Nữ thư Giang Vĩnh ‖ Jiang Yong Nü Shu
◇강영여서(江永女書)는 중국 호남성 강영현, 도현(道縣) 일대 요족(瑤族) 부녀자들이 사용한 문자 부호로, 현지의 한어 방언을 기록하는 데 사용되었다. 유래는 불명확하며, 창시 시기는 명말청초보다 이르지 않다. 자수는 1,000여 자로, 자형이 긴 마름모꼴을 이루며, 우상에서 좌하로 기울어져 있다. 약 절반의 형체가 한자에서 탈변한 것으로 보이며, 음절문자로 볼 수 있다. 서사 내용은 주로 부녀자들의 고난과 심정을 표현한 가요이다.

28-개체자부(個體字符) ‖ 個體字符 ‖ ☆ ‖ Ký tự cá thể ‖ Individual Character ◇개체자부(個體字符)란 단일 형태로서, 완전한 의미와 발음을 가진 한자 부호를 가리킨다.

29-거란대자(契丹大字) ‖ 契丹大字 ‖ 契丹大字 ‖ Chữ đại Khiết Đan ‖ Qi Dan Large Script ◇거란대자(契丹大字)는 거란어의 한 문자로, 한자의 횡평, 수직, 굴곡의 서사 특징을 따랐으며, 일부 필획이 간단한 한자 자형을 차용하여 개조하고 필획을 증감하여 새로운 문자를 창제했다.

30-거란문자(契丹文) ‖ 契丹文 ‖ 契丹文字 ‖ Chữ Khiết Đan (Chữ viết của dân tộc Khiết Đan) ‖ Qidan Script
◇거란문자(契丹文)는 거란대자(契丹大字)와 거란소자(契丹小字)의 통칭으로, 거란어(契丹語)를 필사하는 두 종류의 문자체계이며, 거란족(契丹族)이 건립한 요(遼)나라에서 공식문자의 지위를 가졌다.

31-거란소자(契丹小字) ‖ 契丹小字 ‖ 契丹小字 ‖ Chữ Idu (ký tự

Hán-Hàn cổ ‖ Qi Dan Small Script ◇거란소자(契丹小字)는 거란족이 창제한 문자로, 주로 한자의 편방부수와 유사한 표음부호를 사용하여 거란어 어휘를 표기했다.

32-검자법(檢字法) ‖ 檢字法 ‖ 檢字法 ‖ Phương pháp tra chữ ‖ Indexing Method ◇검자법(檢字法)은 자전(字典)이나 사전(詞典) 또는 기타 공구서(工具書)에서 필요한 글자(字)나 단어(詞)를 찾기 위해 배열 순서에 따라 검색하는 방법을 가리킨다. ☞'한자검자법' 항목 참조.

33-격음부호(隔音符號) ‖ 隔音符號 ‖ 隔音符号 ‖ Ký hiệu cách âm ‖ Diaeresis ◇격음부호(隔音符號)는 서면 상 음절을 분리하는 부호를 말한다. 「중문병음방안」에 규정되어 있다. a, o, e로 시작하는 음절이 다른 음절 뒤에 연결될 때, 음절의 경계가 혼동되면 격음부호(')로 분리한다.

34-결승(結繩) ‖ 結繩 ‖ 結繩 ‖ Kết thừng ‖ Knotting ◇결승(結繩)은 문자가 생기기 전의 기억을 돕는 방법을 부른다. 줄에 매듭을 지어 일을 기록했는데, 전해지기로는 큰일은 큰 매듭을, 작은 일은 작은 매듭을 지었다고 한다. 『역·계사(繫辭)』(하)에서 "상고에는 결승으로 다스렸고, 후세의 성인은 이를 서계로 바꾸었다."라고 했다.

35-결승기시설(結繩記事說) ‖ 結繩記事說 ‖ 結繩文字説* ‖ Thuyết kết dây ‖ The Theory of Knot-Tying for Record-Keeping ◇결승기사설(結繩記事說)은 한자 기원에 관한 학설의 하나로, 문자가 생겨나기 이전에 고대인들은 끈을 묶는 방식을 통해 사건을 기록하거나 사물을 인지하였다고 여긴다.

36-결체(結體) ‖ 結體 ‖ 結構 ‖ Kết thể ‖ Jie Ti ◇서법에서 결체(結體)는 한자 서사에서 글자 구조의 짜임새(間架構造)를 의미하며, 각 글자의 점획 사이의 배치와 형세의 구성을 다루는 서법의 매우 중요한 구성요소이다.

37-경필서법(硬筆書法) ‖ 硬筆書法 ‖ 硬筆書道 ‖ Thư pháp bút cứng ‖ Calligraphy with pens ◇경필서법(硬筆書法)은 경질 필첨(筆尖)의 필기구(예를 들어, 만년필이나 볼펜 등)를 사용하여 서사하는 예술 형식이다.

38-계량한자학(計量漢字學) ‖ 計量漢字學 ‖ 計量漢字学 ‖ Hán tự học định lượng ‖ The Study of Quantitative Chinese Characters ◇계량한자학(計量漢字學)은 수학(數學), 통계학(統計學) 등의 계량학적 방법을 운용하여, 한자의 수량(數量), 구조(結構), 사용 빈도(使用頻度), 변화 규율 등에 대해 양적 분석과 연구를 진행하는 학문이다.

39-고금자(古今字) ‖ 古今字 ‖ 古今字 ‖ Chữ cổ kim ‖ Ancient and Modern Characters ◇고금자(古今字)는 문헌 중에 동일한 의미(語義)를 기록하면서, 시대에 따라 다른 한자를 사용한 통시 동사이자(歷時同詞異字) 현상을 가리킨다. 고금자(古今字)는 다른 시대에 동일한 단어(語)(혹은 어소(語素))를 기록할 때 사용한 다른 형체(形體)의 글자(字)이다. 사용 연대(年代)가 비교적 이른 것은 고자(古字)이고, 사용 연대(年代)가 비교적 늦은 것은 금자(今字)이다.

40-고금자변이(古今字變異) ‖ 古今字變異 ‖ 古今字の変化* ‖ Dị biến chữ cổ kim ‖ Ancient and Modern Character Variation ◇고금자변이(古今字變異)는 동일한 한자가 서로 다른 시대에 다른 글자 모양을 가지는 것을 말하는데, 시대적으로 앞선 자형은 고자(古字)이고, 시대적으로 뒤에 존재한 자형은 금자(今字)에 해당한다.

41-고금통용자(古今通用字) ‖ 古今通用字 ‖ ☆ ‖ Chữ thông dụng cổ kim ‖ Ancient and Modern Common Characters ◇고금통용한자(古今通用漢字)란 고금자(古今字) 사이에 통용되는 것을 말한다. 다시 말해 고자(古字)로 금자(今字)를 대체하는 것을

가리킨다.

42-고대한자(古代漢字) ‖ 古代漢字 ‖ 古代漢字 ‖ Cổ văn tự ‖ Ancient Chinese Characters ◇고대한자(古代漢字)는 주로 한자가 생겨난 때부터 청(淸)나라 말, 민국(民國) 초기에 이르는 기나긴 역사적 시기에 사용된 한자를 가리킨다. 이 시기의 한자는 갑골문(甲骨文), 금문(金文), 대전(大篆), 소전(小篆)에서부터 예서(隸書)에 이르기까지 여러 가지 서체(書體)의 변화를 겪었다. ☞'고문자' 항목 참조.

43-고도문(古陶文) ‖ 古陶文 ‖ 古代の陶文* ‖ Văn tự trên đồ gốm cổ ‖ Ancient Pottery Inscriptions ◇고도문(古陶文)은 또한 고도문자(古陶文字: 고대 도기문자)라고도 하는데, 고대 사람들이 도기에 새기거나 써 넣은 문자 부호를 가리킨다. 이러한 문자 부호는 고대 인류의 사상, 생활과 사회활동을 기록하였는데, 고대 문명과 문자 발전을 연구하는 데 있어 중요한 실물 자료 중 하나이다.

44-고려역음(高麗譯音) ‖ 高麗譯音 ‖ 朝鮮漢字音 ‖ dịch âm Cao Ly ‖ Gao Li Transcription ◇고려역음(高麗譯音)은 '조선역음'이라고도 한다. 서기 7-10세기 조선이 한어에서 차용한 다량의 어휘와 한자의 독음 체계를 부른다. 고대 한어의 어음 연구에 참고 가치가 있다.

45-고문(古文) ‖ 古文 ‖ 古文 ‖ Cổ văn ‖ Ancient Text ◇고문(古文)은 전통한자학에서 갑골문·금문 등 상고시대의 문자 형태를 통칭하는 용어이다. 예를 들어 『설문해자(說文解字)』에서 '일(日)'의 고문을 '일(囗)'로 제시하였는데, 소전체(小篆體) 이전의 글자 모습을 보여준다. 이러한 고문 자료는 한자의 초기 형태와 조자(造字) 원리를 이해하는 데 중요한 단서가 되며, 특히 상형(象形)·지사(指事) 등 육서(六書)의 원리를 설명하는 데 핵심적 역할을 한다. 또 고문(古文)은 고대의 문자 형태뿐만 아니라 '옛 문헌'을 지칭하기도 하는데, 예를 들어

'고문상서(古文尙書)'는 공자 가택의 벽속에서 출토된 고문 등 선진(先秦)시기의 『상서』 판본을 가리키고, '고문경(古文經)'은 진(秦)나라의 분서갱유(焚書坑儒) 이전에 전해지던 경전텍스트를 의미한다.

46-고문자(古文字) ‖ 古文字 ‖ 古文字 ‖ Hán tự cổ ‖ Ancient Chinese Characters ◇고문자(古文字)는 고대 한자의 각종 서체(書體)를 통칭하는 말이다. 또한 특별히 진(秦)나라 이전에 전해 내려온 전서(篆文) 체계의 문자를 가리키기도 한다.

47-고문자학(古文字學) ‖ 古文字學 ‖ 古文字学 ‖ Văn tự học cổ ‖ Ancient Linguistics ◇고문자학(古文字學)의 연구 내용은 대체로 광의와 협의의 두 가지로 나눌 수 있다. 광의의 고문자학은 고문자(古文字) 그 자체에 대한 연구뿐만 아니라 갑골복사(甲骨卜辭)와 청동기명문(銅器銘文) 등 각종 고문자 자료에 대한 연구도 포함한다. 반면 협의의 고문자학은 주로 문자학(文字學)의 한 분과로서 한자의 기원, 고대한자(古漢字)의 형체, 구조 및 그 변천에 중점을 두고 연구하며, 또한 고문자를 고석(考釋)하는 방법도 연구한다.

48-고빈도추간율(高頻趨簡律) ‖ 高頻趨簡律 ‖ 頻繁に使われる文字ほど簡略化されやすいという法則 ‖ Quy luật giản hóa các ký hiệu thường dùng ‖ High-frequency Simplification Law ◇고빈도추간율(高頻趨簡律)은 언어학적 현상으로, 사용 빈도가 높은 언어 요소일수록 더 단순한 형태를 지향하게 된다는 법칙이다. 즉, 자주 사용되는 단어나 표현은 시간이 지남에 따라 더 간단한 형태로 변화하는 경향을 보인다. 이는 언어의 경제성과 효율성을 반영하는 보편적인 언어 변화의 원리 중 하나이다.

49-고예(古隸) ‖ 古隸 ‖ 古隷 ‖ Chữ Lệ cổ ‖ Ancient Clerical Script ◇고예(古隸)는 한자가 전서(篆書)에서 예서(隸書)로 연변(演變)하는 과정 중에 존재한 과도기적 글자체의 하나로,

전서(篆書)의 어떤 특징을 가지고 있으면서도 예서(隸書)의
간화(簡化) 추세(趨勢)를 드러내기 시작했다.

⁵⁰-고주(古籒) ‖ 古籒 ‖ 古籒*/古文/籒文 ‖ Cổ triện ‖ Ancient Zhou
Script ◇고주(古籒)는 바로 고문(古文)과 주문(籒文)을 합쳐
부르는 말이다.

⁵¹-곡랑비(穀朗碑) ‖ 穀朗碑 ‖ 谷朗碑 ‖ Cốc Lãng bi ‖ Gu Lang
Stele ◇곡랑비(谷朗碑)는 삼국시대 오(吳)나라의 비각이다.
봉황(鳳凰) 원년(272년) 뇌양(耒陽: 지금의 호남성에 속함)에
세워졌다. 문장은 총 18행이며, 만행 24자이다. 자체는 해서와
예서의 중간에 있으며, 해서 초창기의 중요한 작품이다. 필법이
단정하고 힘이 있으며, 한인의 서풍이 많이 남아있다.

⁵²-과두문(蝌蚪文) ‖ 蝌蚪文 ‖ 蝌蚪文/蝌蚪文字 ‖ Chữ khoa
đẩu ‖ Tadpole Script ◇과두문(蝌蚪文)은 '과두서(蝌蚪書)'라고도
하는데, 고문자체(古文字體)의 일종이다. 필획(筆劃)이 대개
머리는 크고 꼬리는 작아, 그 형상이 올챙이[蝌蚪]를 닮았다고
해서 이렇게 부른다.

⁵³-관각체(館閣體) ‖ 館閣體 ‖ 館閣体 ‖ thể Quán các ‖ Guan Ge
Style ◇관각체(館閣體)는 해서 서체명이다. 명청 과거 시험에서
답안지의 글자를 오흑(烏黑), 방정(方正), 광결(光潔)하게 쓰고
대소가 일률직이어아 했다. 청내 중기에 이르러 요구가 더욱
엄격해져 경직화되었다. 명대에는 이러한 해서를
'대각체(臺閣體)'라 했고, 청대에는 '관각체'라 했다.

⁵⁴-광의의
이체자(廣義異體字) ‖ 廣義異體字 ‖ 広義の異体字 ‖ Chữ dị
thể nghĩa rộng (khác: Chữ dị thể nghĩa hẹp) ‖ Broad Sense
Variant Character (Narrow Sense Variant Character) ◇광의의
이체자(廣義異體字)는 독음(音)과 의미(義)는 같지만 외형(外形)이
다른 글자를 가리키는데, 용법이 완전히 같은 글자뿐만 아니라

용법이 부분적으로만 같은 글자도 포함한다. 이런 글자들은 필사 형식(筆寫形式) 상에서는 차이가 존재하지만, 읽는 소리와 의미에 있어서는 일치하거나 유사함을 유지한다.

55-광초(狂草) ‖ 狂草 ‖ 狂草 ‖ Cuồng thảo ‖ Wild Cursive
◇광초(狂草)는 초서(草書)의 또 다른 유형으로, 필획(筆劃)이 거칠고 억누를 수 없으며, 변화를 극도로 추구하여 속도감과 힘의 느낌이 매우 강하다. 광초(狂草)의 특징은 글자 모양의 크기가 일정하지 않고, 필획(筆劃)의 굵기가 고르지 않으며, 구조가 복잡하고 다양하다는 점이다.

56-구건(構件) ‖ 構件 ‖ 点画/構成要素 ‖ bộ phận cấu thành ‖ Component ◇구건(構件)은 한자 자형을 구성하는 기본 단위로서, 한자 구조 분석의 기초 단위가 되는데, 이는 필획(筆畫), 편방(偏旁), 부수(部首) 등일 수도 있으며, 이러한 기본 단위들이 조합되어 이루어진 복잡한 구조일 수도 있다.

57-구건대체(構件替換) ‖ 構件替換 ‖ 構成要素の交換 ‖ bộ phận cấu thành thay thế ‖ Component Substitution
◇구건대체(構件替換)란 하나의 한자 내에서 원래 가지고 있던 하나 혹은 다수의 구건(構件: 예를 들어 편방(偏旁), 부수(部首) 등)이 다른 하나 혹은 다수의 상이한 구건(構件)으로 대체되고, 이로 인해 새로운 한자 혹은 한자 형태를 형성하는 것을 말한다.

58-구별부호(區別符號) ‖ 區別符號 ‖ 識別符号 ‖ Ký hiệu phân biệt ‖ Distinguishing Symbol ◇구별부호(區別符號)는 자형을 구별하고 새로운 글자(新字)를 분화시키기 위해 어떤 글자에 부가하는 부호를 말한다. 이러한 부호들은 통상 형체가 간단하고, 또한 일반적으로 실제 함의가 없으며, 단지 하나의 구별적 표지로서 존재할 뿐이다.

59-구별자(區別字) ‖ 區別字 ‖ 分化字* ‖ Chữ phân biệt ‖ Distinguishing Character ◇구별자(區別字)는 고자(古字)의

본래의미(本義), 파생의미(引申義) 또는 가차의미(假借義)를 구별하기 위해 고자(古字)에다 의미부(意符)를 더하여 만들어진 금자(今字: 현대 문자)를 가리킨다. 이러한 자형의 변화는 형태로써 의미를 구별하는 용자(用字) 요구에 적응하기 위한 것으로, 형식적인 면에서 상응하는 조정을 한 것이다.

⁶⁰-구성요소(組件) ‖ 組件 ‖ 構成要素/字素と構造* ‖ bộ phận tạo chữ ‖ Component ◇구성요소(組件)는 한자를 구성하는 기본 요소와 구조를 지칭한다.☞'구건' 항목 참조. ☞'부건' 항목 참조.

⁶¹-구역위치번호(區位號) ‖ 區位號 ‖ 国家標準規格での位置* ‖ Mã khu vực/ mã vùng ‖ Location Number ◇한자구역위치번호(漢字區位號)는 국가표준코드표(國家標準編碼表)에서의 표시되는 한자의 위치를 말하며, 각 글자의 구역위치번호(區位號)는 국가표준『정보교환용 한자코드집(기본집)(信息交換用漢字編碼字符集)(基本集)』에 근거한다.

⁶²-구자법(構字法) ‖ 構字法 ‖ 造字法 ‖ Phương pháp tạo chữ ‖ Character formation method ◇구자법(構字法)은 바로 무(無)에서 유(有)로 새로운 글자를 창조하는 방법이다. 한자의 구자법(構字法)은 주로 상형(象形), 지사(指事), 회의(會意), 형성(形聲)의 네 가지 방법을 포함한다.

⁶³-구자이거(構字理據) ‖ 構字理據 ‖ 造字原理*/造字理論 ‖ Nguyên lý tạo chữ ‖ Structural Justification for Characters ◇구자이거(構字理據: 글자구성원리)는 한자 구성에서 근거가 되는 원리와 규칙을 말한다.

⁶⁴-구자형(舊字形) ‖ 舊字形 ‖ 旧字体 ‖ Hình dạng chữ cũ ‖ Old Character Forms ◇구자형(舊字形)은 1965년의 『인쇄통용한자자형표(印刷通用漢字字形表)』이전에 사용되었던 인쇄체 자형을 가리킨다. 그 주요 특징은 인쇄체와

수기체(手寫體)의 차이가 비교적 크다는 점이다. 구자형(舊字形)은 특정한 표준이 없기 때문에 서로 다른 시기, 서로 다른 출판물에서 차이가 존재할 수 있다.

⁶⁵-구조(漢字結構) ‖ 結構(漢字結構) ‖ 漢字の構造 ‖ Kết cấu (kết cấu chữ Hán) ‖ Structure (Chinese character structure) ◇한자구조(漢字結構)는 한자 내의 각 구성부분(組成部分)들의 배합(搭配)과 배열방식(排列方式), 그리고 이러한 부분들 사이의 조직관계(組織關係)를 지칭한다.☞'한자구조' 항목 참조.

⁶⁶-구조규칙(結構規律) ‖ 結構規律 ‖ 漢字構造の規則性* ‖ Quy luật kết cấu ‖ Structural pattern ◇구조규칙(結構規律)은 한자의 구조(構造)에서 드러나는 규칙성(規則性)과 질서(秩序)를 말한다. 한자의 구조를 분석할 때, 부수(部首)와 구성요소(要素)들의 결합 방식과 위치, 그리고 그것들 사이의 상호 관계에서 나타나는 일정(一定)한 규칙을 가리킨다.

⁶⁷-구조법칙(構造法則) ‖ 構造法則 ‖ 造字理論*/造字法/用字法* ‖ Quy tắc cấu tạo ‖ Formation Rule ◇구조법칙(構造法則)은 통상적으로 전통의 '육서(六書)' 이론으로 귀납되는데, 상형(象形), 지사(指事), 회의(會意), 형성(形聲), 전주(轉注), 가차(假借) 등 여섯 가지 방식을 포함한다.

⁶⁸-구조변화(結構變化) ‖ 結構變化 ‖ 漢字の構造変化* ‖ Biến đổi cấu trúc ‖ Structural Change ◇구조변화(結構變化)는 글자 형태의 구조를 변경함으로써 간체화(簡化) 또는 번체화(繁化)를 실현하는 것을 의미한다.

⁶⁹-구조유형(結構類型) ‖ 結構類型 ‖ ☆ ‖ Loại hình kết cấu ‖ Structural type ◇구조유형(結構類型)은 한자가 어떤 방식으로 구성되어 있는지를 나타내는 유형적 분류를 말한다. 즉 한자의 구성요소들이 어떻게 결합되어 있는지에 따라 구분되는 기본적인 구조 패턴을 의미한다. 일반적으로 '일(日)'과 같은 독체

구조, '휴(休)'와 같은 좌우 구조, '성(星)'과 같은 상하 구조, '회(回)'와 같은 내외 구조, '승(乘)'과 같은 교차구조 등이 있다.

70-구첩전(九疊篆) ‖ 九疊篆 ‖ 九叠篆 ‖ chữ Triện cửu điệp ‖ Nine-fold Seal Script ◇구첩전(九疊篆)은 인장(印章)에 사용되는 전자(篆字) 변체(變體)의 일종을 말한다. 구첩전이라고 해서 반드시 아홉 번 겹치는 것은 아니며, 여섯 번, 일곱 번, 열 번 겹치는 등 형식이 다양한데, 인문(印文)의 필획(筆劃)이 번잡하고 간단한 정도에 따라 정해진다.

71-구체(歐體) ‖ 歐體 ‖ 欧体 ‖ Âu thể ‖ Calligraphy style of Ouyang Xiu ◇구체(歐體)의 대표 인물은 당나라의 구양순(歐陽詢)이다. 특징으로는 법도엄정(法度嚴謹은 서법의 규칙과 규범을 엄격하고 신중하게 지킴), 필력험준(筆力險峻은 붓의 힘이 가파르고 높은 산과 같이 웅장하고 강력함)하여 세상에서 "당인해서제일(唐人楷書第一)"이라 칭한다.

72-구형법(構形法) ‖ 構形法 ‖ ☆ ‖ Phương pháp cấu hình ‖ Construction Method ◇구형법(構形法)은 한자의 구조 방법을 가리키며, 주로 한자가 어떻게 각종 구성요소, 예컨대 필획(筆畫), 편방(偏旁), 부수(部首) 등을 통해 조합되어 구성되며 특정한 의미를 표현하는지를 탐구한다.

73-귀갑문자(龜甲文字) ‖ 龜甲文字 ‖ 龟甲獸骨文字/甲骨文字 ‖ văn tự quy giáp ‖ Tortoise Shell Script ◇귀갑문자(龜甲文字)는 갑골문(甲骨文)을 가리키며, 상(商) 왕조부터 서주(西周) 시기에 사용된 문자의 하나로, 주로 귀갑(龜甲: 거북딱지)과 수골(獸骨: 동물 뼈)에 새겨졌다. 이는 중국 최초의 성숙한 문자체계로 평가받고 있다.

74-규범성(規範性) ‖ 規範性 ‖ 規範性 ‖ Tính quy phạm ‖ Regulation ◇규범성(規範性)은 선조화(線條化)를 통해 한자의 자형이 점차 규범화되고 통일화되는 것을 가리킨다.

75-규범자체/형(規範字體/形) ‖ 規範字體/形 ‖ 規範字体 ‖ Tự thể/
tự hình quy phạm ‖ Standardized Typeface/Shape
　◇규범자체(規範字體)나 규범자형(規範字形)은
국가한자규범표준(國家漢字規範標準)에 부합하고, 정리,
간화(簡化) 및 심정(審定)을 거쳐 정식으로 공포된 자체(字體)
형태를 가리킨다. 이러한 자체나 자형은 필사(筆寫), 인쇄, 출판
등의 영역에서 통일성과 표준성을 지닌다.

76-규범한자(規範漢字) ‖ 規範漢字 ‖ 規範漢字* ‖ Chữ Hán quy
phạm ‖ Standardized Chinese Character 　◇규범한자(規範漢字)는
정리 및 간화(簡化)를 거쳐 국가에서 『간화자총표(簡化字總表)』와
『통용규범한자표(通用規範漢字表)』의 형식으로 정식 공포한
간화자(簡化字)와 전승자(傳承字)를 가리킨다.

77-규범화(規範化) ‖ 規範化 ‖ 規範化 ‖ Quy phạm hóa ‖ Regulation
of Chinese Characterss 　◇규범화(規範化)는 한자의 자형(字形),
발음, 의미 등을 일정한 기준에 따라 표준화하는 과정을 의미한다.
중국에서는 간체자(簡體字) 제정과 보급, 한어병음(漢語拼音)
시스템 확립 등이 대표적이며, 『간화자총표(簡化字總表)』와
『통용규범한자표(通用規範漢字表)』 형식으로 공포된다.
한국에서는 교육용 한자 선정과 같은 표준화 작업이, 일본에서는
상용한자(常用漢字) 지정을 통한 통일화 작업이 규범화의
사례이다. 베트남에서는 쯔놈(chữ nôm) 문자의 표기법과 사용법
체계화 및 디지털화가 이에 해당한다. ☞'한자규범화' 항목 참조.

78-근대한자(近代漢字) ‖ 近代漢字 ‖ 近代漢字*/現代漢字* ‖ Hán
tự cận đại ‖ Modern Chinese Characters
　◇근대한자(近代漢字)는 고대한자(古代漢字)를 계승한 기초
위에서 점차 더욱 규범화되고 통일된 필사체계(筆寫體系)를
형성한 한자를 말한다. 인쇄기술(印刷技術)의 발전에 따라
송체(宋體), 흑체(黑體), 방송체(仿宋體) 등의

인쇄자체(印刷字體)가 점차 보급되었는데, 이러한 자체들은 전통한자(傳統漢字)의 특징을 보류하는 동시에 현대 인쇄와 전자미디어(電子媒體)의 수요에도 부응하였다.

⁷⁹ 근대한자학(近代漢字學) ‖ 近代漢字學 ‖ ☆ ‖ Hán tự học cận đại ‖ Modern Chinese Characterology ◇근대한자학(近代漢字學)은 주로 한(漢)나라와 위(魏)나라 이후부터 '오사(五四)' 운동(1919년) 이전까지의 이 역사 시기에 사용된 한자, 즉 예서(隸書)와 해서(楷書)를 주체로 하는 한자 필사부호체계(筆寫符號系統)를 연구 대상으로 한다.

⁸⁰ 글자(字) ‖ 字 ‖ 字/文字 ‖ Chữ ‖ Character ◇글자(字)는 문자학(文字學)에서 다중적 함의를 지닌 술어로서, 주로 자부(字符), 필사형식(筆寫形式) 이외에도 문자체계(文字系統)의 기본 단위(單位)와 관련된다. 전통 한자학에서 자(字)는 둘 이상의 요소가 결합하여 만들어진 복합적인 문자를 의미하여 독립적으로 구성된 문(文)에 대칭되는 개념이다.

⁸¹ 글자간 관계(字際關係) ‖ 字際關係 ‖ 文字間の関係 ‖ Mối liên hệ văn tự ‖ Character Relationship ◇글자간 관계(字際關係)는 글자(字)와 글자(字) 사이의 특정한 관계를 가리키는 것으로, 한자 사이의 내재적 연계와 변화 규율을 밝혀낸 것이다.

⁸² 글자구성 부건(構字部件) ‖ 構字部件 ‖ 漢字構成の基本單位 ‖ Bộ cấu tạo chữ ‖ Character-forming Component ◇글자구성 부건(構字部件)은 한자 구성의 기본 단위를 말하는데, 필획(筆畫)으로 구성되어 있고 독립적으로 운용할 수 있으며, 한자를 조합하는 기능을 가진 글자구성(構字) 단위이다. 이는 '필획(筆畫)'과 '완전한 글자' 사이의 개념이며, 한자 구조 분석의 중요한 기초가 된다.

⁸³ 글자구조(字構) ‖ 字構 ‖ 漢字の構造 ‖ Cấu trúc chữ ‖ Character

Structure ◇글자구조(字構)는 한자의 구조를 지칭하는데, 한자의 기본 단위(單位), 구조 방식(構造方式), 구조 유형(結構類型) 및 응용(應用) 등의 측면을 포괄한다.

84-글자데이터베이스(字庫)‖字庫‖文字データベース/文字コーパス*‖Kho ký tự‖Character Library
◇글자데이터베이스(字庫)는 문자 자체(文字字體), 숫자, 부호, 표점, 기호 등의 자부(字符)를 포함하는 전자 데이터베이스(디지털 저장소)이다. 그것은 계산기 시스템에서 텍스트를 현시하고 인쇄하는 데 사용되는 기초 자원이다.

85-글자등급(字級)‖字級‖水準*‖Cấp chữ‖Character Level
◇글자등급(字級)은 하나의 일정 수량의 한자 집합 내부에서, 사용 빈도(頻度)와 유통 정도 등의 속성에 근거하여 확정된 글자의 등급을 지칭한다.

86-글자량(字量)‖字量‖字數/字種*/漢字の量/字の量‖Lượng chữ‖Character Quantity ◇글자량(字量)은 한자의 수량을 가리키는 것으로, 특정 범위나 역사 시기에 실제로 사용된 한자의 수량을 의미한다.

87-글자부건(字件)‖字件‖漢字字形の構成要素‖Thành phần chữ‖Character Component ◇글자부건(字件)은 한자 자형을 구성하는 기본 단위로, 필획(筆劃)으로 구성되며 한자를 조합하는 기능을 가지고 있다.

88-글자빈도(字頻)‖字頻‖字の使用頻度‖Tần suất chữ‖Character Frequency ◇글자빈도(字頻)는 즉 한자의 사용 빈도로, 어떤 한자가 일정한 말뭉치(예를 들어 텍스트, 서적(書籍), 문헌(文獻) 등)에서 사용되었거나 출현한 횟수와 표본 총 글자 수의 비율을 가리킨다.

89-글자뿌리(字根)‖字根‖字素/文字素*‖Gốc chữ‖Character Root ◇글자뿌리(字根)는 자형류(字形類) 중문 입력 방식에서

한자를 분해했을 때의 기본 형태 단위를 말한다.

90-글자수(字數) ‖ 字數 ‖ 字数 ‖ Số lượng chữ ‖ Character Count
◇글자수(字數)는 텍스트나 문서에 포함된 글자의 총 개수를 뜻한다. 이는 공백을 포함하거나 제외할 수 있으며, 언어에 따라 글자를 세는 기준이 다를 수 있다.

91-글자수집(字集) ‖ 字集 ‖ 字彙/文字集合 ‖ Tập chữ ‖ Character Set ◇글자수집(字集)은 일정한 원칙에 따라 선정된 일정 수량의 한자의 집합을 말한다.

92-글자표(字表) ‖ 字表 ‖ 漢字表/文字表 ‖ Bảng chữ ‖ Character Table ◇글자표(字表)는 일정한 기준과 원칙에 따라 한자를 정리, 분류하고 배열하여 만든 표 또는 목록을 말한다.

93-글자형식(字式) ‖ 字式 ‖ ☆ ‖ Kiểu chữ ‖ Character Style
◇글자형식(字式)은 한자의 구조 방식을 가리키는 것으로, 한자의 전체적인 틀을 분석함으로써 한자가 어떠한 방식으로 결합되어 있는지를 귀납해 내는 것이다.

94-글자부호(字符) ‖ 字符 ‖ ☆ ‖ Ký tự chữ ‖ Character Symbol
◇글자부호(字符: 자부)는 정보의 기본 단위(單位)의 하나로, 하나의 필사 부호(筆寫符號) 또는 인쇄 부호(印刷符號)를 대표한다.

95-금문(今文) ‖ 今文 ‖ 今文 ‖ Kim văn ‖ Modern Script
◇금문(今文)은 한대(漢代)에 당시 통행하던 예서(隸書)를 말하였는데, 이는 주서(籒書)의 고문(古文)과 구별하기 위함이었다.

96-금문(金文) ‖ 金文 ‖ 金文 ‖ chữ kim văn ‖ Bronze Inscriptions
◇금문(金文)은 달리 '종정문(鐘鼎文)', '청동기명문(青銅器銘文)', '길금문(吉金文)' 등으로 불리는데, 고대에 청동기에 주조한 문자를 가리킨다. 통상적으로 은(殷), 주(周), 진(秦), 한(漢)의

동기(銅器)에 있는 문자를 전문적으로 지칭한다.

⁹⁷-금문학(金文學) ‖ 金文學 ‖ 金文学 ‖ Kim văn học ‖ Study of Bronze Inscriptions ◇금문학(金文學)은 고대 청동기 명문(銘文)을 연구하는 학문이다. 청동기 명문은 청동기에 주조되어 새겨진 문자를 가리키는데, 이러한 문자는 주로 당시의 제사, 상사(賞賜: 상으로 내린 하사품), 전공(戰功), 맹서 등의 내용을 기록하고 있어 고대 사회의 역사, 문화, 언어 등의 측면을 연구하는 데 중요한 가치를 지닌다. 금문학(金文學)의 연구 대상에는 주로 청동기 명문의 발견, 저록(著錄), 석독(釋讀) 및 명문을 이용한 관련 연구가 포함된다.

⁹⁸-금석문(金石文) ‖ 金石文 ‖ 金石文/金石文字 ‖ Kim thạch văn ‖ Inscriptions on Bronze and Stone ◇금석문(金石文)은 고대에 종정(鐘鼎)과 비갈(碑碣)에 새겨진, 공적을 기리고 사건을 기록한 문자(文字)를 가리킨다.

⁹⁹-금석학(金石學) ‖ 金石學 ‖ 金石学 ‖ Kim thạch học ‖ Study of Inscriptions on Bronze and Stone ◇금석학(金石學)은 고대의 종정이기(鐘鼎彝器: 청동기)와 비갈석각(碑碣石刻) 문자를 연구하고 고금문자(古今文字)를 고변(考辨)하는 전문적인 학문의 하나이다.

¹⁰⁰-금자(今字) ‖ 今字 ‖ 隷変後の字形* ‖ chữ hiện đại ‖ Modern Characters ◇금자(今字)는 다음의 두 가지 의미로 쓰인다. (1) 고자(古字)와 구별되는 문자로, 한(漢)나라의 예서(隷書)로부터 현재까지 통용되는 문자를 통칭하는 것을 특별히 가리킨다. (2) 고자(古字)와 구별되는 문자로, 예서(隷書)를 특별히 가리킨다.

¹⁰¹-금초(今草) ‖ 今草 ‖ 今草 ‖ chữ Kim thảo ‖ Modern Cursive ◇금초(今草)는 초서(草書)의 일종인데, 장초(章草)의 기초 위에서 발전해 온 것으로, 그 자형은 장초(章草)보다 더욱 간화(簡化)되었고, 필획(筆劃)은 더욱 유창(流暢: 매끄럽고

자연스러움)해졌으며, 구조 또한 더욱 자유로워졌다. 금초(今草)의 특징은 필획(筆劃)이 서로 이어지고(連綿), 구조는 다양한 변화를 보인다는데 있다.

102-급총고문(汲塚古文) ‖ 汲塚古文 ‖ 汲冢古文 ‖ Cổ văn từ Mộ Cấp Trủng ‖ Ji Zhong Ancient Script ◇급총고문(汲塚古文)은 '급총서'라고도 한다.『진서·속석전(束晳傳)』에 따르면, 진(晉) 무제(武帝) 태강(太康) 2년(281년) [『진서·무제기』는 함녕 5년(279년), 두예의『춘추경전집해후서』는 태강 원년으로 기록되어 있다]에 급군의 한 사람이 위(魏) 양왕(襄王)의 묘(일설에는 안리왕(安釐王)의 묘라고 함)를 도굴하여 죽서 수십 수레를 얻었는데, 모두 과두문으로 되어 있었다고 하며, 이를 '급총고문'이라 칭했다. 원간은 일찍이 전해지지 않았다.

103-기능기호화(功能符號化) ‖ 功能符號化 ‖ ☆ ‖ Ký hiệu hóa chức năng ‖ Functional Symbolization ◇한자는 언어를 기록하는 부호 체계(符號系統)로서, 그 기능(功能) 또한 단일한 표의 기능(表意功能)에서 점차 표음(表音)과 표형(表形) 등 여러 가지 기능으로 확장되었는데, 이를 기능기호화(功能符號化)라고 한다.

104-기본의미(基本義) ‖ 基本義 ‖ 基本義 ‖ Nghĩa cơ bản ‖ Basic Meaning ◇기본의미(基本義)는 한자나 단어가 지닌 가장 기초적이고 중심이 되는 의미를 말한다. 이는 문자나 단어가 처음 만들어졌을 때 가지고 있던 본래의 의미이거나, 여러 의미 중에서 가장 기본이 되는 중심 의미를 가리킨다. 예를 들어 '산(山)'의 기본의미는 '높이 솟아오른 큰 흙덩이'이고, '수(手)'의 기본의미는 '사람의 팔에 달린 부분으로 물건을 잡거나 만지는 신체 기관'이다. 이러한 기본의미에서 '크다'나 '사람'을 지칭하는 등의 다양한 파생의미나 확장의미가 생겨나게 된다.

105-기본필획(基本筆劃) ‖ 基本筆劃 ‖ 基本点画 ‖ Nét bút cơ bản ‖ Basic stroke ◇한자의 기본필획(基本筆劃)에는 여덟

가지가 있는데, 점(點, 丶), 횡(橫, 一), 수(豎, 丨), 별(撇, 丿), 날(捺, 乀), 제(提, ㇀), 절(折, ㄴ), 구(鈎, 亅) 등이 대표적이다.

¹⁰⁶-기본형체(基本形體) ‖ 基本形體 ‖ ☆ ‖ Hình thể cơ bản ‖ Basic form ◇기본형체(基本形體)란 한자의 자형이 본래 어떤 모양이었는지를 보여주는 가장 기초적인 형태를 말한다. 즉, 갑골문이나 금문 등 고대문자에서 출발하여 현재까지 전해져 오면서 그 자형이 변화해가는 과정에서 기본이 되는 형체를 의미한다. 이는 한자가 만들어질 때의 본래 모습을 기준으로 하여, 후대에 변화된 여러 이체자들의 근간이 되는 원형적인 글자 형태라고 할 수 있다.

¹⁰⁷-기원문자(自源文字) ‖ 自源文字 ‖ ☆ ‖ Chữ tự tạo ‖ Self-Origin Characters ◇기원문자(自源文字)는 다른 문자에 의거하지 않고 독립적으로 창조한 문자를 말한다. 한자도 기원문자(自源文字)의 하나에 속한다.

¹⁰⁸-기일성문설(起一成文說) ‖ 起一成文說 ‖ ☆ ‖ Thuyết khởi nhất thành văn ‖ The Theory of Starting with a Single Stroke to Form a Character ◇기일성문설(起一成文說)은 한자 기원에 관한 학설의 하나인데, 모든 한자가 '일(一)'자에서 변화 발전해 왔다고 여긴다. 이는 필획(筆劃)의 각도에서 한자 기원을 분석한 관점의 하나이다.

¹⁰⁹-기자(奇字) ‖ 奇字 ‖ 奇字 ‖ chữ lạ ‖ Strange Characters ◇기자(奇字)는 다음의 두 가지 의미를 지닌다. (1) 한(漢) 왕망(王莽) 시기 육체서(六體書) 중 하나를 말하는데, 대체로 고문(古文)을 바탕으로 변형하여 만들어졌다. (2) 광의의 의미로, 고문자(古文字)를 가리킨다.

¹¹⁰-기초구건(基礎構件) ‖ 基礎構件 ‖ 字素*/文字素* ‖ Bộ phận cấu thành cơ bản ‖ Basic Component ◇기초구건(基礎構件)은 한자 자형구조(字形結構)의 기본단위(基本單元)로서, 한자를

조합하는 기능을 지닌다.

¹¹¹-기초자소/요소(基礎字符/件) ‖ 基礎字符/件 ‖ ☆ ‖ Ký tự/đơn vị cơ bản ‖ Basic Character/Component
◇기초자소/요소(基礎字符)는 문자체계 내에서 더욱 복잡한 문자 부호를 구성하거나 의미를 표현하는 기본 단위이다. 한자에서 이러한 기초 자소는 통상적으로 한자를 구성하는 최소의 필획(筆劃), 편방부수(偏旁部首) 또는 독립된 의미를 지닌 글자뿌리(字根: 자근)을 지칭한다.

¹¹²-기초한자(基礎漢字) ‖ 基礎漢字 ‖ 基礎漢字 ‖ Chữ Hán cơ bản ‖ Basic Chinese Characters ◇기초한자(基礎漢字)는 한자 체계의 기초(基礎) 부분을 구성하는 것으로, 한자를 학습하고 장악하기 위해서는 반드시 우선적으로 장악해야 하는 가장 상용(常用)되고 가장 기본(基本)이 되는 한자들을 가리킨다.

¹¹³-기타 기원문자(他源文字) ‖ 他源文字 ‖ ☆ ‖ Chữ có nguồn gốc khác ‖ Characters of External Origin ◇기타 기원문자(他源文字)는 '차용기원문자(借源文字)'라고도 하는데, 이는 다른 민족의 문자를 차용하여 또 다른 언어를 기록한 문자를 말한다. 이러한 문자는 창제 과정에서 이미 존재하는 문자의 자형, 체계 또는 원리를 참고하거나 개조하여 새로운 언어의 특징과 수요를 반영했다.

¹¹⁴-기호자(記號字) ‖ 記號字 ‖ 指事文字* ‖ Chữ ký hiệu ‖ Notational Characters ◇기호자(記號字)는 기호(記號)로 구성된 글자(字)를 가리키는데, 이러한 기호들은 읽는 소리를 표시할 수도 없고, 의미를 직접 표현할 수도 없으며, 강제로 규정된 기호이다.

나

115-나시문자(納西文) ‖ 納西文 ‖ ナシ文字/トンパ文字 ‖ Chữ Nạp Tây (Chữ viết của dân tộc Nạp Tây) ‖ Naxi Script ◇나시문자(納西文)에는 동파문자(東巴文)와 거파문자(哥巴文)가 있는데, 주로 동파교(東巴教)의 종교 지도자들이 사용한다. 1957년에는 라틴 알파벳을 사용하는 『나시문자방안(초안)(納西文字方案(草案))』이 통과되었다.

116-냉벽자(冷僻字) ‖ 冷僻字 ‖ 僻字 ‖ Chữ ít gặp (hiếm gặp) ‖ Uncommon Character ◇냉벽자(冷僻字)는 현대 한어(漢語)에서 거의 사용되지 않고, 상용자(常用字)에서 배제된 그 범위 밖의 한자를 가리킨다.

117-누증자(累增字) ‖ 累增字 ‖ 增益字* ‖ Chữ tạo sau có thêm bộ thủ bàng ‖ Character Accumulation ◇누증자(累增字)는 한자에 새로운 편방(偏旁)을 더하여 원래 글자의 뜻을 나타내는 후기자(後起字)를 지칭한다. 예컨대, 익(益)과 일(溢)의 관계가 그렇다.

다

118-다음다의자(多音多義字) ‖ 多音多義字 ‖ 多音多義字 ‖ Chữ đa âm đa nghĩa ‖ Polyphonic and Polysemous Character ◇다음다의자(多音多義字)는 서로 다른 의미일 때, 서로 다른 독음을 갖는 한자를 가리킨다.

119-다음자(多音字) ‖ 多音字 ‖ 多音字 ‖ Chữ đa âm ‖ Polyphonic Character ◇다음자(多音字)는 하나의 글자가 두 개 또는 그 이상의 읽는 소리를 가지고 있음을 지칭한다.

120-다의자(多義字) ‖ 多義字 ‖ 多義字 ‖ Chữ đa nghĩa ‖ Polysemous Character ◇다의자(多義字)는 두 개 혹은 그 이상의 의미를 지닌 한자를 가리킨다.

121-단옥재(段玉裁) ‖ 段玉裁 ‖ 段玉裁 ‖ Đoạn Ngọc Tài ‖ Duan Yucai ◇단옥재(段玉裁, 1735-1815)는 청대(淸代)의 저명한 한자학자로, 허신(許愼)의 『설문해자(說文解字)』에 대한 주석서인 『설문해자주(說文解字注)』를 저술하여 중국 문자학 발전에 지대한 공헌을 한 인물이다. 그는 고증학(考證學)의 방법론을 적용하여 한자의 형태, 발음, 의미에 대한 체계적인 연구를 수행하였으며, 특히 고대 중국어의 음운 체계 복원에 중요한 업적을 남겼다. 단옥재의 연구는 중국 내에서뿐만 아니라 한국, 일본, 베트남 등 한자문화권 전체의 한자학 연구에 큰 영향을 미쳤으며, 현대 한자학의 기초를 다진 학자로 평가받는다. 그의 『설문해자주』는 오늘날까지도 한자의 역사적 변천과 의미 연구에 있어 필수적인 참고문헌으로 활용되고 있다.

122-단일구조(單一結構) ‖ 單一結構 ‖ 字素*/文字素* ‖ Kết cấu

đơn nhất ‖ Single Structure ◇단일구조(單一結構)란 한자가 구성상 오로지 하나의 완전한 부호(符號) 또는 구성요소(構件)로 이루어져 있어, 더 이상 작은 독립적인 읽기와 의미를 가진 한자 단위로 분리될 수 없는 것을 말한다.

¹²³-단일필획(單一筆劃) ‖ 單一筆劃 ‖ 単一筆画 ‖ nét đơn ‖ Single Stroke ◇단일필획(單一筆劃)은 한자를 필사(筆寫)할 때 한자 자형을 구성하는 가장 기본적이고 분할할 수 없는 점(點)과 선(線)을 가리킨다.

¹²⁴-단필기초자부/부건(單筆基礎字符/部件) ‖ 單筆基礎字符/件 ‖ 基本点画 ‖ Ký tự chữ cơ bản đơn nét ‖ Single-stroke Basic Character/Component ◇단필기초자부(單筆基礎字符) 혹은 단필기초부건(單筆基礎部件)은 오로지 하나의 필획(一筆)으로만 구성된 한자 자부(字符)를 가리키는데, 이들은 더욱 복잡한 한자를 구성하는 기본 요소(基本元素)가 된다.

¹²⁵-단필한자(單筆漢字) ‖ 單筆漢字 ‖ 一画の漢字 ‖ Chữ Hán đơn nét ‖ Single-stroke Chinese Character ◇단필한자(單筆漢字)는 오로지 하나의 필획(筆畫)으로 구성된 한자를 가리키는데, '일(一)'이나 '을(乙)'자 등이 이에 해당한다.

¹²⁶-당대 예서(唐隷) ‖ 唐隷 ‖ 唐代の隷書* ‖ chữ Đường lệ ‖ Tang Clerical Script ◇당대(唐代) 예서(隷書)는 한예(漢隷: 한나라 예서)를 계승한 기초 위에서 발전하여 독특한 스타일(風格)을 형성했던 서체이다.

¹²⁷-당대 해서(唐楷) ‖ 唐楷 ‖ 唐代の楷書 ‖ chữ Đường khải ‖ Tang Regular Script ◇당대(唐代) 해서(楷書)를 말하는데, 그 대표로는 구양순(歐陽詢), 안진경(顔眞卿), 유공권(柳公權), 저수량(褚遂良) 등 네 명의 대가(大家)들이 있다.

¹²⁸-당용한자(當用漢字) ‖ 當用漢字 ‖ 当用漢字 ‖ Hán tự đương dụng ‖ Dang Yong Chinese Characters ◇당용한자(當用漢字)는

1946년(소화 21년) 11월 16일 일본 내각이 발표한 「당용한자표」에
공포된 한자로, 총 1,850자이다. 당용한자는 주로 한자 중
사용률이 높은 글자로 구성되어 있으며, 공문, 매체 등 문자의
표시 범위로 사용된다.

¹²⁹-대각체(台閣體) ‖ 台閣體 ‖ 台閣体 ‖ Phong cách thư pháp
cung đình thời Minh ‖ Tai Ge Style ◇대각체(臺閣體)는 해서
서체명이다. ☞'관각체' 항목 참조.

¹³⁰-대리한자(大理漢字) ‖ 大理漢字 ‖ 大理（国）の漢字 ‖ Hán tự
Đại Lý ‖ Dali Chinese Characters ◇대리한자(大理漢字)는
대리국(大理國, 937-1253) 시기 운남성 대리 지역의 백족(白族)이
자신들의 언어를 표기하기 위해 한자를 변용하여 사용한
문자체계이다. 백족은 한자의 형체를 차용하거나 변형하여
자신들의 언어를 기록했으며, 기존 한자를 음차(音借)하거나
새로운 자체(字體)를 만들어 사용했다. 이는 한자가 주변 민족의
언어를 표기하기 위해 변용된 대표적 사례 중 하나로 평가된다.

¹³¹-대만한자코드(臺灣碼) ‖ 臺灣碼 ‖ 中文資訊交換碼/台湾漢字コ
ード ‖ Mã Đài Loan ‖ Taiwan Code ◇대만한자코드(臺灣碼)는
대만(臺灣)에서 1982년에 출판한
『중문정보교환코드(中文資訊交換碼)』(CCCII)에서 채택한 코드를
말한다.

¹³²-대문회의(對文會意) ‖ 對文會意 ‖ ☆ ‖ Hội ý đối văn ‖ Dui
Wen Hui Yi ◇대문회의(對文會意)는 같은 형체의
정반(正反)으로 된 두 글자나 정도(正倒)된 두 글자를 합하여
하나의 새로운 글자로 만들어 새로운 뜻을 나타내는 회의자를
말한다. 예를 들면 '북(北)'이 이에 해당한다.

¹³³-대용한자(帶用漢字) ‖ 帶用漢字 ‖ 代用字/書き換え字/代用漢
字 ‖ chữ Hán thay thế ‖ Dai Yong Chinese Characters
◇일본어에서 한자의 대체 사용은 보통 동음자, 동의자나 가나를

통해 실현된다. 「당용한자표(當用漢字表)」 공포 후, 표에 없는
일부 한자는 가나 또는 동음, 동의자로 대체되었다. 또한, 시대의
변천과 언어의 변화에 따라 일부 한자의 발음과 용법도 변화할 수
있어 새로운 대체자가 출현하게 되었다.

¹³⁴-대전(大篆) ‖ 大篆 ‖ 大篆 ‖ chữ Đại triện ‖ Great Seal

◇대전(大篆)은 한자 서체(書體)의 일종이다. 전하는 바에 의하면,
주(周)나라 선왕(宣王) 시대의 태사(太史)였던 주(籀)가
만들었다고 하여, '주문(籀文)' 혹은 '주서(籀書)'라고도 한다.
진(秦)나라 때는 대전(大篆)이라 칭하여 소전(小篆)과 구별하였다.

¹³⁵-대초(大草) ‖ 大草 ‖ 大草* ‖ chữ Đại thảo ‖ Great Cursive

◇대초(大草)는 초서(草書)의 일종으로, 그 자형은 광초(狂草)보다
약간 크고, 필획(筆劃)은 다변(多變)하며, 구조는 복잡하여 매우
강한 시각적 충격력을 지니고 있다.

¹³⁶-대해(大楷) ‖ 大楷 ‖ 大楷 ‖ Đại khải ‖ Da Kai ◇대해(大楷)는
서예에서 비교적 큰 글자로 된 정서(正書)를 말하는데, 중해(中楷:
중간 크기의 해서), 소해(小楷: 작은 크기의 해서) 등과 대칭하여
부르는 용어이다. 대표작으로는 안진경(顔真卿)의
「대당중흥송(大唐中興頌)」, 「동방삭화찬(東方朔畫贊)」,
「근례비(勤禮碑)」, 유공권(柳公權)의 「신책군비(神策軍碑)」 등이
있다.

¹³⁷-데이터베이스

한자학(數據庫漢字學) ‖ 數據庫漢字學 ‖ データベース漢字学/
コーパス漢字学 ‖ Hán tự dữ liệu học ‖ Database Chinese
Characterology ◇데이터베이스 한자학(資料庫漢字學)은 새롭게
등장한 학문으로, 데이터베이스 기술을 활용하여 한자의 다양한
정보, 즉 자형, 자음(字音), 자의(字義) 및 사용 상황 등을 저장,
검색, 분석한다. 데이터베이스 한자학(資料庫漢字學)은
데이터베이스 내 글자 자료(字料)를 통해 한자의 연변(演變),
발전(發展), 사용 등에 대해 심도 있는 연구를 진행함으로써

한자의 내재적 규율과 특징을 밝혀낼 수 있다.

¹³⁸-도문(陶文) ‖ 陶文 ‖ 陶文 ‖ Văn tự trên gốm ‖ Pottery Inscriptions ◇도문(陶文: 도기문자)은 고대 도기(陶器)에 보이는 문자를 가리키는데, 대부분 인명(人名), 관명(官名), 지명(地名), 길상어(吉祥語), 제조 연월(年月) 등이 포함된다.

¹³⁹-도부(陶符) ‖ 陶符 ‖ 陶片符号 ‖ Ký hiệu trên đồ gốm ‖ Pottery Symbols ◇도부(陶符: 도기부호)는 도편(陶片) 위에 새겨진 부호를 가리키는데, 한자의 기원과 관련이 있는 실물 자료 중 하나이다.

¹⁴⁰-도템(圖騰) ‖ 圖騰 ‖ トーテム ‖ Đồ đẳng (biểu tượng vật tổ) ‖ Totem ◇도템(圖騰, totem)은 고대 원시 부족이 어떤 자연이나 혈연관계가 있는 친속, 조상, 수호신 등을 신봉하여 본 씨족의 휘호나 상징으로 삼은 것을 말한다.

¹⁴¹-도형상징법(圖符示意法) ‖ 圖符示意法 ‖ 絵文字的描写法* ‖ Phương pháp biểu thị bằng ký hiệu đồ họa ‖ Pictorial Sign Method ◇도형상징법(圖符示意法)은 도형(圖形)이나 부호(符號)를 통해 어떤 의미를 상징하거나 표현하는 것을 말한다. 문자학에서 도형상징법은 주로 상형문자(象形文字) 등 초기 문자체계에서 사물의 형상이나 특징을 직접 묘사함으로써 문자를 형성하는 방법을 지칭한다.

¹⁴²-도화문자(圖畫文字) ‖ 圖畫文字 ‖ 図画文字* ‖ Chữ hình vẽ ‖ Picture Writing ◇도화문자(圖畫文字)는 문자(文字)의 초기 형태를 가리킨다. 한자에서 도화문자는 주로 도화성(圖畫性)이 매우 강한 상형문자(象形文字)와 상의문자(象意文字)를 주로 지칭한다.

¹⁴³-도화설(圖畫說) ‖ 圖畫說 ‖ 図画起源説 ‖ Thuyết hình vẽ ‖ The Theory of Picture Narration ◇도화설(圖畫說)은 한자 기원에 관한 학설의 하나인데, 한자가 주로 기사(記事)의 상형성(象形性)

도화(圖畫)에서 기원했다고 여기며, 상형자(象形字)를 한자 체계 형성과 발전의 기초라고 본다.

[144]-독음(讀音) ‖ 读音 ‖ 読み方/字音/漢字音 ‖ âm đọc ‖ Pronunciation ◇독음(讀音)이란 어떤 구체적인 문자(文字) 또는 자부(字符)의 정확한 발음(發音) 방식을 가리킨다.

[145]-독음가차법(音借法) ‖ 音借法 ‖ 仮借/同音による書き換え/同音 による代用/当て字音訳 ‖ Phương pháp mượn âm ‖ Phonetic Borrowing Method ◇독음가차법(音借法)이란 어떤 글자나 사물의 형태를 빌려 표음 부호로 삼아, 이 글자나 사물의 명칭과 동음이거나 음이 비슷한 단어를 기록하는 것을 가리킨다.

[146]-독음표시구건(示音構件) ‖ 示音構件 ‖ 声符(音符)* ‖ Bộ phận biểu âm ‖ oscillating Component ◇독음표시구건(示音構件)은 형성자(形聲字)의 구건(構件) 분해에서 비롯되었는데, 전통적으로 이를 성부(聲符)라고 불렀다. 이는 전체 글자의 독음을 제시하는 기능을 한다. 형성자(形聲字)에서 음부(音符)의 역할을 하는 부분이 이에 해당한다.

[147]-독음표시기능(示音功能) ‖ 示音功能 ‖ 表音機能 ‖ Chức năng biểu âm ‖ Phonetic Function ◇독음표시기능(示音功能)이란 한자 중 어떤 구성요소(構件) 중 성부(聲符)가 해당 글자 전체의 독음(讀音)을 제시하거나 대표할 수 있는 기능을 말한다.

[148]-독음표시독체자(示音獨體字) ‖ 示音獨體字 ‖ ☆ ‖ Chữ độc thể chỉ âm ‖ Phonetic Independent Character ◇독음표시 독체자(示音獨體字)는 형성자(形聲字)의 성방(聲旁)으로 사용되는 독체자(獨體字)를 가리키며, 이들은 그 자체로 독립된 글자이면서 동시에 독음을 나타내는 기능을 가진다. 예를 들어 '강(江)'에서의 '공(工)', '매(梅)'에서의 '매(每)'가 그렇다.

[149]-독음화(音化) ‖ 音化 ‖ 表音機能の強化* ‖ Âm hóa ‖ Phonologization ◇독음화(音化)는 한자가 발전 과정에서

점진적으로 형체(形)로 의미를 나타내는 것을 주로 하던 것에서 독음(音)으로 의미를 나타내는 것을 주로 하는 것으로 변화하는 경향이나 현상을 가리킨다.

150-독체변이자(獨體變異字) ‖ 獨體變異字 ‖ 字素の変形字* ‖ Chữ biến thể đơn thể ‖ Independent Variant Character ◇한자의 발전 과정에서 필사 습관(筆寫習慣), 필사 도구(筆寫工具), 필사 재료(筆寫材料) 등 요인의 영향으로 인해 일부 독체자(獨體字)는 형체(形體)상에서 일정한 변화(變化) 또는 변이(變異)가 일어난다. 이러한 변화나 변이는 미미하여 개별 필획(畫)의 형상이나 위치만 관련되기도 하고, 또는 상당히 커서 문자(文字) 전체의 형태(形態)에 현저한 변화가 발생하기도 한다. 이렇게 발생한 이체자를 독체변이자(獨體變異字)라고 한다.

151-독체상형(獨體象形) ‖ 獨體象形 ‖ 独体象形* ‖ tượng hình độc thể ‖ Independent Pictograph ◇독체상형자(獨體象形字)는 하나의 독립된 도형으로 구성된 한자를 가리키는데, 그 외형은 표현하고자 하는 의미와 밀접한 관련이 있어, 보통 형상의 특징을 통해 쉽게 그 의미를 식별할 수 있다. 예를 들어 '일(日)', '목(木)', '산(山)'자 등이 이에 해당한다.

152-독체자(獨體字) ‖ 獨體字 ‖ 独体字/単独字/文/単体字 ‖ Chữ đơn thể ‖ Independent Character ◇독체자(獨體字)는 한자 중에서 필획(筆畫)으로 직접 구성되며, 두 개 이상의 부건(部件)으로 분리할 수 없는 한자를 가리킨다.

153-독체지사(獨體指事) ‖ 獨體指事 ‖ 独体指事 ‖ Chỉ sự đơn thể ‖ Independent Denotation ◇독체지사(獨體指事)는 형태상 독립성을 유지하면서 주로 추상적 개념을 표현하는 데 사용되는 한자를 가리킨다. 독체지사는 독체상형자(獨體象形字)처럼 사물의 형태를 직접 모방하는 것과 달리, 대개 간결한 선이나 기호로 표시된다. 예를 들면 '상(上)', '하(下)', '일(一)'자 등이 이에 해당한다.

¹⁵⁴-동경명문(鏡銘) ‖ 鏡銘 ‖ 鏡銘 ‖ chữ khắc trên gương ‖ Mirror Inscriptions ◇동경명문(鏡銘)은 고대에 동경(銅鏡: 동으로 만든 거울) 위에 주조하거나 새긴 문자를 가리킨다.

¹⁵⁵-동구자(同構字) ‖ 同構字 ‖ 同構造異字* ‖ Chữ đồng cấu trúc ‖ Isomorphic Character ◇동구자(同構字)는 한자의 구조(構造) 중에서 동일하거나 유사한 부분을 사용하여 조합된 서로 다른 한자를 가리킨다.

¹⁵⁶-동문회의(同文會意) ‖ 同文會意 ‖ 同体会意/竝列会意* ‖ Đồng văn hội ý ‖ Same Contextual Meaning ◇동문회의(同文會意)는 두 개 혹은 그 이상의 동일한 독체자(獨體字)가 조합되어 이루어진 회의자(會意字)를 가리킨다. 이러한 독체자들은 조합된 후, 그 형체와 형체 사이의 구조적 관계를 통해 직관적으로 새로운 의미를 발생시킨다.

¹⁵⁷-동원자(同源字) ‖ 同源字 ‖ 同源字 ‖ Chữ đồng nguyên ‖ Cognate Characters ◇동원자(同源字)는 보통 독음(音)과 의미(義)가 모두 가깝고, 독음(音)이 가깝고 의미(義)가 같거나, 또는 의미(義)가 가깝고 독음(音)이 같은 글자(字)를 말한다.

¹⁵⁸-동음대체(同音代替) ‖ 同音代替 ‖ 仮借/同音による書き換え/同音による代用 ‖ Thay thế bộ phận đồng âm ‖ Homophonic substitution ◇동음대체(同音代替)는 한자 간체화(簡體化)의 중요한 방법 중 하나로, 주로 원래 읽는 소리가 같거나 비슷한 여러 한자 중에서 획수가 적은 글자를 규범적인 간체자(簡體字)로 삼아 획수가 많은 다른 글자를 대체하는 것을 가리킨다.

¹⁵⁹-동음자(同音字) ‖ 同音字 ‖ 同音字 ‖ Chữ đồng âm ‖ Characters with the same sound ◇동음자(同音字)는 독음은 같거나 비슷하지만 자형과 의미는 다른 글자를 가리킨다.

¹⁶⁰-동음통용자(同音通用字) ‖ 同音通用字 ‖ 同音による通用字 ‖

Chữ đồng âm thông dụng ‖ Homophonic Common Characters ◇동음통용자(同音通用字)는 한 동음자(同音字) (또는 음근자(音近字))로 다른 글자를 대체하는 것을 가리키며, 이러한 대체는 일정한 상용성(常用性)을 지닌다.

¹⁶¹-동음한자필사규칙(同音漢字書寫規則) ‖ 同音漢字書寫規則 ‖ 同音漢字書写規則 ‖ Quy tắc viết chữ Hán đồng âm ‖ Homophonic Chinese Character Writing Rules ◇동음한자필사규칙(同音漢字筆寫規則)은 주로 한자 필사(筆寫) 과정에서 독음(讀音)은 같지만 자형과 의미가 다른 한자에 대해 제정한 일련의 필사 및 사용 규범을 가리킨다. 이러한 규칙은 필사 오류를 줄이고 한자 필사의 정확성과 규범성을 높이는 것을 목적으로 한다.

¹⁶²-동의본자(同義本字) ‖ 同義本字 ‖ ☆ ‖ Chữ gốc đồng nghĩa ‖ Synonymous Original Character ◇동의본자(同義本字)란 서로 다른 자형을 가졌지만 의미가 같은 한자들 중에서 가장 원형(原形)에 가까운 것을 일컫는 용어(用語)이다. 예를 들어, '체(體)'와 '체(体)'는 모두 '몸'이라는 의미를 지니지만, 전자가 후자보다 더 본래의 자형에 가깝기에 전자를 동의본자(同義本字)로 간주한다.

¹⁶³-동의자(同義字) ‖ 同義字 ‖ 同義字 ‖ Chữ đồng nghĩa ‖ Synonymous Characters ◇동의자(同義字)는 동일하거나 유사한 의미를 가진 문자(文字)를 가리킨다. 한어(漢語)에서는 어휘(語彙)의 풍부함으로 인해 종종 같거나 비슷한 개념을 표현하는 여러 글자 또는 단어가 존재하는 상황이 발생한다.

¹⁶⁴-동형(同形) ‖ 同形 ‖ 同形字/同形異字 ‖ Đồng hình ‖ Homograph ◇☞'동형자(同形字)' 항목 참조.

¹⁶⁵-동형이용(同形異用) ‖ 同形異用 ‖ ☆ ‖ Đồng hình dị dụng ‖ Same Form Different Use ◇동형이용(同形異用)은

자형은 같으나 독음(音)과 의미(義)가 같지 않은 글자이다.

[166]-동형자(同形字) ‖ 同形字 ‖ 同形字/同形異字 ‖ Chữ đồng hình ‖ Homographic Character ◇동형자(同形字)는 구성 형태가 같지만 단어를 기록하는 기능이 서로 다른 한 부류의 글자로, 형체는 같으나 나타내는 단어가 다른 글자를 말한다.

[167]-동화작용(同化作用) ‖ 同化作用 ‖ 同化作用 ‖ Hiện tượng đồng hóa ‖ Assimilation ◇동화작용(同化作用)은 문자학(文字學) 영역에서 통상 서로 다른 출처 또는 형태의 자형이 구자(構字) 과정에서 배합, 위치 관계 또는 필사 생리 등 요인의 영향으로 인해 발생하는 혼동 또는 동일화된 현상을 가리킨다.

라

168-라후문자(拉祜文) ‖ 拉祜文 ‖ ラフ文字/ラフ字 ‖ chữ Lạp Hỗ ‖ Lahu Script ◇라후문자(拉祜文)는 중국 운남성에 거주하는 라후족(拉祜族)이 사용하는 문자체계를 말하는데, 라틴 알파벳을 채택하였으며 음절 말미에 자음 글자를 사용하여 성조를 표시한다.

169-리수문자(傈僳文) ‖ 傈僳文 ‖ リス文字 ‖ Chữ Lật Túc (Chữ viết của dân tộc Lật Túc) ‖ Lisu Script ◇리수문자(傈僳語)에는 네 가지 문자가 있다. 바이거리 먀오문자(柏格理苗文), 노 리수문자(老傈僳文), 신 리수문자(新傈僳文), 리수 죽서(傈僳竹書) 등이다.

마

170-만요가나(萬葉假名) ‖ 萬葉假名 ‖ 万葉仮名 ‖ Vạn diệp giả danh ‖ Wan Ye Jia Ming ◇만요가나(萬葉假名, まんようがな)는 가나의 한 종류로, 고대 일문의 한 서사 방식이며, 주로 한자의 표음 기능을 이용하여 일본어의 발음을 표시했다.

171-맹서(盟書) ‖ 盟書 ‖ 盟書 ‖ văn tự trên khế ước ‖ Alliance Inscriptions ◇맹서(盟書)는 고대에 맹약을 맺고 서약할 때, 삽혈맹례(歃血盟禮: 피를 마시며 하는 맹세 의식)를 거행하면서 기록했던 문장을 가리킨다. 이후에는 또한 넓은 의미로 서약 문서를 지칭하기도 한다.

172-명대 해서(明楷) ‖ 明楷 ‖ 明楷 ‖ chữ Khải Minh ‖ Ming Regular Script ◇명대 해서(明楷)는 원나라 해서를 기초로 하여 발전하였는데, 문징명(文徵明), 축윤명(祝允明), 왕총(王寵) 등의 작품이 대표적이다.

173-명문(銘文) ‖ 銘文 ‖ 銘文 ‖ Minh văn (chữ khắc) ‖ Inscription Texts ◇명문(銘文)은 금석(金石) 등의 물건에 새겨 쓴 글(文辭)을 말한다. 칭송(稱頌), 경계 등의 성격을 지니며, 대부분 운어(韻語)를 사용한다.

174-모인(摹印) ‖ 摹印 ‖ 摹印/印篆 ‖ Mô ấn ‖ Mo Yin ◇모인(摹印)은 소전(小篆)에서 약간 변화한 서체이다. 본래는 새인(璽印)에 사용되었으나, 후에는 일반 인장(印章)에도 사용되었다.

175-묘사문자학(描寫文字學) ‖ 描寫文字學 ‖ 記述文字學* ‖ văn tự học mô tả ‖ Descriptive Philology ◇묘사문자학(描寫文字學)은

문자의 형태(形態), 구조(結構), 변화 등의 방면에 대한 상세한 기록과 분석에 중점을 둔다.

176-무두자(無頭字) ‖ 無頭字 ‖ ☆ ‖ Chữ khuyết phần đầu ‖ Headless Character ◇무두자(無頭字)는 한자에서 글자의 윗부분(頭)이 생략되거나 변형된 형태를 가리킨다. 일부 서예, 전각(篆刻) 또는 서체 디자인에서는 전통적인 '두부(頭部)' 구조가 없는 변형의 한자가 나타나기도 하는데, 이러한 변체는 주로 예술적 효과를 추구하거나 특정 감정을 표현하거나 특정 공간 배치에 적응하기 위해 창조된 것이다. 이는 사람의 머리카락을 자른 것처럼 한자의 '머리 부분'을 생략하거나 변형한 특별한 글자 형태라고 이해할 수 있다.

177-무성자(無聲字) ‖ 無聲字 ‖ 表音要素のない文字 ‖ Chữ vô thanh ‖ Silent Character ◇무성자(無聲字)란 어음 성분이나 표음 성분을 포함하지 않는 문자를 가리킨다.

178-무성자다음설(無聲字多音說) ‖ 無聲字多音說 ‖ 無声字多音説 ‖ Thuyết chữ vô thanh đa âm ‖ Silent Character Polyphony Theory ◇무성자다음설(無聲字多音說)이라는 이론은 주로 고대 문자체계에서 겉으로 보기에는 직접적으로 소리를 표시하지 않는 것처럼 보이는 일부 문자, 즉 무성자(無聲字)가 실제로는 여러 개의 읽는 소리를 가질 수 있다는 것을 가리킨다.
'무성자다음설(無聲字多音說)'은 한자의 상고음(上古音)에 대한 연구에서 비롯되었다. 황간(黃侃) 등의 학자들은 고대음과 성운의 규칙을 탐구하면서 형성자(形聲字)의 성부(聲符)에서 나타나는 다음(多音) 현상에 주목하였고, 더 나아가 무성자(無聲字) 또한 다음성(多音性)을 가질 수 있다는 관점을 제기하였다.

179-무전(繆篆) ‖ 繆篆 ‖ 繆篆 ‖ Miêu triện ‖ Mou Zhuan ◇무전(繆篆)은 육체서(六體書)의 하나로, 인장을 모사하여 새기는 데 사용된다. 달리 '무인전(繆印篆)'이라고도 한다.

¹⁸⁰-문(文) ‖ 文 ‖ 文 ‖ Văn tự (Chữ viết) ‖ Single Character
◇문(文)은 단순한 형태의 독립된 문자로, 더 이상 분해할 수 없는 기본적인 글자를 의미한다. 즉, 상형문자나 지사문자처럼 단일 요소로 이루어진 한자를 지칭한다.

¹⁸¹-문시(文始) ‖ 文始 ‖ 『文始』 ‖ người sáng lập chữ viết ‖ Wen Shi ◇『문시(文始)』는 문자학 저술이다. 9권으로 되었으며, 장병린(章炳麟)의 저술이다. 1910년(청나라 선통 2년)부터 『학림(學林)』에 연재되었다. 『설문』의 독체자를 취하여 '초문(初文)'이라 하고, 독체자의 생변 및 합체 상형자, 지사자 등을 '준(準)초문'이라 하였는데, 총 510자이다. 모든 다른 글자가 이 510자에서 변화했다고 보았다. 자형이 다르나 음의가 같거나 음이 가깝고 의가 같은 것을 '변역(變易)'이라 하고, 독음과 의미가 전변하여 자형이 새로 나온 것을 '자유(孳乳: 파생)'라 했다. 이 책은 5-6천자를 수록하여 457개의 자족으로 나누고, 그 성운을 비교하고 의류를 분석하여 그 어원을 탐구했다.

¹⁸²-문자(文字) ‖ 文字 ‖ 文字 ‖ văn tự ‖ Combined Character
◇문자(文字)는 인류가 기호를 사용하여 정보를 기록하고 표현 전달하여 오랫동안 전하는 방식과 도구로서, 언어를 기록하는 필사 부호 체계를 말한다.

¹⁸³-문자개혁(文字改革) ‖ 文字改革 ‖ 文字改革 ‖ Cải cách văn tự ‖ Script Reform ◇문자개혁(文字改革)은 문자체계나 제도상의 변혁을 말한다. 부분적인 것으로는 러시아어가 10월 혁명 후 새로운 철자법을 실시하여 4개의 중복 문자를 폐지하고 철자 규칙을 개혁한 것이 있고, 전체적인 것으로는 베트남어가 과거 쯔놈을 사용하다가 현재는 라틴 문자 병음을 사용한 것이 있다.

¹⁸⁴-문자구성단위(文字構成單位) ‖ 文字構成單位 ‖ 文字の構成要素 ‖ Đơn vị cấu thành chữ viết ‖ Textual Constituent Unit
◇문자구성단위(文字構成單位)는 주로 문자(文字)를 구성하는

기본 요소 또는 구성요소를 가리키는데, 필획(筆畫)과 편방부수(偏旁部首) 등을 포함한다.

185-문자구조단위(文字結構單位)‖文字結構單位‖文字構成の基本要素‖Đơn vị kết cấu văn tự‖Textual Structural Unit ◇문자구조단위(文字結構單位)는 한자를 구성하는 기본적인 조형 요소로, 자형(字形)을 구성하는 최소 단위인 획(畫)부터 부건(部件)까지를 포함한다. 이는 한자의 구조적 분석과 형태적 분류의 기초가 되며, 중국에서는 『한자구조통용규범(漢字結構通用規範)』등을 통해 표준화된다. 한국, 일본, 베트남 등 한자문화권에서도 한자 교육과 연구에 있어 기본 단위로 활용되며, 컴퓨터 입력 체계와 한자 인식 기술 개발에도 중요한 요소이다.

186-문자부호(文字符號)‖文字符號‖☆‖Ký hiệu văn tự‖Character Symbol ◇문자부호(文字符號)는 자모(字母), 숫자(數字), 한자 또는 그 조합으로 형성된 부호로, 언어, 사상, 정보 등을 기록하고 전달하는 데 사용된다.☞'글자부호' 항목 참조.

187-문자분화(文字分化)‖文字分化‖☆‖Phân hóa chữ viết‖Character Differentiation ◇문자분화(文字分化) 또는 '문자직무(文字職務)의 분화'라고 하는 것은 언어를 표현하는 문자(文字)의 명확성을 증가시키기 위해 다의자(多義字)의 어떤 의항(義項)에 새로운 글자(字)를 만들어 그것들의 직무를 분화시키는 것을 말한다.

188-문자체계(文字體系)‖(完整的)文字體系‖(整った)文字体系‖Hệ thống văn tự (hoàn chỉnh)‖(Complete) Script System ◇문자체계(文字體系)는 어느 민족이 언어를 기록하고, 문화를 전승하며, 사상을 교류하기 위하여 창조하고 발전시킨 필사체계를 말한다. 그것은 단지 언어의 서면 형식일 뿐만 아니라, 문화의

중요한 매체이기도 하다.

¹⁸⁹-문자학(文字學) ‖ (中國)文字學 ‖ 文字学 ‖ Văn tự học (Trung Quốc) ‖ (Chinese) Philology ◇문자학(文字學)은 문자를 주요 연구 대상으로 하여, 그 기원(起源), 발전, 성질(性質), 체계(體系) 및 형체(形)·독음(音)·의미(義) 관계를 심도 있게 탐구하는 학문이다. 문자학은 문자 자체의 형태와 구조에 주목할 뿐만 아니라, 문자 배후의 언어, 사회, 역사, 문화 정보를 밝히는 데에도 주력한다.

¹⁹⁰-문해보운(文海寶韻) ‖ 『文海寶韻』 ‖ 『文海宝韵』 ‖ Văn hải bảo vận ‖ Wen Hai Bao Yun ◇『문해보운(文海寶韻)』은 서하문으로 된 운서로, 서하문자의 자형, 자의, 주음 등에 관한 풍부한 정보를 제공하며, 서하어와 서하문자 연구에 매우 중요한 문헌이다.

바

191-반기호반표음자(半記號半表音字) ‖ 半記號半表音字 ‖ 半记号半表音字 ‖ Chữ bán ký hiệu bán biểu âm ‖ Characters with semi-notation and semi-phonetics
◇반기호반표음자(半記號半表音字)는 기호(記號)와 음부(音符)가 복합적으로 구성된 글자이다. '기호(記號)'는 어음(語音)과 의미적인 측면에서 모두 연관성이 없는 문자(文字)를 가리키는 반면, '음부(音符)'는 어음적인 측면에서 연관성이 있는 문자를 가리킨다.

192-반기호반표의자(半記號半表意字) ‖ 半記號半表意字 ‖ 半记号半表意字 ‖ Chữ bán ký hiệu bán biểu ý ‖ Characters with semi-notation and semi-semantics
◇반기호반표의자(半記號半表意字)는 기호(記號)와 의부(意符)가 복합적으로 구성된 글자이다. '기호(記號)'는 음운과 의미상에서 모두 연관성이 없는 문자 부호를 가리키며, '의부(意符)'는 의미상에서 연관성이 있는 문자 부호를 가리킨다.

193-반기호자(半記號字) ‖ 半記號字 ‖ 半记号字 ‖ Chữ bán ký hiệu ‖ Semi-Notation Characters ◇반기호자(半記號字)는 기호(記號)와 음부(音符) 혹은 의부(意符)로 구성된 한자를 말한다. 여기서 기호(記號) 부분은 글자의 구조에서 보조적이거나 구별하는 역할을 하지만, 해당 글자의 구체적인 의미나 독음을 직접 전달하지는 않는다.

194-방괴자(方塊字:네모꼴 문자) ‖ 方塊字 ‖ 方塊字 ‖ chữ Phương khối ‖ Block Characters ◇방괴자(方塊字: 네모꼴 문자)는 곧 한자로, 매 글자마다 모두 방형(方形: 네모꼴)의 모양으로 쓰여

이렇게 이름 붙여졌다. 이 명칭은 중국에서 수천 년 동안 이어져 내려온 한자 필사(筆寫) 규범의 전통에서 비롯되었다.

¹⁹⁵-방서(榜書) ‖ 榜書 ‖ ☆ ‖ Bảng thư (chữ lớn để trưng bày) ‖ Bang Shu ◇방서(榜書)는 고대에 '서서(署書)'라 불렀다. 서법의 한 형식으로, 궁궐 등의 문액(門額)에 쓴 대자(大字)이다. 후에 간판류의 대형 글자를 통칭하여 '방서'라 한다.

¹⁹⁶-방자(方字) ‖ 方字 ‖ 方言文字/方言漢字/地域文字/位相文字 ‖ chữ vuông ‖ Square Characters ◇방자(方字)는 통행 한자 이외에 한자의 보충으로서, 현지 언어에 적응하기 위해 만든 한자 지방에서 스스로 만든 글자를 말한다. 이러한 글자들은 보통 특정 지역이나 사회 집단 내에서 사용되며, 짙은 지역색과 방언적 특색을 지닌다.

¹⁹⁷-방필원필(方筆圓筆) ‖ 方筆圓筆 ‖ 方筆/円筆 ‖ Nét vuông tròn ‖ Square and Round Brush Strokes ◇방필원필(方筆圓筆)은 서예 술어인데, 서예에서 점획(點劃)을 쓰는 두 가지 스타일을 부른다. 방필(方筆)은 가로획을 곧게 세워서 내리듯이 쓰고(直落筆), 세로획을 가로로 눕혀서 내리그음(橫落筆)으로써 출봉(出鋒)이 된다. 한예(漢隸)로 된 「장천비(張遷碑)」, 정서(正書)로 된 「북위룡문조상기(北魏龍門造像記)」 및 당(唐)나라의 구양순(歐陽詢) 서체 등에서 사용되었다. 원필(圓筆)은 입필(入筆)에 역입(逆入)을 사용하여 장봉(藏鋒)이 된다. 한예로 된 「석문송(石門頌)」, 정서로 된 「북위정문공비(北魏鄭文公碑)」 및 당나라 안진경(顏真卿)의 서체 등에서 사용되었다.

¹⁹⁸-백문(白文) ‖ 白文 ‖ 白文 ‖ Bạch văn (văn bản chưa tô mực) ‖ Bai Wen ◇백문(白文)은 '주문(朱文)'과 대비되는 개념이다. 오목하게 새겨진 인문(印文)을 가리킨다. 백문 인장은 종이나 비단(紙帛)에 찍힐 때 붉은 바탕에 흰 글자로 나타난다. ☞'한자백문자' 항목 참조.

¹⁹⁹-백서(帛書) ‖ 帛書 ‖ 帛書 ‖ Bác thư ‖ Silk Texts
◇백서(帛書)는 중국 고대에 견백(絹帛: 비단)에 쓰인 문서를 가리키며, 달리 '견서(縑書)'나 '소서(素書)'라고도 부른다. 대략 죽간(竹簡)과 목독(木牘)이 성행하던 같은 시기에 백서(帛書)가 세상에 전파되기 시작하였는데, 흰색 견백(絲帛)을 필사 재료로 사용하였으며, 그 기원은 춘추시대(春秋時期)에서부터 찾을 수 있다.

²⁰⁰-번간변이(繁簡變異) ‖ 繁簡變異 ‖ 簡体化と繁体化 ‖ Dị biến chữ phồn thể giản thể ‖ Traditional and Simplified Variations
◇번간변이(繁簡變異)는 한자가 사용 과정에서 간화(簡化)와 번화(繁化) 변화 상황을 지칭한다.

²⁰¹-번간자변이(繁簡字變異) ‖ 繁簡字變異 ‖ 簡体字化と繁体字化 ‖ Dị biến phồn - giản ‖ Traditional and Simplified Character Variation ◇번간자변이(繁簡字變異)는 동일한 글자가 번체자(繁體字)와 간체자(簡體字)에서 서로 다른 글자꼴로 쓰이는 것을 가리킨다.

²⁰²-번체자(繁體字) ‖ 繁體字 ‖ 繁体字 ‖ chữ Phồn thể ‖ Traditional Characters ◇번체자(繁體字)는 일반적으로 간화한자운동(簡化漢字運動) 과정에서 간화자(簡化字)에 의해 대체된 한자를 지칭한다. 번체자(繁體字)는 간체(簡體)와 상대되는 한자 자체(漢字字體)이다. 일부 필획(筆劃)이 번잡한 한자는 장기간 사용 과정에서 필획(筆劃)이 상대적으로 간단하고 쉬운 간체(簡體)를 생성하였는데, 그 원래의 자체(字體)를 번체자(繁體字)라고 칭한다.

²⁰³-번한합시장중주(番漢合時掌中珠) ‖ 『番漢合時掌中珠』 ‖ 『番漢合時掌中珠』 ‖ chữ Tangut ‖ Pearl in the Palm
◇『번한합시장중주(番漢合時掌中珠)』는 중국 서하(西夏) 시기의 중요 문헌으로, 서하문과 한문의 이중 해석 통속 어휘 사전이다.

서하인(당항인)과 한인의 상호 언어 학습을 위한 것이다.

204-법서(法書) ‖ 法書 ‖ 法書 ‖ Pháp thư ‖ Fa calligraphy

◇법서(法書)는 선인들의 서예 예술 성취와 대표작에 대한 추숭(推崇)과 존중을 의미하며, 서예 학습의 모범이 되는 범본(範本)을 말한다. 이러한 작품들은 보통 높은 예술성을 지니며, 서예 예술의 경전(經典)으로 간주된다. 예를 들어, 왕희지(王羲之)의 「난정서(蘭亭序)」는 '천하제일행서(天下第一行書)'로 칭송받으며 법서 중의 걸작이다.

205-법첩(法帖) ‖ 法帖 ‖ 法帖 ‖ mẫu chữ chuẩn ‖ Fa Tie

◇법첩(法帖)은 석판이나 목판에 모각된 법서와 그 탁본을 말한다. 북송 순화(淳化) 3년(992년)에 시서학사(侍書學士) 왕저(王著)에게 명하여 비각에 소장된 법서를 편차 모각하여 10권으로 만들었는데, 이를 『순화각첩』이라 했다. 매 권 권수에 '법첩 제×'라고 새겼으며, 법첩이라는 명칭은 이로부터 시작되었다고 전한다. 후인들은 세로형의 석판이나 목판에 모각된 전인의 서적을 모두 '법첩'이라 칭했다.

206-벽과서(擘窠書) ‖ 擘窠書 ‖ ☆ ‖ Bách kha thư ‖ Bai Ke Shu

◇벽과서(擘窠書)는 대자의 별칭으로, 서예의 한 형식이다. 고인들이 비문을 쓸 때 균정함을 추구하여 횡직선으로 방격을 그린 것을 '벽과'라 했다. 당 안진경의 「기어서방생지비액표(乞禦書放生池碑額表)」에서 "전서 점획이 다소 가늘어 오래 견디기 어려울까 염려되어, 신이 지금 삼가 석벽과대서(石擘窠大書)에 의거했습니다."라고 했다. 이후에 대자를 통칭하여 벽과서라 했다.

207-벽중서(壁中書) ‖ 壁中書 ‖ 壁中書 ‖ Bích trung thư ‖ Wall Inscriptions ◇벽중서(壁中書)는 '벽서(壁書)' 또는 '벽경(壁經)'이라고도 한다. 한나라 때 공자의 집 벽 속에서 발견된 『상서(尚書)』, 『춘추좌씨전(春秋左氏傳)』, 『예기(禮記)』 등의 서적을 말한다.

²⁰⁸-변체부건(變體部件) ‖ 變體部件 ‖ 变形部首 ‖ Bộ phận biến thể ‖ Variant Component　◇변체부건(變體部件)은 본체 부건이 글자 구성 시 자형 구조를 균형 있고 조화롭고 아름답게 하기 위해 약간의 형체 변형이 일어난 부건을 말한다.

²⁰⁹-변체자(變體字) ‖ 變體字 ‖ 分化字 ‖ Chữ biến thể ‖ Variant Character　◇변체자(變體字)는 획수를 더하거나 빼고, 방향을 바꾸고, 위치를 뒤집고, 다른 자형이나 부건(部件)을 차용하는 등의 방식으로 원래의 한자를 개조하여 형성된 새로운 자형이다.

²¹⁰-변체표음(變體表音) ‖ 變體表音 ‖ ☆ ‖ Biến thể biểu âm ‖ Variant Phonogram　◇변체표음(變體表音)은 한자가 표음 기능상에서의 어떤 변체(變體) 또는 변형(變形)을 가리키는데, 이러한 변체는 한자의 읽는 음을 바꾸거나, 자형을 바꾸거나 혹은 다른 문자와의 조합을 통해 실현될 수 있다.

²¹¹-변체표음법(變體表音法) ‖ 變體表音法 ‖ ☆ ‖ Phương pháp biến thể biểu âm ‖ Variant Phonogram Method　◇변체표음법(變體表音法)은 한자가 표음 기능상의 변체(變體)가 따르는 일종의 규칙 또는 방법으로, 이러한 변체(變體)는 한자의 읽는 소리를 바꾸거나, 자형을 바꾸거나 혹은 다른 문자와의 조합을 통해 실현될 수 있으며, 특정한 언어음 정보를 더욱 정확히게 기록하거나 표현하기 위함이나.

²¹²-변체표음자(變體表音字) ‖ 變體表音字 ‖ ☆ ‖ Chữ biến thể biểu âm ‖ Variant Phonogram Character　◇변체표음자(變體表音字)는 어떤 한자의 자형을 바꿈으로써, 그 읽는 소리가 원래 글자와 비슷하거나 혹은 어느 정도 변화가 있지만, 자형상으로는 여전히 일정한 유사성을 보유하고 있는 새로운 글자를 가리킨다.

²¹³-변체표의(變體表意) ‖ 變體表意 ‖ ☆ ‖ Biến thể biểu ý ‖ Variant Ideogram　◇변체표의(變體表意)는 이미 존재하는

한자의 형체를 변형하여 새로운 글자를 만들고, 이러한 새로운
글자에 특정한 의미를 부여하는 것을 말한다.

[214]-변체표의법(變體表意法) ‖ 變體表意法 ‖ ☆ ‖ Phương pháp
biểu ý biến thể ‖ Variant Ideogram Method
◇변체표의법(變體表意法)은 이미 존재하는 한자에 획을
더하거나 빼고, 구조를 변형하는 등의 방식을 통해 형태를
변화시켜 새로운 글자를 만들어 내고, 이로써 새로운 의미나
용법을 갖게 하는 것을 가리킨다.

[215]-변체표의자(變體表意字) ‖ 變體表意字 ‖ ☆ ‖ Chữ biểu ý biến
thể ‖ Variant Ideogram Character ◇변체표의자(變體表意字)는
어떤 글자의 자형을 변화시켜 새로운 의미를 표현하는 한자를
가리킨다.

[216]-변형(變形) ‖ 變形 ‖ 変形 ‖ Biến đổi hình chữ ‖ Character
Transformation ◇변형(變形)이란 문자가 그 기본적 식별 특징을
유지하는 전제 하에, 그 형태(形態), 구조(結構) 또는 필획(筆劃)
등의 방식을 통해 변화함으로써, 새로운 글자체나 자형을 창조해
내는 과정을 가리킨다.

[217]-변형문자(變形文字) ‖ 變形文字 ‖ 裝飾書体* ‖ Chữ biến
hình ‖ Transformed Characters ◇변형문자는
미술서체(美術字體)의 일종으로, 정상적인 문자의 일부 또는
전체를 가공하거나, 크기 및 외형을 변경하여 예술적으로
재가공하고 창조하는 형식으로, 문자를 더욱 아름답게 만들고
창조성을 높이며 식별하기 쉽게 만든다.

[218]-변형부수(變形部首) ‖ 變形部首 ‖ 変形した部首 ‖ Bộ thủ biến
đổi hình chữ ‖ Transformed Radical ◇변형부수(變形部首)는
주부수(主部首)에 부속되는 필사형식(筆寫形式)을 가리키는데,
이러한 필사형식(筆寫形式)은 통상적으로 주요 형체(形體)의
변형(變形) 또는 변체(變體)이다.

²¹⁹-별도 신자(新字) 창제 ‖ 另造新字 ‖ ☆ ‖ Tạo chữ mới ‖ Creation of New Characters ◇별도 신자 창제(另造新字)란 기존의 몇몇 번체자(繁體字)를 대체하기 위해 새롭게 자형을 창조하는 것을 지칭한다.

²²⁰-별자(別字) ‖ 別字 ‖ 別字 ‖ Chữ biệt thể ‖ Bie Character ◇별자(別字)는 고대 문자학에서 흔히 '이체자(異體字)'를 가리키는데, 정자(正字)와 독음과 의미가 같지만 형체는 다른 글자를 말한다. 이러한 이체자에는 속체(俗體), 고체(古體), 혹체(或體), 와체(訛體) 등이 포함될 수 있다. 보다 광범위한 의미에서 별자(別字)는 또한 잘못 쓰거나 잘못 읽은 글자를 가리키기도 한다. 이는 사람들이 글을 쓰거나 읽는 과정에서 부주의, 기억 오류 또는 기타 이유로 어떤 글자를 음이 같거나 비슷하지만 의미가 다른 글자로 잘못 적는 것을 말한다.

²²¹-별체(別體) ‖ 別體 ‖ 別体/異体 ‖ Biệt thể ‖ Distinct Style ◇별체(別體)는 서예(書藝)에서 옛날 글자체(舊字體)로부터 변하여 나온 새로운 글자체(新字體)를 가리킨다.

²²²-병기문(兵器文) ‖ 兵器文 ‖ 兵器文/兵器金文 ‖ văn khắc trên binh khí ‖ Weapon Texts ◇☞'병기문자(兵器文字)' 항목 참조.

²²³-병기문자(兵器文字) ‖ 兵器文字 ‖ 兵器文字 ‖ chữ viết trên binh khí ‖ Weapon Inscriptions ◇병기문자(兵器文字)는 병기(兵器: 예컨대 검(劍), 과(戈), 격(戟) 등)에 써졌거나 주조되어 새겨진 한자 또는 도안을 지칭한다. 이러한 문자나 도안은 흔히 병기의 제조, 사용, 귀속 등의 정보와 관련이 있다. 병기문(兵器文)이라고도 한다.

²²⁴-병음문자(拼音文字) ‖ 拼音文字 ‖ ピンイン文字/ピンイン符号 ‖ Văn tự phiên âm (Chữ latinh hóa) ‖ alphabetic writing system ◇병음문자(拼音文字)는 표음문자(表音文字)의 일종으로,

여러 개의 단음 자모(字母)가 결합하여 이루어진 것으로, 단음절 또는 다음절의 어음(語音)을 표시할 수 있는 문자이다.

225-복사(卜辭) ‖ 卜辞 ‖ 卜辭 ‖ Bốc từ ‖ Divination Texts
◇복사(卜辭)는 은대(殷代) 사람들이 점을 칠 때, 사용한 귀갑(龜甲)이나 수골(獸骨)에다 흔히 점을 친 사람의 이름, 점으로 묻는 일, 점을 친 날짜와 결과 등을 새겼는데, 간혹 점과 관련된 일부 기사(記事)를 새기기도 했다. 이러한 기록문자(記錄文字)를 통칭하여 복사(卜辭)라 한다.

226-본의(本義) ‖ 本義 ‖ 本義/原義 ‖ nghĩa gốc ‖ Original Meaning
◇본의(本義)는 한 한자가 최초로 창조되었을 때 대표하던 의미를 가리킨다.

227-본자(本字) ‖ 本字 ‖ 本字/原字 ‖ chữ gốc ‖ Original Character
◇본자(本字)란 (1) 원래의 글자(字)를 지칭한다. (2) 본의(本義)를 표시하는 글자(字)를 지칭한다. 이는 가차자(借字)와 대비되는 개념이다.

228-봉니문자(封泥文字) ‖ 封泥文字 ‖ 封泥文字 ‖ văn tự phong nê ‖ Seal Script on Clay ◇봉니문자(封泥文字)는 고대에 서신을 밀봉했던 진흙 위에 도장을 찍어 생겨난 한자를 가리킨다.

229-부건(部件) ‖ 部件 ‖ 構成要素 ‖ Bộ chữ ‖ Component
◇부건(部件)은 한자의 구조(構造)에서 각각의 구성(構成) 부분을 가리킨다.

230-부건변위조자(部件變位造字) ‖ 部件變位造字 ‖ 動用字/異構字 ‖ Tạo chữ qua biến đổi vị trí bộ chữ ‖ Component Variation for Character Creation ◇부건변위조자(部件變位造字)는 한자의 형성 과정에서 부건의 위치를 변경하여 새로운 글자를 구성하는 것을 말한다.

231-부건위치관계(部件位置關係) ‖ 部件位置關係 ‖ 構成要素の位

置関係/偏旁冠脚 ‖ Quan hệ vị trí giữa các bộ chữ ‖ Component-Position Relationship ◇부건위치관계(漢字部件位置關係)는 한자에서 각각의 부건(部件)이 글자를 구성할 때 차지하는 상대적 위치를 가리키는데, 좌우(左右), 상하(上下), 포위(包圍) 등의 기본 유형이 포함된다.

²³²-부건증가(部件增加) ‖ 部件增加 ‖ 構成要素の追加 ‖ Tăng thêm bộ chữ ‖ Component Addition ◇부건증가(部件增加)란 원래의 자형을 기초로 하여 새로운 부건(部件) (예를 들어 의부(意符), 음부(音符) 등)을 증가시킴으로써, 자의(字義)를 보다 명확하게 표현하는 것을 말한다.

²³³-부수(部首) ‖ 部首 ‖ 部首 ‖ Bộ thủ ‖ Radical ◇부수(部首)는 한자의 제1필획(第一筆畫) 또는 형방(形旁)을 말하는데, 자전(字典)과 사전(辭典)에서 한자의 구조와 의미에 따라 분류하는 기호 목록이기도 하다. 독체자(獨體字)에서는 부수가 통상 해당 글자의 제1필획이고, 합체자(合體字)에서는 부수가 귀납 분류에 사용되는 의미를 나타내는 '부건(部件)' 즉 '형방(形旁)'이다.

²³⁴-부수검자법(部首檢字法) ‖ 部首檢字法 ‖ 部首検字法/部首検索法 ‖ Phương pháp tra chữ theo bộ thủ ‖ Radical Dictionary Method ◇부수검자법(部首檢字法)은 중국의 자서배열검색법(字書排檢法) 중 하나로, 주로 한자자전(漢字字典), 사전(詞典) 등의 공구서(工具書)에서 문자 배열의 순서 검색에 사용된다. 이 방법은 한자의 부수(部首)를 기초로 하여 부수의 필획(筆劃)수를 통해 글자의 순서(字序)를 배열함으로써 독자들의 검색을 용이하게 한다.

²³⁵-부호(符號) ‖ 符號 ‖ 符号/記号 ‖ Ký hiệu ‖ Symbol ◇부호(符號)는 전통한자학에서 글자를 구성하는 의미 있는

단위를 가리키는 용어이다. 형성자(形聲字)를 구성하는 표의부호(表意符號)와 음절부호(音節符號)가 대표적이다. 예를 들어 '강(江)'이라는 글자에서 물을 의미하는 '수(水=氵)'는 표의부호이고, [kaŋ]이라는 음가를 나타내는 '공(工)'은 음절부호이다. 이러한 부호는 각각 한자의 의미와 소리를 체계적으로 구성하는 요소로 기능하며, 한자학에서 자형(字形)을 분석하고 글자의 구조를 이해하는 데 핵심적인 개념이 된다.

²³⁶-분별자(分別字) ‖ 分別字 ‖ 分化字* ‖ Chữ phân biệt ‖ Distinguished Character ◇분별자(分別字)란 고대 문자(古字)를 기초로 하여 별도의 의미 작용을 하는 형부(形符)를 더해 새로 형성된 문자를 가리키며, 원래 문자(原字)의 지나치게 많은 표의(表意) 임무를 분담하기 위해 사용된다.

²³⁷-분화자(分化字) ‖ 分化字 ‖ 分化字 ‖ Chữ phân hóa ‖ Differentiated Characters ◇분화자(分化字)란 한자의 기록 기능을 분담하기 위해 사용되는 자형을 말한다. 반면, 원래 여러 가지 기록 기능을 겸하고 있던 자형은 원자(源字)라고 한다. 분화자(分化字)는 본래 하나의 글자로 기록하던 단어나 의미, 그리고 의미를 구별하기 위해 두 개 혹은 그 이상의 한자로 나누어 기록한 것이다.

²³⁸-불성자부건(不成字部件) ‖ 不成字部件 ‖ 字にならない構成要素 ‖ Bộ thủ không độc lập thành chữ ‖ Non-character Component ◇불성자부건(不成字部件: 글자를 이루지 못하는 구성성분)이란 독립적으로 완전한 한자로 사용될 수 없는 부건(部件)을 가리킨다. 그것들은 통상적으로 한자의 일부분으로서 다른 부건(部件)들과 조합되어 완전한 한자를 형성한다.☞'불완전구건' 항목 참조.

²³⁹-불완전구건(非字構件) ‖ 非字構件 ‖ 字ではない構成要素 ‖ bộ phận không độc lập thành chữ ‖ Non-character Component

◇불완전구건(非字構件: 불완전 구성요소)은 독립적으로 글자를 이룰 수 없으며, 오직 다른 글자의 일부분으로서 글자구성(構字)에 참여하고 의미구성(構意)을 체현할 수 있는 구건(構件)을 말한다.

²⁴⁰-비교문자학(比較文字學) ‖ 比較文字學 ‖ 比较文字学 ‖ Văn tự học đối chiếu ‖ Comparative Linguistics

◇비교문자학(比較文字學)은 한자학(漢字學) 연구의 분과학문(分科學問)이다. 이는 비교방법(比較方法)을 사용하여 두 가지 이상의 문자(文字)를 연구하는데, 이는 그것들의 공통적(共通的) 규율(規律)과 개별적(個別的) 차이(差異) 그리고 상호관계(相互關係)를 발견하게 해 준다.

²⁴¹-비백서/필법(飛白書/筆法) ‖ 飛白書/筆法 ‖ 飞白书/笔法 ‖ Thư pháp Phi Bạch ‖ Fei Bai Script/Calligraphy Style

◇비백서/필법(飛白書/筆法)은 서법의 특수한 기법과 자체 스타일이다. 필획의 가운데 부분이 마른 실처럼 가늘게 평행을 이루다가, 방향이 바뀌는 곳에서는 필획이 도드라지게 튀어나와, 보는 이에게 날아다니는 듯한 느낌을 준다. 또 필획 속에 실처럼 가는 흰 부분이 드러나, 마치 먹물이 부족한 마른 붓으로 쓴 것 같은 효과를 보이며, 이러한 여백과 농묵(濃墨), 창묵(漲墨)이 선명한 대비를 이루어 작품의 운율감과 리듬감을 강화한다.

²⁴²-비별자(碑別字) ‖ 碑別字 ‖ 碑别字 ‖ Bi biệt tự ‖ Bei Bie Zi

◇비별자(碑別字)는 석비(石碑)에 새겨진 글자 중 의미를 알 수 없거나 혹은 잘못 쓰였거나 또는 식별할 수 없는 글자를 가리킨다.

²⁴³-비초(飛草) ‖ 飛草 ‖ ☆ ‖ Phi thảo ‖ Flying Cursive

◇비초(飛草)는 바로 '산초(散草)'를 말한다. 초서의 한 서체로, 산필로 쓴 초서이다.

²⁴⁴-비필(肥筆) ‖ 肥筆 ‖ 肥笔 ‖ Nét đậm ‖ Fei Bi ◇비필(肥筆)은 획이 굵고 육중한 필사스타일을 가리킨다. 금문(金文)에서

비필(肥筆) 현상은 매우 보편적이며, 특히 상나라 말기 및 서주 초기의 금문(金文)에서 비필(肥筆)은 하나의 자형 특징으로 존재한다.

²⁴⁵-비한족한자학(外族漢字學) ‖ 外族漢字學 ‖ 非漢族漢字学* ‖ Hán tự học ngoại lai ‖ Foreign Chinese Characterology
◇비한족한자학(外族漢字學)은 한족(漢族) 이외의 외족(外族)이 어떻게 한자를 차용하고, 한자를 기초로 어떻게 문자를 창제하였으며, 이러한 문자체계의 특징과 발전 규율 등에 주목한다.

사

²⁴⁶-사정(四定) ‖ 四定 ‖ 四定 ‖ Bốn nguyên tắc chuẩn hóa chữ Hán ‖ Four Fixes ◇한자의 사정(四定: 네 가지 확정)은 현대 한자 규범화의 중요한 원칙으로, 구체적인 내용은 정량(定量: 양의 확정), 정형(定形: 형체의 확정), 정음(定音: 독음의 확정), 정서(定序: 배열 순서의 확정)의 네 가지를 포함한다.

²⁴⁷-사체이용설(四體二用說) ‖ 四體二用說 ‖ 四体二用说 ‖ Thuyết tứ thể lưỡng dụng ‖ Si Ti Er Yong Shuo ◇사체이용설(四體二用說)은 청(清)나라 언어학자 대진(戴震)이 한자 '육서(六書)'를 분석하여 도출한 결론으로, 한자의 육서(六書) 중 상형(象形), 지사(指事), 회의(會意), 형성(形聲)의 네 가지는 조자법(造字法)에 해당하고, 전주(轉註)와 가차(假借)의 두 가지는 용자법(用字法)에 해당한다는 주장을 말한다.

²⁴⁸-사회용자(社會用字) ‖ 社會用字 ‖ 社会で用いる字 ‖ Chữ xã hội hoá ‖ Social Use Characters ◇사회용자(社會用字)는 사회 교제 영역에서 유통 사용되는 한자를 지칭하는 것으로, 출판인쇄용 한자(出版印刷用字), 교육용 한자(教育用字), 영상스크린용 한자(影視螢幕用字), 컴퓨터용 한자(電腦用字), 공공장소용 한자(公共場所用字) 등을 포함한다.

²⁴⁹-사회한자학(社會漢字學) ‖ 社會漢字學 ‖ 社会漢字学 ‖ Hán tự học xã hội ‖ Social Chinese Characterology ◇사회한자학(社會漢字學)은 한자학(漢字學)과 사회학(社會學)의 시각을 결합하여, 사회에서의 한자 사용, 변화, 영향 및 사회문화 현상과의 상호관계를 탐구하는 것을 목적으로 한다.

²⁵⁰-삼십육법(三十六法) ‖『三十六法』‖『三十六法』‖ Ba mươi

sáu pháp ‖ Thirty-Six Methods ◇『삼십육법(三十六法)』은 구양순의 서법 36가지 필법에 관한 논술이다. 서법 창작의 다양한 필법 기교를 상세히 설명했을 뿐만 아니라, 서법 예술의 심미 기준과 창작 원칙도 강조했다.

²⁵¹-삼체석경(三體石經) ‖ 三體石經 ‖ 三体石経 ‖ Tam thể thạch kinh ‖ Three Scripts Stone Classics ◇삼체석경(三體石經)은 '위석경(魏石經)'이라고도 한다. 고문(古文), 전서(篆書), 예서(隸書) 세 가지 서체(書體)로 석재(石材)에다 유가경전(儒家經典)을 새긴 문자(文字)이다.

²⁵²-상교구조(相交結構) ‖ 相交結構 ‖ 筆画の交点 ‖ kết cấu giao nhau ‖ Intersecting Structure ◇상교구조(相交結構)는 필획(筆畫)과 필획(筆劃) 사이에 하나 또는 다수의 교차점(交叉點)이 있는 구조형식(構造形式)을 말한다.

²⁵³-상리구조(相離結構) ‖ 相離結構 ‖ ☆ ‖ kết cấu phân tách ‖ Separated Structure ◇상리구조(相離結構)란 한자의 필사(筆寫)에서 각 부분(필획(筆畫), 부수(部首)) 사이에 일정한 간격을 유지하여 서로 접촉하지 않게 함으로써 하나의 통일체를 형성하는 것을 가리킨다.

²⁵⁴-상물자(象物字) ‖ 象物字 ‖ 象形文字 ‖ Chữ tượng vật ‖ Xiang wu zi ◇상물자(象物字)는 사물의 형상적 특징을 묘사함으로써 의미를 표현하는 문자를 가리킨다.

²⁵⁵-상사(象事) ‖ 象事 ‖ ☆ ‖ Tượng sự ‖ Xiang shi ◇상사(象事)는 한자의 일종의 조자방법(造字方法)으로, '육서(六書)'의 하나에 속한다. 이는 구체적인 사물의 형태나 특징을 묘사함으로써 의미를 표현한다.

²⁵⁶-상사자(象事字) ‖ 象事字 ‖ 指事文字 ‖ Chữ tượng sự ‖ Xiang Shi Character ◇상사자(象事字)는 지사자(指事字)를 말하는데, 상형자(象形字)를 기초로 하여 지시성 부호를 더함으로써 어떤

추상적 개념을 표시한다.

257-상성(象聲) ‖ 象聲 ‖ 擬音語 ‖ Tượng thanh ‖ Onomatopoeia
◇상성(象聲)이란 자연계에 존재하는 존재물이 내는 소리를 모방하는 것을 지칭한다.

258-상용자(常用字) ‖ 常用字 ‖ 常用字/常用漢字* ‖ Chữ thường dùng ‖ Frequently Used Characters ◇상용자(常用字)란 중국어에서 상용적으로 사용되는 한자를 지칭하는데, 통상 수천 자(字)에 이른다. 중국 대륙(中國大陸), 중국 대만(中國臺灣)과 홍콩 특별행정구(香港特別行政區)는 모두 자신들의 상용자(常用字) 표준을 가지고 있다. 중국 대륙(中國大陸)의 경우 현대한어상용자표(現代漢語常用字表)의 상용자(常用字) 부분 2,500자(字)이며, 대만(臺灣)의 경우 상용국자표준자체표(常用國字標準字體表)의 4,808자(字)이며, 홍콩(香港)의 경우 상용자자형표(常用字字形表)의 4,759자(字)이다.

259-상용한자(常用漢字) ‖ 常用漢字 ‖ 常用字/常用の漢字* ‖ Hán tự thường dùng ‖ Frequently Used Chinese Characters
◇상용한자(常用漢字)는 일상생활과 업무에서 빈번하게 사용되는 한자를 가리킨다. 이러한 한자들은 우리의 일상적인 소통과 필사(筆寫)의 기초를 구성하며, 읽기, 쓰기, 학습 및 일상 의사소통에 있어 매우 중요하다.

260-상의문자(象意文字) ‖ 象意文字 ‖ 象意文字 ‖ văn tự tượng ý ‖ Xiang Yi script ◇상의문자(象意文字)는 '표의문자(表意文字)' 혹은 '의부문자(意符文字)'라고도 하는데, 그림 기호를 사용하여 개념이나 의미를 직접 나타내는 문자체계이다.

261-상접구조(相接結構) ‖ 相接結構 ‖ 構成要素の重なり ‖ kết cấu liền kề ‖ Adjacent Structure ◇상접구조(相接結構)는 두 개

이상의 필획(筆畫), 부수(部首) 또는 편방(偏旁)이 한자를 구성할 때, 서로 접촉하지만 교차하거나 중첩되지 않는 구조 형식을 지칭한다.

²⁶²-상징성부호(象徵性符號) ‖ 象征性符號 ‖ 事物の表象 ‖ Ký hiệu mang tính tượng trưng ‖ Symbolic symbol ◇상징성 부호(象徵性符號)는 인류의 의미 성질의 특징을 지닌 부호로, 대상 사물의 표상(表象)을 담지하는 매체이다. 이러한 부호는 구체적인 사물을 표시할 수 있을 뿐만 아니라, 관념(觀念)이나 사상(思想) 등의 추상적인 사물 또한 표현할 수 있다.

²⁶³-상징표의(象徵表意) ‖ 象征表意 ‖ 抽象表現* ‖ biểu ý tượng trưng ‖ Symbolic ideogram ◇상징표의(象徵表意)는 특정한 부호(符號), 형상(形象) 또는 물체(物體)를 통해 어떤 추상적인 개념이나 사상 또는 정감을 대표하거나 표현 전달하는 방식을 말한다.

²⁶⁴-상형(象形) ‖ 象形 ‖ 象形 ‖ Tượng hình ‖ Pictograph ◇상형(象形)은 한자 조자법(造字法)의 기본 방법의 하나로, 사물의 형상(形狀)이나 특징을 직접 묘사(描摹)함으로써 한자를 창조하는 방법이다.

²⁶⁵-상형겸형성(象形兼聲) ‖ 象形兼聲 ‖ 象形文字に声符を加えて形声文字にしたもの ‖ Tượng hình kiêm biểu âm ‖ Pictograph with Phonetic ◇상형겸형성(象形兼聲)이란 하나의 문자(文字)가 상형(象形)과 형성(形聲)의 두 가지 조자(造字) 특징을 동시에 가지고 있음을 의미한다. 그중, '상형(象形)' 부분은 사물의 형상을 묘사함으로써 문자(文字)의 기초 부분을 구성하며, '형성(形聲)' 부분은 성부(聲符)를 첨가함으로써 해당 문자의 독음을 지시한다.

²⁶⁶-상형기능(象形功能) ‖ 象形功能 ‖ 象形機能 ‖ Chức năng tượng hình ‖ Pictographic Function ◇상형기능(象形功能)은 주로 사물의 구체적인 형상이나 특징을 묘사함으로써 문자 혹은

부호를 창조하고, 이를 통해 단어의 의미(詞義)를 표현하는 기능을 가리킨다.

²⁶⁷-상형독체자(象形獨體字) ‖ 象形獨體字 ‖ 独体象形文字 ‖ Chữ đơn thể tượng hình ‖ Pictographic Independent Character
◇상형독체자(象形獨體字)는 사물의 형상이나 특징을 직접 묘사함으로써 문자를 구성하고 의미를 표현하는데, 하나의 완전한 전체를 이루기에 더 작은 의미 있는 부분으로 분할할 수 없다.

²⁶⁸-상형법(象形法) ‖ 象形法 ‖ 象形法 ‖ Phương pháp tượng hình ‖ Pictographic Method ◇상형법(象形法)은 사물의 형상이나 특징을 모방함으로써 문자를 창조하는 한자 구자법(構字法)의 일종이다.

²⁶⁹-상형부호(象形符號) ‖ 象形符號 ‖ 象形符号 ‖ Ký hiệu tượng hình ‖ Pictographic Symbol ◇상형부호(象形符號)란 도형 구성이 독자로 하여금 제도 대상의 형상 특징을 연상케 할 수 있는 부호를 지칭한다.

²⁷⁰-상형자(象形字) ‖ 象形字 ‖ 象形文字 ‖ Chữ tượng hình ‖ Pictographic Character ◇상형자(象形字)는 사물의 형상을 모방함으로써 그 의미를 표현 전달하는 문자이다.

²⁷¹-상형초기문자(象形初文) ‖ 象形初文 ‖ 象形初文 ‖ Chữ tượng hình sơ khai ‖ Pictographic Proto-writing
◇상형초기문자(象形初文)는 '상형문자(象形文字)' 또는 '표형문자(表形文字)'라고도 하며, 한자 발전의 최초 단계이다. 사물의 형상을 기초로 하여 각각의 한자는 모두 사물의 형상을 모방하여 그 사물과 그 의미를 대표하며, 이에 대응하여 일정한 독음(讀音)을 갖는다.

²⁷²-상형표의(象形表意) ‖ 象形表意 ‖ 象形的特徵* ‖ Tượng hình biểu ý ‖ Pictographic Ideographic ◇상형표의(象形表意)는 객관적 실체의 외형을 묘사함으로써 의미를 표현하는 문자 구성

방법의 하나이다.

273-새인문자(璽印文字) ‖ 璽印文字 ‖ 璽印文字 ‖ văn tự trên ấn triện ‖ Seal Script ◇새인문자(璽印文字)는 새인(璽印)에 전각(篆刻)된 한자를 지칭하는데, 이러한 한자는 단순히 문자(文字)의 매개체일 뿐만 아니라 역사(歷史), 문화(文化), 예술(藝術)이 결합된 종합체이기도 하다.

274-생략(省略) ‖ 省略 ‖ 省略 ‖ tinh lược ‖ Omission ◇생략(省略)은 한자의 필사(筆寫)와 변화 과정에서, 자형을 간화(簡化)하거나 필사(筆寫)의 필요를 충족시키기 위해, 일부 필획(筆畫)이나 부건(部件)을 생략함으로써 새로운 한자 자형을 형성하는 과정을 지칭한다.

275-생벽자(生僻字) ‖ 生僻字 ‖ 僻字 ‖ Chữ hiếm gặp ‖ Uncommon Characters ◇생벽자(生僻字)는 달리 '냉벽자(冷僻字)'라고도 하며, 흔히 보기 어렵거나 사람들에게 익숙하지 않은 한자를 가리킨다.

276-생변(省變) ‖ 省變 ‖ 略字化 ‖ Tính giản hóa ‖ Sheng Bian ◇생변(省變)은 한자의 변화 과정에서 자형을 간화(簡化)하거나 구분하기 위해 원래의 자형을 생략(省略), 병합(倂合), 대체(代替) 등의 방식으로 바꾸는 현상을 말한다.

277-생병(省竝) ‖ 省并 ‖ 構成要素の接着による略字化 ‖ Hợp nhất tinh lược ‖ Consolidation ◇생병(省竝)은 한자가 변화 과정 중에 자형을 간화(簡化)하거나 구분하기 위해, 일부 필획(筆畫)이나 부건(部件)을 합병(合倂)하여 새로운 한자 자형을 형성하는 것을 지칭한다.

278-생성(省聲) ‖ 省聲 ‖ 省声 ‖ tinh lược âm đọc ‖ Sheng Sheng ◇생성(省聲)은 형성자(形聲字)의 성부(聲符)가 어떤 글자의 생략형인 경우를 가리키는데, 동한(東漢) 허신(許慎)의 『설문해자(說文解字)』에서 비롯되었다. 어떤 한자의 성부(聲符)가

구조상 완전하지 않을 때, 허신(許慎)은 당시의 자음(字音)에 근거하여 해당 성부(聲符)가 어떤 글자의 생략형이라고 추측하고, "X가 의미부이고 X의 생략된 모습이 소리부이다(从某某省聲)"라고 주석을 달아 두었다.

279-생체(省體) ‖ 省體 ‖ 略字体* ‖ giản lược tự hình ‖ Sheng Ti ◇생체(省體)는 한자의 발전 변화 중에 부분적인 필획(筆畫)이나 구조(結構)를 생략(省略)함으로써 자형을 간화(簡化)하고 필사(筆寫) 효율을 제고하려는 목적을 달성하여 형성된 새로운 자형을 지칭한다.

280-생형(省形) ‖ 省形 ‖ 意符の略体化* ‖ tinh lược ký hiệu biểu nghĩa ‖ Sheng Xing ◇생형(省形)은 한자 형성자(形聲字)의 형부(形符: 의미부)가 형체 구조 상 필획(筆畫)에 있어서 생략(省略)된 것을 말한다.

281-서개(徐鍇) ‖ 徐鍇 ‖ 徐鍇 ‖ Từ Khải ‖ Xu Kai ◇서개(徐鍇, 920-974)는 중국 오대십국(五代十國) 말기에서 북송(北宋) 초기에 활동한 한자 학자로, 서현(徐鉉)의 동생으로, 소서(小徐)라고도 불린다. 그는 허신(許慎)의 『설문해자(說文解字)』에 대한 주석서인 『설문계전(說文繫傳)』을 저술하여 한자학 발전에 큰 공헌을 했다. 서개는 독창적인 연구 방법으로 한자의 구조와 의미를 분석했으며, 특히 육서(六書) 이론에 대한 심도 있는 연구를 통해 한자 조자법(造字法)에 대한 이해를 넓혔다. 그의 연구는 중국뿐만 아니라 한국, 일본, 베트남 등 한자문화권의 문자학 전통에 중요한 영향을 미쳤으며, 『설문계전』은 당시 문자학 연구의 주요 저작으로 평가받았다. 현대 한자학에서도 서개의 업적은 서현과 함께 송대(宋代) 한자학의 기초를 마련한 것으로 인정받고 있다.

282-서계(書契) ‖ 書契 ‖ 書契 ‖ Thư khế ‖ Writing Contracts ◇서계(書契)는 문자(文字)를 가리킨다. '계(契)'에는 '칼로 새기다'라는 의미가 있으며, 고대에는 칼 붓으로 글자를 새겼기

때문에 문자(文字)에는 서계(書契)라는 명칭이 있게 되었다.

²⁸³-서단(書丹) ‖ 書丹 ‖ 丹書 ‖ Chữ viết Khiết Đan ‖ Shu Dan
◇서단(書丹)은 서예 술어로, 주필(朱筆)로 비석에 글자를 쓰고 새기기를 기다리는 것을 말한다.

²⁸⁴-서도(書道) ‖ 書道 ‖ 書道 ‖ nghệ thuật thư pháp ‖ Shu Dao
◇서도(書道)는 서예 술어인데, 일본인이 서예를 서도라 부른다. 그 명칭은 중국에서 유래했다. 북송 황백사(黃伯思)의
「동관여론(東觀餘論)」의
「발단가고정거사비후(跋段柯古靖居寺碑後)」에서 "당 중엽 이후, 서도가 쇠퇴할 즈음이었던 까닭에 많이 얻지
못하였다.(唐中葉以後, 書道下衰之際, 故弗多得云.)"이라고 했다.

²⁸⁵-서보(書譜) ‖ 書譜 ‖ 書譜 ‖ Thư phổ ‖ Shu Pu ◇서보(書譜)는 당나라의 저명한 서예가 손과정(孫過庭)이 저술한 초서체로 쓴 서예 논문으로, 이 작품은 서예 예술 및 서법 이론상 매우 높은 가치를 지닌다.

²⁸⁶-서서(署書) ‖ 署書 ‖ 署書 ‖ Chữ viết văn phong hành chính ‖ Shu Shu ◇서서(署書)는 편액(匾額)에 제목으로 쓴(題書) 문자(文字)를 가리킨다.

²⁸⁷-서체(書體) ‖ 書體 ‖ 書体*/書風 ‖ Thư thể ‖ Script Styles
◇서체(書體)는 문자를 쓰는 스타일과 장법을 가리키며, 문자를 쓰는 유파(流派)라고도 할 수 있는데, 필묵(筆墨) 기교의 변화를 중시한다. 흔히 볼 수 있는 서체(書體)에는 구양순체(歐體), 안진경체(顏體), 유공권체(柳體), 조맹부체(趙體) 등이 있는데, 이들은 모두 독특한 스타일과 개성을 가진 서예체로 유명하다.

²⁸⁸-서하문자(西夏字) ‖ 西夏字 ‖ 西夏文字 ‖ Chữ Tây Hạ ‖ Xi Xia Script ◇서하문자(西夏字)는 서하문 또는
탕구트문(Tangut)이라고도 하며, 서하왕국의 주체민족인 당항(黨項) 강족(羌族)이 사용한 문자이다. 서하문자는 한자의

필획을 모방하고 차용하여 새로 창제한 새로운 네모꼴 문자이다.

²⁸⁹-서현(徐鉉) ‖ 徐鉉 ‖ 徐铉 ‖ Từ Huyền ‖ Xu Xuan ◇서현(徐鉉, 916-991)은 중국 오대십국(五代十國) 말기에서 북송(北宋) 초기에 활동한 저명한 한자 학자이다. 서개(徐鍇)의 형으로, 대서(大徐)라고도 불린다. 그는 송태종(宋太宗)의 칙령으로 『대송중수오음집운(大宋重修五音集韻)』과 『대송중수설문해자(大宋重修說文解字)』 편찬에 중심적 역할을 담당했다. 특히 허신(許愼)의 『설문해자』를 교감하고 정리하여 소전체(小篆體)의 표준을 확립한 공로가 크다. 서현의 한자학 연구는 송대(宋代) 이후 중국, 한국, 일본, 베트남 등 한자문화권 전체의 문자학 발전에 중요한 영향을 미쳤으며, 그가 교감한 『설문해자』는 이후 수많은 자전(字典)과 운서(韻書) 편찬의 기초가 되었다.

²⁹⁰-서화동원(書畫同源) ‖ 書畫同源 ‖ 書画同源 ‖ Thư họa đồng nguyên ‖ The Common Origin of Calligraphy and Painting ◇서화동원(書畫同源)은 중국의 회화(繪畫)와 서예가 기원(起源), 표현 형식(表現形式) 및 예술적 추구(藝術追求)에 있어서 동일한 본질(本質)과 법칙(法則)을 가지고 있다는 것을 말한다.

²⁹¹-석각문자(石刻文字) ‖ 石刻文字 ‖ 石刻文字 ‖ Thạch khắc văn tự ‖ Stone Inscriptions ◇석각문자(石刻文字)란 돌에 새겨진 문자를 가리키는데, 이러한 문자들은 흔히 역사적 사건을 기록하고, 공덕을 칭송하며, 정보를 전달하는 등의 용도로 사용되었다.

²⁹²-석경문자(石磬文字) ‖ 石磬文字 ‖ 石磬文字* ‖ Thạch khanh văn tự ‖ Shi Qing Script ◇석경문자(石磬文字)는 돌로 만든 타악기인 석경(石磬)에 새겨진 문자를 가리킨다.

²⁹³-석고문(石鼓文) ‖ 石鼓文 ‖ 石鼓文 ‖ Thạch cổ văn ‖ Stone Drum Script ◇석고문(石鼓文)은 동주(東周) 초기 진(秦)나라의

석각문자(石刻文字)를 가리킨다. 열 개의 북 모양으로 생긴 돌에다 사언시(四言詩) 열 수를 주문(籒文)으로 나누어 새겼는데, 진(秦)나라 군주의 수렵 상황을 기술하였다. 후세에는 이를 렵갈(獵碣)이라고도 불렀다.

²⁹⁴-선조화(線條化) ‖ 線條化 ‖ ☆ ‖ Đường nét hóa ‖ Linearization ◇한자 선조화(漢字線條化)는 한자가 연변(演變) 과정에 있어서, 그 자형이 점차 복잡한 상형(象形) 등의 도안(圖案)에서 점(點)·횡(橫: 가로획)·수(豎: 세로획)·별(撇: 왼 삐침)·날(捺: 오른 삐침) 등 기본 선조(線條)로 구성된 과정으로 간화(簡化)되는 것을 지칭한다.

²⁹⁵-설문학(說文學) ‖ 『說文』學 ‖ 説文学 ‖ Học thuyết Thuyết văn ‖ Shuowen Jiezi Studies ◇☞'설문해자학(說文解字學)' 항목 참조.

²⁹⁶-설문해자학(說文解字學) ‖ 說文解字學 ‖ 説文学 ‖ Thuyết văn giải tự học ‖ Shuowen Jiezi Xue ◇설문해자학(說文解字學)은 동한(東漢) 때의 허신(許慎)이 저술한 『설문해자(說文解字)』라는 고대 한자학(漢字學) 저작에 관한 학문으로, 중국 한자의 구조, 자의(字義) 변천 및 문화적 내용을 연구하는 중요한 학문이다. 줄여서 설문학(說文學)은 또한 '허학(許學: 허신의 학문)'이라고도 한다.

²⁹⁷-설형문자(楔形文字) ‖ 楔形文字 ‖ 楔形文字 ‖ Chữ hình nêm ‖ Cuneiform Script ◇설형문자(楔形文字)는 세계에서 가장 오래된 문자 중 하나로, 수메르 인에 의해 창조되었으며, 대략 기원전 3,400년경에 기원하였다(기원전 31세기 경, 즉 5,000여 년 전이라는 설도 있음). 설형(楔形)문자라는 이름은 그 필사 특징에서 유래하였는데, 즉 부드러운 점토판에 새겨진 선은 굵은 데서 가는 데로 가며, 나무 쐐기와 유사한 형상이므로, '설형문자'라고 불렀다.

²⁹⁸-성류(聲類) ‖ 聲類 ‖ 声母分類/声類 ‖ Loại âm ‖ Phonetic Category ◇성류(聲類)는 성모(聲母)의 유형을 가리키는 것으로, 어떤 한 부류의 성모(聲母)를 총칭하는 용어이다. 성류(聲類)는 운서(韻書)의 반절(反切) 체계나 유사한 방식으로부터 도출된 것으로, 음위(音位) 귀납 처리를 거치지 않은 것이다. 이것은 어떤 한 부류의 성모(聲母)를 총칭하는 것으로, 음운학(音韻學)에서의 중요한 개념 중 하나이다.

²⁹⁹-성방(聲旁) ‖ 聲旁 ‖ 声符/音符 ‖ bộ phận chỉ âm ‖ Phonetic Component ◇성방(聲旁)은 한자 형성자(形聲字) 중에서 글자의 독음(讀音)을 표시하기 위해 사용되는 부분이다.

³⁰⁰-소리부(聲符) ‖ 聲符 ‖ 声符/音符 ‖ Ký hiệu biểu âm ‖ Phonetic Symbol ◇소리부(聲符)는 한자 중 형성자(形聲字)에서 해당 글자의 발음을 나타내는 부분을 말한다. 한자의 여섯 가지 조자법(造字法) 중 형성(形聲)의 원리에 따라, 의미를 나타내는 의미부(意符)와 함께 한자를 구성하는 핵심 요소이다. 중국에서는 고대부터 현대까지 새로운 한자 창제의 주요 방법으로 활용되어 왔으며, 한국, 일본, 베트남 등 한자문화권에서도 한자의 음가(音價) 추정과 어원 연구에 중요한 단서를 제공한다. 소리부는 한자 발음 교육과 역사 음운학 연구에 있어 필수적인 연구 대상이며, 한자 사전의 음운 분류 체계 구성에도 기초가 된다.

³⁰¹-소리부

첨가자(加音字) ‖ 加音字 ‖ 音符が追加された文字 ‖ Chữ thêm âm ‖ Augmentative phonetic ◇소리부 첨가자(加音字)는 기존 한자에 소리를 나타내는 부분(聲符)을 추가하여 만든 형성자(形聲字)의 일종이다. 이는 원래 글자의 의미는 유지하면서 발음 정보를 추가하기 위해 만들어진 것으로, 중국 한자 발전 과정에서 중요한 조어법 중 하나이다. 소리부 첨가자는 특히 한자의 지역적 발음 차이나 시대적 변화를

반영하는 데 활용되었으며, 중국, 한국, 일본, 베트남 등
한자문화권에서 문헌학적 연구와 고대 발음 복원에 중요한
자료로 활용된다. 현대 한자학에서는 한자의 역사적 음운
변화와 방언 연구에 있어 핵심적인 연구 대상이다.

302-소전(小篆) ‖ 小篆 ‖ 小篆 ‖ Tiểu triện ‖ Small Seal Script
◇소전(小篆)은 진(秦)대에 통용된 일종의 자체(字體)로,
대전(大篆)을 간략화하여 만들어졌다. 진전(秦篆)이라고도 하며,
후세에는 통칭하여 전서(篆書)라고 한다.

303-소해(小楷) ‖ 小楷 ‖ 小楷 ‖ Tiểu khải ‖ Xiao Kai
◇소해(小楷)는 1-3cm 정도 크기의 소자(小字)이다. 대표작으로는
종소경(鍾紹京)의 「영비경(靈飛經)」, 왕희지(王羲之)의
「낙예론(樂毅論)」, 「황정경(黃庭經)」, 조맹부(趙孟頫)의
「급암전(汲黯傳)」, 「도덕경(道德經)」, 문징명(文徵明)의
「노자열전(老子列傳)」, 「이소경(離騷經)」, 「금부(琴賦)」 등이 있다.

304-속자(俗字) ‖ 俗字 ‖ 俗字/俗字体/俗体 ‖ Chữ tục thể ‖ Vulgar Characters ◇속자(俗字)는 '속체자(俗體字)'라고도 부르는데,
이체자(異體字)의 일종이다. 통속적으로 유행하지만 자형이 규범에
부합하지 않는 한자를 가리킨다. 정자(正字)와 대칭되는 개념이다.

305-속체자(俗體字) ‖ 俗體字 ‖ 俗字体/俗体 ‖ Chữ tục thể ‖ Vulgar Characters ◇속체자(俗體字)는 통속적으로 유행하나 자형이
규범적이지 않은 한자를 가리키며, 정체자(正體字)와는 구별된다.

306-송대 해서(宋楷) ‖ 宋楷 ‖ 宋楷 ‖ Tống khải ‖ Song Regular
Script ◇송대 해서(宋楷)는 송나라 해서를 말하는데, 당대
해서(唐楷)를 기초로 하여 발전하였으며, 소식(蘇軾),
황정견(黃庭堅), 미불(米芾), 채양(蔡襄) 사대가의 작품이
대표적이다.

307-송체자(宋體字) ‖ 宋體字 ‖ 宋代の書体 ‖ Tống thể tự ‖ Song
Font ◇송체자(宋體字)는 송나라 시대 목판 인쇄에 통용된

자체(字體)로, 구조가 방정(方正)하고 균칭(勻稱)하여 후세에
'송체자'라고 불렀다. 명나라 말기에 가로획(橫畫)은 가늘고
세로획(豎畫)은 굵으며, 자형이 방정한 인쇄체로 변화하였지만
여전히 송체(宋體)라고 불렀다. 속칭 '노송자(老宋字)'라고 하는데,
이는 현대에 통행하는 인쇄 자체이다. 또한 가로획(橫畫)과
세로획(豎畫) 모두 비교적 섬세한 자체가 있는데, 이를
'방송체(仿宋體: 모방 송체)'라고 하며, 이 역시 상용 인쇄체의 한
종류이다.

308-수금체(瘦金體) ‖ 瘦金體 ‖ 瘦金体 ‖ Sấu kim thể ‖ Slender Gold Style ◇수금체(瘦金體)는 달리 수금서(瘦金書)라고도 하는데, 송(宋)나라 휘종(徽宗) 조길(趙佶)이 창조한 독특한 서예 스타일로, 극히 높은 예술적 가치와 역사적 지위를 지니고 있다. 수금체(瘦金體)의 필법(筆法)은 매우 가늘고 굳세며, 선이 섬세하면서도 힘차고 건강하여 마치 근육과 뼈와 같다.

309-수두자(手頭字) ‖ 手頭字 ‖ 手書き文字 ‖ Chữ thủ đầu ‖ Shou Tou Zi ◇수두자(手頭字)는 손(手頭)에서는 모두 이렇게 쓰지만 책(書本)으로 인쇄될 때에는 오히려 그렇게 인쇄되지 않는 글자를 가리킨다.

310-수로체(垂露體) ‖ 垂露體 ‖ 垂露体 ‖ Thùy lộ thể ‖ Dewdrop Style ◇수로체(垂露體)는 달리 '수로전(垂露篆)'이나 '수로서(垂露書)'라고도 한다. 이는 소전(小篆)의 일종의 변체인데, 이는 세로획(直畫)을 쓸 때 필획이 끝나는 지점(收筆處)에서 아래로 드리운 이슬방울 모양을 형성하여, 드리워 있지만 떨어지지 않는 형태를 띤다는 특징을 가진다. 이 때문에 수로(垂露)라는 이름이 붙었다.

311-수리한자학(數理漢字學) ‖ 數理漢字學 ‖ 数理漢字学 ‖ Hán tự học số học ‖ Mathematical Studies on Chinese Characters ◇수리한자학(數理漢字學)은 수학(數學)과 통계학(統計學) 등의 수리과학(數理科學) 방법을 활용하여 한자의 자형, 자음(字音),

자의(字義) 등에 대해 연구하는 현대 한자학의 분과 학문이다.
수리한자학은 한자의 구조(構造), 자형과 자음(字音)의 대응 관계,
문헌(文獻) 속 한자 사용의 통계적(統計的) 분포 등을 연구
대상으로 삼아, 컴퓨터를 이용한 한자 정보 처리, 고문헌(古文獻)
텍스트 분석, 한자 자동 인식 등에 적용된다.
수리한자학(數理漢字學)은 전통적인 훈고학(訓詁學)적 방법과
달리 계량화된 객관적 방법론을 사용하여 한자에 대한 새로운
연구 성과를 이루어내고 있다.

³¹²-수사체(手寫體) ‖ 手寫體 ‖ 筆記体 ‖ Chữ viết tay ‖ Handwriting Style ◇수사체(手寫體: 손 글씨)는 문자(文字) 또는 병음자모(拼音字母)의 수사(手寫) 형식을 가리키며, '인쇄체(印刷體)'와 구별된다. 과거에는 인쇄체(印刷體)와 수사체(手寫體)의 차이가 비교적 컸다. 그러나 오늘날은 새로운 자형의 인쇄체(印刷體)와 수사체(手寫體)가 기본적으로 일치한다. 수사체(手寫體) 병음자모(拼音字母) 역시 인쇄체(印刷體) 병음자모(拼音字母)와 점차 일치하는 추세이다.

³¹³-수서(殳書) ‖ 殳書 ‖ 殳書 ‖ Thù thư ‖ Shu Script
◇수서(殳書)는 고대에 병기(兵器) 또는 고형(觚形) 물체에 새겨진 문자를 말한다.

³¹⁴-수서/자(水書/字) ‖ 水書/字 ‖ 水書/水文字 ‖ chữ viết của dân tộc Thủy ‖ Shui Shu/Characters ◇수서/자(水書/字)는 수족(水族)의 고문자, 수족 서적의 통칭으로, 수족 고대의 천문, 민속, 윤리, 철학, 미학, 법학 등 문화 정보를 기록했다.

³¹⁵-수필(瘦筆) ‖ 瘦筆 ‖ 瘦筆 ‖ Nét mảnh ‖ Thin Brush
◇수필(瘦筆)은 획이 가늘고 마른 필사스타일을 가리킨다. 한자 필사에서 수필(瘦筆)은 통상적으로 필획이 섬세하고 선이 유창하여, 사람에게 맑고 빼어나며 우아하고 품위 있는 느낌을 준다.

³¹⁶-순수음부(純音符) ‖ 純音符 ‖ 純粹な音符/純粋な声符 ‖ Thuần ký hiệu biểu âm ‖ Pure Tone ◇순수음부(純音符)는 한자 중에서 독음(讀音)을 표시하는 데 사용되는 부건(部件)을 말하는데, 그 자체로는 한자의 구체적인 의미를 직접 표현하지 않으며, 통상적으로 형부(形符)와 결합하여 완전한 한자를 구성한다.

³¹⁷-순수지사(純指事) ‖ 純指事 ‖ 純粋な指事 ‖ Thuần chỉ sự ‖ Pure Denotation ◇순수지사(純指事字)는 한자 중에서 오로지 상징적 부호를 통해 추상적 개념이나 의미를 표시하는 글자를 말한다. 그것들은 구체적 사물의 형상(形象)을 직접 묘사하지 않고, 어떤 상징적 수법을 채택하여 특정한 함의를 표시한다. 예를 들어 '일(一)', '이(二)', '삼(三)'자 등은 전형적인 순수 지사자(純指事字)이다.

³¹⁸-습용자(習用字, 상용자(常用字)) ‖ 習用字(常用字) ‖ 常用字 ‖ Chữ quen dùng ‖ Commonly Used Character ◇상용자(常用字)는 일상생활과 업무에서 자주 사용되고, 빈도가 비교적 높은 한자를 가리킨다. 이들은 일반적인 신문과 서적을 읽고, 일상적인 교류를 하며, 각종 문자 처리를 하는 데 반드시 숙지해야 하는 기본 글자들이다.☞'통용자' 항목 참조.

³¹⁹-식필(飾筆) ‖ 飾筆 ‖ 飾筆 ‖ Nét trang trí ‖ Ornamentation Strokes ◇식필(飾筆)은 보통 한자 필사(筆寫)에서 자형을 장식하거나 미화하기 위해 추가하는 필획(筆劃)을 가리킨다. 이러한 필획(筆劃)은 글자의 기본 읽기와 의미를 변화시키지 않으며, 시각적인 장식 역할을 한다.

³²⁰-신자형(新字形) ‖ 新字形 ‖ 新字体 ‖ Hình dạng chữ mới ‖ New Character Forms ◇신자형(新字形)은 『신구자형대조표(新舊字形對照表)』에 의한 단독 형식으로

나타나는 것이 아니라,
『인쇄통용한자자형표(印刷通用漢字字形表)』에 포함되어 있다.
독자의 편의를 위해 대부분의 어문사전(語文辭典)들이
『자형표(字形表)』에 근거하여
『신구자형대조표(新舊字形對照表)』를 개괄적으로 총결하여
부록으로 제공하고 있다.

321-신조분화자(新造分化字) ‖ 新造分化字 ‖ 分化字 ‖ Chữ phân hóa tạo mới ‖ Newly Created Differentiated Characters ◇신조분화자(新造分化字)는 원자(原字)의 어느 한 기록 기능(記詞職能)을 분담함으로써 생겨난 분화자(分化字)를 신조분화자(新造分化字)라고 한다.

322-신조자(新造字) ‖ 新造字 ‖ 新造字/造字 ‖ Chữ mới tạo ‖ Newly Created Characters ◇신조자(新造字)는 통상적으로 어떤 특정 시기에 또는 어떤 특정 수요를 만족시키기 위해 새로 창조해 낸 한자를 지칭한다. 이러한 글자들은 종종 새로 출현한 사물, 개념 또는 현상을 기록하기 위해 창조된 것이다.

323-신증자(新增字) ‖ 新增字 ‖ 新增字*/後起字 ‖ Chữ mới bổ sung ‖ Newly Added Characters ◇신증자(新增字)는 전승자(傳承字)에 대칭되는 개념으로, 어떤 역사 시기에 이전 역사 단계에 비해 새롭게 증가하거나 새롭게 출현한 한자를 가리킨다.

324-심리문자학(心理文字學) ‖ 心理文字學 ‖ 心理文字学 ‖ Hán tự học tâm lý ‖ Psycholinguistics ◇심리문자학(心理文字學)은 문자가 어떻게 사람의 심리 과정에 영향을 미치는지, 그리고 사람의 심리가 어떻게 문자를 통해 표현되고 전달되는지를 탐구하는 학문이다.

325-쌍성부자(雙聲符字) ‖ 雙聲符字 ‖ 二重形声字/二重音符字/二重声符字 ‖ Chữ có ký tự biểu âm kép ‖ Double Phonetic

Symbol Character ◇쌍성부자(雙聲符字)는 독음이 같거나 비슷한 두 개의 성부(聲符)로 구성된 글자를 가리킨다. 예를 들어 '오(悟)'자는 '오(午)'와 '오(吾)'가 모두 성부(聲符)로 기능하여, 함께 '오(悟)'라는 독음을 구성한다.

326-쌍성통가(雙聲通假) ‖ 雙聲通假 ‖ 双声の通用 ‖ Thông giả song âm (hai âm mượn thông dụng) ‖ Shuang Sheng Tong Jia ◇쌍성통가(雙聲通假)는 통가자(通假字)와 피통가자(被通假字)가 발음상 쌍성(雙聲) 관계를 지니고 있는 것을 말한다. 즉 성모(聲母)는 동일하나 운모(韻母)는 상이한 관계를 나타낸다.

327-쌍음부자(雙音符字) ‖ 雙音符字 ‖ 二重形声字/二重音符字/二重声符字 ‖ Chữ có hai ký tự biểu âm ‖ Shuang Yin Fu Zi ◇☞'쌍성부자(雙聲符字)' 항목 참조.

328-쌍의음복합자(雙意音複合字) ‖ 雙意音復合字 ‖ 二重意符と二重音符の字/二重意符と二重声符の字 ‖ Chữ ghép ký tự biểu âm và nghĩa ‖ Dual Ideographic-Phonetic Compound Character ◇쌍의음복합자(雙意音複合字)는 의미를 나타내는 기능과 발음 특징을 모두 갖춘 두 개의 구성요소가 결합하여 만들어진 한자를 가리킨다. 예를 들어, '동(砼)'(인공석, 혼응토를 가리키며, '동(同)'과 독음이 같음)은 형성(形聲)과 회의(會意)의 특징을 겸비하고 있다. 이런 유형의 글자는 부건 간의 의미적 관련성과 음성적 힌트를 통해 복합적인 의미를 구축하며, 한자 구조 형성에서 특수한 유형에 속한다.

329-씨족문자(氏族文字) ‖ 族氏文字 ‖ 氏族文字/族徽 ‖ văn tự thị tộc ‖ Clan Characters ◇씨족문자(氏族文字)는 전문적으로 씨족명호(氏族名號)를 표시하기 위해 사용되는 도화문자(圖畫文字: 그림문자)로, 단순한 부호가 아니라 풍부한 문화적 함의와 상징적 의미를 내포하고 있다.

330-씨족표지문자(氏族標誌文字) ‖ 氏族標誌文字 ‖ 族徽/図象/図

象記号 ‖ văn tự biểu trưng thị tộc ‖ Clan Badge Inscriptions

◇씨족표지문자(氏族標誌文字)는 씨족명호(氏族名號)를 표시하는 특정 문자(文字) 또는 도안(圖案)을 지칭한다. 통상 고도의 상형성(象形性)을 지니고 있어 서로 다른 씨족(氏族)을 구분하고 표식(標識)하는 데 사용된다.

아

331-안체(顔體) ‖ 顔體 ‖ 顔体 ‖ Nhan thể ‖ Calligraphy style of Yan Zhenqing ◇안체(顔體)의 대표 인물은 당나라의 안진경(顔真卿)이다. 특징으로는 단장웅위(端莊雄偉는 단정하고 장중하면서도 웅장하고 당당함), 기세개장(氣勢開張은 기운과 기세가 활짝 펼쳐져 있어 생동감이 넘침)하여 세상에서 '안체'라 부른다.

332-약자(略字) ‖ 略字 ‖ 略字 ‖ Chữ tỉnh lược ‖ Logograph ◇고대 문헌의 연구에서, 약자(略字)는 문헌 중에서 여러 가지 원인(예를 들어 마모, 손상 또는 원시 기록 시의 소홀)으로 인해 판별할 수 없거나 결실된 글자를 말한다.

333-양문(陽文) ‖ 陽文 ‖ 陽文/陽刻 ‖ chữ khắc nổi ‖ Yang Script ◇양문(陽文)이란 기물(器物) 또는 인장(印章) 위에 조주(雕鑄: 조각하거나 주조함)하거나 혹은 찬각(鏨刻: 파서 새김)한 돌출된 문자(文字)를 가리킨다.

334-양성자(兩聲字) ‖ 兩聲字 ‖ 両声字 ‖ Chữ hai âm ‖ Dual-pronunciation Character ◇양성자(兩聲字)는 두 개의 편방(偏旁)이 모두 표음 부호인 한자를 가리킨다.

335-양용편방(兩用偏旁) ‖ 兩用偏旁 ‖ 亦声 ‖ Bộ thủ hai chức năng ‖ Dual-purpose Radical ◇양용편방(兩用偏旁)이란 하나의 편방(偏旁)이 형방(形旁)으로서 의미를 나타내기도 하고 성방(聲旁)으로서 독음을 나타내기도 하는 것을 가리킨다.

336-언문(諺文) ‖ 諺文 ‖ ハングル ‖ Chữ Hàn Hangul ‖ Yan wen ◇언문(諺文)은 한국어에서 사용되는 표음문자이다.

³³⁷-언해(諺解) ‖ 諺解 ‖ 諺解 ‖ Ngạn giải (giải thích bằng văn xuôi) ‖ Vernacular Explanation ◇언해(諺解)는 한어 저작에 대한 한국어 주해를 말한다.

³³⁸-여진문자(女眞字) ‖ 女眞字 ‖ 女眞文字 ‖ Chữ Nữ Chân ‖ Nü Zhen Script ◇여진문자(女眞字)는 중국 고대 소수민족 여진족이 여진어를 기록하기 위해 사용했던 문자로, 여진족이 거란문자를 모방하여 창제한 문자이다.

³³⁹-역사문자학(歷史文字學) ‖ 歷史文字學 ‖ 歷史文字学/古文字学* ‖ văn tự học lịch sử ‖ Historical Philology ◇역사문자학(歷史文字學)은 주로 고대 문자의 생성, 발전, 변화 및 그것이 역사 전승에서의 역할과 의의에 초점을 맞추며, 언어학(語言學), 역사학(歷史學), 고고학(考古學) 등 다수 학문의 지식과 방법을 융합하여 고대 문자에 대해 연구하는 분야이다.

³⁴⁰-역사통용자(歷史通用字) ‖ 歷史通用字 ‖ 歷史的通用字* ‖ Chữ thông dụng lịch sử ‖ Historical Commonly Used Characters ◇역사통용자(歷史通用字)는 서로 다른 역사 시기나 지역에서, 사회, 문화, 언어 등 요인의 변화로 인해 동일한 단어가 서로 다른 문자 형식으로 표기될 수 있거나, 혹은 동일한 문자 형식이 서로 다른 시기나 지역에서 다른 용법과 의미를 가질 수 있는 글자를 지칭한다.

³⁴¹-역성(亦聲) ‖ 亦聲 ‖ 亦声 ‖ Bộ phận chỉ nghĩa đồng chỉ âm ‖ Yi Sheng ◇역성(亦聲)이란 한자 중 어떤 합체자(合體字)의 한 편방(偏旁)이 그 글자의 의부(意符)로 작용함과 동시에 성부(聲符)로도 작용하는 것을 가리킨다.

³⁴²-역외방언(域外方言) ‖ 域外方言 ‖ 外国漢字音 ‖ Phương ngữ ngoài lãnh thổ ‖ Foreign Dialect ◇역외방언(域外方言)은 베트남어, 한국어, 일본어가 역사상 한어의 중대한 영향을 받아 형성된 완전한 음운 체계를 가진 차용어를 말한다. 주로

한월어(漢越語), 고려역음(高麗譯音), 일본어 오음(吳音)과 일본어 한음(漢音)이다. 이 몇 가지 차용어는 음운상 고대 한어와 엄격한 대응 관계가 있고, 어의도 같거나 비슷하여, 현대 한어의 각 지방 방언과 같아서 이렇게 부른다.

343-연면자(聯綿字) ‖ 聯綿字 ‖ 聯綿字/連綿語 ‖ Chữ láy ‖ Continuous Characters ◇연면자(聯綿字)는 두 개의 음절이 연접(聯綴)되어 이루어진 단순어(單純詞)를 가리킨다.

344-연문(衍文) ‖ 衍文 ‖ 衍字 ‖ Trùng văn ‖ Yan Wen ◇연문(衍文)은 전사(傳寫), 각판(刻版), 배판(排版) 오류로 인해 더해진 자구를 부른다.

345-영자팔법(永字八法) ‖ 永字八法 ‖ 永字八法 ‖ Vĩnh tự bát pháp ‖ Yong zi ba fa ◇영자팔법(永字八法)은 중국 서법의 기초적 필법으로, 한자 '영(永)'자의 여덟 획을 분석하여 용필의 기본 규칙과 기법을 총괄한 것이다. 측(側)은 윗점, 늑(勒)은 가로 획, 노(奴)는 가운데 내리 획, 적(趯)은 아래 구부림, 책(策)은 짧은 가로 획, 약(掠)은 오른쪽에서 삐침, 탁(琢)은 짧은 오른쪽 삐침, 책(磔)은 왼쪽에서 삐침 등을 말한다. 현대 중국에서는 각각 점(點), 횡(橫은 가로획), 수(豎는 세로획), 구(鉤는 갈고리처럼 내렸다 올림), 제(提는 들어 올림), 별(撇은 왼쪽 삐침), 단별(短撇은 짧게 삐침), 납(捺은 오른쪽 삐침)으로 구분하기도 하는데, 각각 서법의 상이한 필세와 운필법을 대표한다.

346-예변(隸變) ‖ 隸變 ‖ 隶变 ‖ Lệ biến ‖ Clerical Script Transformation ◇예변(隸變)은 한자가 전서(篆書)로부터 예서(隸書)로 변화하는 과정에서 일어난 변화를 지칭한다.

347-예서(隸書) ‖ 隸書 ‖ 隶書 ‖ Lệ khải ‖ Clerical Script ◇예서(隸書)는 다음의 두 가지 의미를 지닌다. (1) 한자 자체(字體) 명칭의 하나로, '좌서(佐書)'나 '사서(史書)'라고도 하는데, 전서(篆書)를 간화(簡化)하여 변화한 것이다. 전서(篆書)의

원전(圓轉: 둥글게 돌아가듯 매끄럽고 자연스러움)의 필획(筆劃)을 방절(方折: 모나고 꺾인 모양)로 바꾸고, 상형(象形)을 필획화(筆劃化)하여 필사(筆寫)하기 편리하게 하였다. 이는 진(秦)나라 때에 시작되었으며, 한(漢)·위(魏) 시대에 널리 사용되었다. (2) 정서(正書)를 옛날에 부르던 이름이다. 정서(正書)는 예서(隷書)에서 발전 변화한 것이므로, 당(唐)나라 이전에는 여전히 정서(正書)를 예서(隷書)라고 칭하기도 하였다. 한(漢)·위(魏) 시대에 통용된 예서(隷書)와 구별하기 위해 정서(正書)를 '금예(今隷)'라고도 한다.

348-예정(隷定) ‖ 隷定 ‖ 隷定 ‖ Lệ định ‖ Standardized Clerical Script ◇예정(隷定)이란 고대 한자(古漢字)를 예서(隷書)로 모사(摹寫)하되, 원래 자체(字體)의 구조를 보존하는 방법을 말한다. 예서의 필법으로 고문자(古文字)의 자형을 필사(筆寫)하는 이러한 방법은 이후에 '예고정(隷古定)'이라고 부르게 되었다.

349-예정고문(隷定古文) ‖ 隷定古文 ‖ 隷定古文 ‖ Lệ định cổ văn ‖ Standardized Ancient Script ◇예정고문(隷定古文)이란 출토 문헌의 정리와 고문자 연구에 있어서, 고대 한자(古漢字: 갑골문(甲骨文), 금문(金文), 전국문자(戰國文字) 등)를 예서(隷書)나 해서(楷書)의 필법으로 전사(轉寫)해 낸 자형을 말한다. 예정고문(隷定古文)은 전체고문(篆體古文)에 상대되는 개념으로, 주로 역대 자서(字書), 운서(韻書), 비각(碑刻) 및 일부 고본(古本)과 초본(抄本)의 경전 문헌에서 나타난다.

350-예해(隷楷) ‖ 隷楷 ‖ 隷楷 ‖ Lệ thư ‖ Clerical Script ◇예해(隷楷)는 예서(隷書)에서 해서(楷書)로 넘어가는 과도기적 서체(書體)를 말한다.☞'예서' 항목 참조.

351-오음(吳音) ‖ 吳音 ‖ 吴音 ‖ âm Ngô ‖ Wu Pronunciation ◇오음(吳音)은 일본어 중 한자어 독음의 한 종류이다. 대체로 육조시대(약 6세기)에 일본에 전래된 중국 남방음으로 본다. 한어 음운사 연구의 참고가 될 수 있다.

352-옥석문자(玉石文字) ‖ 石玉文字 ‖ 石玉文字 ‖ Thạch ngọc văn tự ‖ Stone and Jade Script ◇옥석문자(玉石文字)란 옥석으로 된 기명(器皿)에 새겨 쓴 문자를 가리킨다.

353-옥저전(玉箸篆) ‖ 玉箸篆 ‖ 玉箸篆 ‖ Ngọc tráp triện ‖ Yu Zhu Zhuan ◇옥저전(玉箸篆)은 달리 '옥저전(玉筯篆)'이나 '옥저체(玉箸體)'라고도 하는데, 전서(篆書)의 일종이다. 이러한 명칭은 필사(筆寫) 시 선의 굵기에 변화가 없고, 수필(豎筆: 세로획)에 수족(垂脚: 세로획의 아래 부분이 늘어지거나 길게 뻗는 부분)이 없으며, 결체(結體)가 둥글고 길어서 옥저(玉箸: 즉 젓가락)와 형태가 유사하다는 데에서 유래했다.

354-옥편학(玉篇學) ‖ 『玉篇』學 ‖ 『玉篇』学 ‖ Học thuyết Ngọc Thiên ‖ Yupian Studies ◇옥편학(玉篇學)은 남북조 시기 양(梁)나라 때의 고야왕(顧野王)이 저술한 『옥편(玉篇)』을 핵심으로 연구하는 분과를 가리킨다.

355-와당문자(瓦當文字) ‖ 瓦當文字 ‖ 瓦當文字 ‖ văn tự trên ngói đinh ‖ Tile Inscriptions ◇와당문자(瓦當文字)는 와당(瓦當)에 새겨진 문자를 가리킨다. 대부분 "연년익수(延年益壽: 수명을 연장하고 장수하소서)", "천추만세(千秋萬歲: 천년만년 영원하소서)"와 같은 길상어(吉祥語)가 사용된다. 서체는 대부분 소전(小篆)을 사용하며, 형세에 따라 굽이지게 배치되지만 정연한 것도 있다.

356-와변(訛變) ‖ 訛變 ‖ 訛変 ‖ Ngoa biến ‖ Error Variation ◇'와변(訛變)'은 '와변(譌變)'으로도 표기하는데, 한자가 사용되는 과정에서 잘못 변화하는 것을 가리킨다.

357-완전구건(成字構件) ‖ 成字構件 ‖ 字素*/文字素* ‖ bộ phận độc lập thành chữ ‖ Character-forming Component ◇완전구건(成字構件)이란 그 자체로 하나의 완전한 한자이면서, 독립적인 독음(音)·형체(形)·의미(義)를 갖추고 있으며, 동시에

다른 한자의 구성 부분으로서 작용하여 글자의 구성(構字)에 참여하고 의미의 구성(構意)을 체현하는 한자 부건(部件)을 가리킨다. ☞'글자구성부건' 항목 참조.

358-완전기호법(全記號法) ‖ 全記號法 ‖ 全记号法* ‖ Phương pháp ký hiệu hoá hoàn toàn ‖ Complete Symbol Method
◇완전기호법(全記號法)은 완전히 무의미한 부호를 사용하여 한자를 구성하는 것을 지칭하는데, 이러한 부호들은 그 자체로는 직접 독음(音)이나 의미(義)를 표시하지 않고, 인위적으로 읽는 소리와 의미가 부여된다.

359-완전기호자(全記號字) ‖ 全記號字 ‖ 全记号字* ‖ Chữ ký hiệu hoá hoàn toàn ‖ Complete Symbol Character
◇완전기호자(全記號字)는 형체상으로 전혀 이론적 근거를 체현하지 않은 한자를 가리킨다. 완전 기호자(全記號字)는 형체상 직접 그 독음, 의미 또는 글자 구성원리(構字原理)를 반영할 수 없다. 즉, 전통 한자가 갖고 있는 형(形), 음(音), 의(義)가 서로 결합된 특징을 갖고 있지 않다.

360-완전이체자(完全異體字) ‖ 完全異體字 ‖ 完全异体字* ‖ Chữ dị thể hoàn toàn ‖ Complete Allographic Character
◇완전이체자(完全異體字)는 글자 그룹(字組) 중 각 글자(字)의 독음(音)과 의미(義)가 완전히 동일하여, 서로 대체할 수 있는 글자 그룹(字組)을 가리킨다.

361-용자기본단위(用字基本單位, 기본자(基本字)) ‖ 用字基本單位(基本字) ‖ 字素 ‖ Đơn vị dụng chữ cơ bản ‖ Basic Character Usage Unit (Basic Character)
◇용자기본단위(用字基本單位)는 기본자(基本字)를 지칭하는 것으로, 문자체계를 구성하는 가장 기초적이고 더 이상 분할할 수 없는 독립적인 단위를 의미한다.

362-용자단위(用字單位) ‖ 用字單位 ‖ 用字单位* ‖ Đơn vị dụng

chǔ ‖ Character Usage Unit ◇용자단위(用字單位)는 문자 사용에서의 가장 기본적인 단위를 의미하며, 이는 음성 언어에서의 음절과 대응된다. 한자에서의 용자단위는 크게 두 가지 형태로 나타나는데, 단음절어(單音節語)와 대응하는 단일 한자와 쌍음절어(雙音節語) 이상의 음절과 대응하는 한자 결합이 그것이다. 이러한 용자단위는 한자 체계에서 의미를 전달하는 최소한의 문자 단위로 기능하며, 실제 언어 사용에서 음성과 문자의 대응 관계를 보여주는 중요한 개념이다.

363-용필(用筆) ‖ 用筆 ‖ 用筆 ‖ Dụng bút ‖ Brush techniques
◇용필(用筆)은 서예와 동양화 창작에서 붓(毛筆)의 사용법을 의미한다. 이는 붓이 점획 중에 운용되는 방법으로, 서예와 동양화의 가장 기본적인 기법 중 하나이다. 구체적으로는 필봉(筆鋒)과 필호(筆毫)의 운용을 포함하며, 기지용필(起止用筆), 사봉용필(使鋒用筆), 사호용필(使毫用筆) 등 다양한 기교와 모필 운행 시의 속도(速度), 윤삽(潤澁) 등의 리듬 변화를 포함한다.

364-우문설(右文說) ‖ 右文說 ‖ 右文説 ‖ Thuyết hữu văn ‖ You Wen Shuo ◇우문설(右文說)은 한자학에서 성부(聲符)를 통해 글자의 의미(字義)를 구하는 학설이다. 이 학설은 주로 형성자(形聲字)의 특징, 즉 형성자는 대부분 성방(聲旁)이 오른쪽에 있고, 성부(聲符)는 독음을 표시하는 동시에 의미도 표현한나는 섬에 기조한다. 이 이론은 가장 이른 시기에 송(宋)나라 때의 왕자소(王子韶)가 제기하였는데, 그는 한자 즉 형성자(形聲字)의 왼쪽에 있는 형부(形符)는 의미부류(義類)를 표시하고, 오른쪽에 있는 성부(聲符)가 진정한 의미를 표시한다고 여겼다.

365-우음설(右音說) ‖ 右音说 ‖ 右音説 ‖ Thuyết hữu âm ‖ You Yin Shuo ◇우음설(右音說)은 훈고학(訓詁學)의 한 학설로, 주로 형성자(形聲字)의 성부(聲符)에서 출발하여 독음(音)으로 의미(義)를 찾는다는 이론이다. 이 학설의 창시자는 청(清)나라

때의 황승길(黃承吉)인데, 그는 "글자의 의미(字義)는 우방(右旁)의 성(聲)에서 비롯된다."라고 여겼다. 즉, 형성자(形聲字)의 자의(字義)는 보통 그 성부(聲符)의 독음(讀音)과 밀접한 관계가 있다는 주장이다.

³⁶⁶-운필(運筆) ‖ 運筆 ‖ 運筆 ‖ Vận bút (cách điều khiển bút) ‖ Brush Movement ◇운필(運筆)은 필법의 운용 즉 동필(動筆)을 말하는데, 서사 과정에서 손목이나 손가락 등 부위의 협조 운동을 통해 붓이 종이 위에서 각종 형태의 점획을 만들어내는 것을 말한다. 운필은 필획의 형태미뿐만 아니라 서법의 전체적인 스타일과 맛에도 직접적인 영향을 미친다.

³⁶⁷-원대 해서(元楷) ‖ 元楷 ‖ 元楷 ‖ Nguyên khải ‖ Yuan Regular Script ◇원대(元代) 해서(楷書)는 송대 해서(宋楷)의 기초 위에서 더욱 발전하였으며, 조맹부(趙孟頫)가 대표적이다.

³⁶⁸-원시문자(原始文字) ‖ 原始文字 ‖ 原始文字 ‖ Văn tự sơ khai ‖ Primitive Writing ◇원시문자(原始文字)는 아직 언어를 완전히 기록할 수 없는 문자 형식을 가리키며, 이들은 통상적으로 문자 발전의 초급 단계에 처해 있어 완전한 문자체계(文字體系)를 형성하지 못하고 있다.

³⁶⁹-원시한자(原始漢字) ‖ 原始漢字 ‖ 原始漢字 ‖ Hán tự sơ khai ‖ Primitive Chinese Characters ◇원시한자(原始漢字)는 한자가 형성 초기, 즉 아직 체계화와 규범화 이전의 자형과 쓰는 법을 가리킨다. 이러한 자형들은 현대 한자와 읽는 독음에서는 기본적으로 일치하지만, 형태상으로는 뚜렷한 차이가 존재한다.

³⁷⁰-위나라 해서(魏楷) ‖ 魏楷 ‖ 魏楷 ‖ Ngụy khải ‖ Wei Regular Script ◇위나라 해서(魏楷)는 위진(魏晉) 시기에 유행했던 일종의 해서(楷書)를 가리키는데, 위비(魏碑)가 대표적이다.

³⁷¹-위비(魏碑) ‖ 魏碑 ‖ 魏碑 ‖ Ngụy bi (bia thời Ngụy) ‖ Wei Stele ◇위비(魏碑)는 북위, 동위, 서위의 비석, 묘지명,

조상석(造像石) 등 석각문자를 부른다. 북조 서예 수준은 북위가 가장 높았는데, 해서의 스타일이 다양하여 박졸(朴拙)하면서도 예서체의 흔적이 남아있는 것도 있고, 기사험준(奇肆險峻은 특별하고 거침없으며 가파르고 높은 기세를 지님)하고 서창유려(舒暢流麗는 편안하고 시원하게 흐르듯 아름다움)한 것도 있어 수당 시대 해서의 선하(先河)를 열었다.

372-위석경(魏石經) ‖ 魏石經 ‖ 魏三体石経/三体石経 ‖ Nguy thạch kinh ‖ Wei Stone Sutra ◇위석경(魏石經)은 '삼체석경(三體石經)'이라고도 한다. 삼국시대 위나라의 제(齊) 지역 왕이 정시(正始) 연간에 돌에 새긴 유가 경전이다. 고문(古文), 전서(篆書), 예서(隸書)의 세 가지 서체로 새겨 썼기 때문에 이러한 이름이 붙었다.

373-위치교환(換位) ‖ 換位 ‖ 動用字* ‖ Hoán vị ‖ Transposition ◇위치교환(換位)은 한자의 필사(筆寫)나 조판 과정에서 한자를 구성하는 각각의 편방부수(偏旁部首) 또는 필획(筆畫)의 위치를 서로 교환(交換)하거나 조정하는 것을 가리킨다.

374-유부(類符) ‖ 類符 ‖ ☆ ‖ ký hiệu không trùng lặp ‖ Lei Fu ◇유부(類符)는 한자의 부수를 의미적 유사성에 따라 분류한 범주를 의미한다. 예를 들어 '초(艸)'와 '목(木)' 부수는 식물 관련 유사 부수로, '견(犬)'과 '마(馬)' 부수는 동물 관련 유사 부수로 분류할 수 있다. 또한 '언(言)'과 '구(口)' 부수는 언어와 발화 관련 유부로 묶을 수 있어 자주 교체가 가능하다.

375-유체(柳體) ‖ 柳體 ‖ 柳体 ‖ Liễu thể ‖ Calligraphy style of Liu Gongquan ◇유체(柳體)의 대표 인물은 당나라의 유공권(柳公權)이다. 특징으로는 청건수경(清健遒勁은 맑고 깨끗하면서도 힘차고 굳셈), 결체엄정(結體嚴謹은 구조가 엄격하고 신중하게 짜여 있음), 필법정묘(筆法精妙는 붓의 사용 기법이 정교하고 뛰어남), 필력정발(筆力挺拔은 붓의 힘이 곧고 바르며 빼어나게 드러남)하여 세상에서 '유체'라 칭한다.

^{376}-유추간화(類推簡化) ‖ 類推簡化 ‖ 類推簡化 ‖ giản hóa luỹ tiến ‖ Analogical Simplification ◇유추간화(類推簡化)란 어떤 한자의 형체가 간화(簡化)되었을 때, 이 한자가 다른 한자의 구성요소로 기능할 경우, 그에 따라 간화(簡化)되어 유사하게 간화(簡化)를 이루는 것을 가리킨다.

^{377}-유편(類篇) ‖ 類篇 ‖ 『類篇』 ‖ Loại thiên (Từ điển chữ Hán thời Tống) ‖ Lei Pian ◇『유편(類篇)』은 자서 이름이다. 14권, 목록 1권, 매 권은 다시 상, 중, 하 3권으로 나뉘어 총 45권이다. 송의 왕수(王洙)와 사마광(司馬光) 등이 조서를 받들어 편수했다.

^{378}-유화(類化) ‖ 類化 ‖ 字体等の同化 ‖ Dị biến đồng hóa ‖ Symbolic Characterization ◇유화(類化)는 주로 한자가 형체(形體) 변화 과정 중에서, 인접 문자(文字), 자신의 형체(形體), 상관 의미(義類) 등 요인의 영향을 받아, 해당 요소와 같은 것으로 변화하는 것을 가리킨다.

^{379}-육국고문(六國古文) ‖ 六國古文 ‖ 六国古文 ‖ Lục quốc cổ văn ‖ Ancient Scripts of the Six States ◇육국고문(六國古文)은 다음의 두 가지 의미를 지닌다. (1) 상고(上古)의 문자(文字)를 말한다. (2) 갑골문(甲骨文), 금문(金文), 주문(籀文)과 전국시대(戰國時代)에 육국(六國)에서 통행되었던 문자(文字)를 폭넓게 지칭한다.

^{380}-육기(六技) ‖ 六技 ‖ 六技 ‖ Lục kỹ ‖ Liu Ji ◇육기(六技)는 왕망 시기의 여섯 가지 서체로, 육서라고도 하며, 고문(古文은 전국시대에 육국에서 통행된 문자), 기자(奇字), 전서(篆書), 좌서(左書), 무전(繆篆), 조충서(鳥蟲書) 등 6가지를 말한다.

^{381}-육서(六書) ‖ 六書 ‖ 六書 ‖ Lục thư ‖ Liu Shu ◇육서(六書)는 한(漢)나라 때의 학자들이 한자의 구성과 사용 방식을 귀납하여 정리한 여섯 가지 유형으로, 보통 상형(象形), 지사(指事), 회의(會意), 형성(形聲), 전주(轉注), 가차(假借)를 말한다.

382-육서고(六書故) ‖ 六書故 ‖ 『六書故』 ‖ Lục thư cố (Sách nghiên cứu về sáu nguyên tắc cấu tạo chữ Hán) ‖ Liu Shu Gu ◇육서고(六書故)는 자서 이름이다. 33권으로 되었으며, 송원 교체기에 대동(戴侗)이 저술했다. 대동의 자는 중달(仲達)이며, 영가(永嘉는 지금의 절강성 온주) 사람이다. 천문, 지리 등 9부로 나누었다. 그중 문자는 육서 지사, 상형 등으로 분류되어 배열되었다. 『설문』과 『옥편』의 체제를 바꾸어 부수를 사용하지 않았다.

383-육서삼우설(六書三耦說) ‖ 六書三耦說 ‖ 六書三耦説 ‖ Thuyết tam ngẫu lục thư tam ngẫu ‖ Liu Shu San Ou Shuo ◇육서삼우설(六書三耦說)은 전통 한자학(漢字學)의 육서(六書)를 허(虛)와 실(實)의 대응 관계에 따라 세 쌍의 범주로 구분할 것을 주장한 것인데, 각각 상형(象形)과 지사(指事), 회의(會意)와 형성(形聲), 가차(假借)와 전주(轉註)가 그것이다.

384-육체(六體) ‖ 六體 ‖ 六体 ‖ Lục thể ‖ Six Styles ◇육체(六體)는 (1) 고문(古文), 기자(奇字), 전서(篆書), 예서(隸書), 무전(繆篆), 충서(蟲書)를 말하기도 하고, (2) 대전(大篆), 소전(小篆), 팔분(八分), 예서(隸書), 행서(行書), 초서(草書)를 말하기도 한다.

385-은허복사(殷墟卜辭) ‖ 殷墟卜辭 ‖ 殷墟卜辞 ‖ văn tự chiêm bói Ân Khư ‖ Yinxu Oracle Bone Inscriptions ◇은허복사(殷墟卜辭)는 은(殷)나라 사람들의 점복 기록을 말한다. 보통 점을 치는 사람의 성명, 점을 쳐서 묻는 일 및 점을 친 날짜, 결과 등을 사용한 귀갑(龜甲) 또는 수골(獸骨) 위에 새겼으며, 간혹 점과 관련된 소량의 기사(記事)도 새겼다. 이러한 기록을 통칭하여 복사(卜辭)라고 한다.

386-음독(音讀) ‖ 音讀 ‖ 音読み ‖ Âm đọc(cách đọc theo âm Hán) ‖ Yin Du ◇음독(音讀)은 한자의 발음을 모방하는 것으로,

보통 외래 개념을 표시하거나 한자 원래 의미와의 연관성을
유지하는 데 사용된다. 음독에는 오음(吳音), 한음(漢音),
당음(唐音) 등 여러 종류가 있으며, 이러한 다양한 음독은 한자가
일본에 전래된 각기 다른 역사 시기의 발음 차이를 반영한다.

387-음문(陰文)‖陰文‖陰文/陰刻‖chữ khắc chìm‖Yin Script
◇음문(陰文)은 기물(器物) 또는 인장(印章) 위에 조주(雕鑄:
조각하거나 주조함)하거나 혹은 오목하게 새겨진 패인
문자(文字)를 가리킨다.

388-음방(音旁)‖音旁‖声符(音符)‖Bộ biểu âm‖Phonetic
component ◇☞'성방(聲旁)' 항목 참조.

389-음부(音符)‖音符‖音符/声符‖ký hiệu biểu âm‖Phonetic
Symbol ◇☞'소리부(聲符)' 항목 참조.

390-음부겸의부(音符兼意符)‖音符兼意符‖音符兼意符/亦声‖K
ý hiệu biểu âm kiêm biểu nghĩa‖Syllabic with ideographic
element ◇음부겸의부(音符兼意符)는 한자에서 어떤 부분이
독음(讀音) 표시 기능 요소, 즉 음부(音符) 또는 성방(聲旁)의
기능과 의미 표시 역할 요소, 즉 의부(意符) 또는 형방(形旁)이나
의부(義符)의 기능을 함께 갖추고 있는 경우를 말한다.

391-음부교체(音符改換)‖改換音符‖音符の交換/声符の交換‖ký
hiệu âm thay thế‖Gai Huan Yin Fu ◇음부 교체(音符改換)는
한 한자 내에서, 원래의 음부(音符)가 어떤 원인, 예를 들어 필사
간소화(筆寫簡化), 독음 변화(讀音變化) 등으로 인해 다른
음부(音符)로 대체되는 것을 가리킨다. 예를 들면, '등(燈)'이
'등(灯)'으로, '료(遼)'가 '료(辽)'로 바뀐 것이 이에 해당한다.

392-음부자(音符字)‖音符字‖音符/声符‖Chữ có ký tự biểu
âm‖Syllabic character ◇음부자(音符字)는 한자 중에서
성방(聲旁: 소리부)으로 존재하며, 독음(讀音)을 나타내는 부분을
지칭한다.

³⁹³-음서법(音序法) ‖ 音序法 ‖ 音序配列 ‖ Phương pháp xếp theo âm ‖ Phonetic Order Method ◇음서법(音序法)은 한자 배열 검색법의 일종으로, 한자의 독음에 따라 배열하는 방법이다.

³⁹⁴-음의동원설(音義同源說) ‖ 音義同源說 ‖ 音義同源說 ‖ Thuyết âm nghĩa đồng nguyên ‖ Homology of Sound and Meaning Theory ◇음의동원설(音義同源說)은 어떤 글자와 단어들이 어음상 서로 가깝거나 같은 경우, 흔히 그것들이 의미에서도 어떤 관련성이나 유사성이 존재한다고 여기는데, 즉 이러한 글자와 단어들은 독음(音)과 의미(義) 두 방면에서 모두 동원성(同源性)을 갖추고 있다고 본다.

³⁹⁵-음의문자(音意文字) ‖ 音意文字 ‖ 音意文字* ‖ Văn tự âm ý ‖ Phono-semantic script ◇☞'의음문자(意音文字)' 항목 참조.

³⁹⁶-음의합체자(音義合體字) ‖ 音義合體字 ‖ 音義合体字* ‖ Chữ hợp thể âm nghĩa ‖ Phonetic-semantic compound ◇☞'의음합성자(義音合成字)' 항목 참조.

³⁹⁷-응용한자학(應用漢字學) ‖ 應用漢字學 ‖ 応用漢字学 ‖ Hán tự học ứng dụng ‖ Applied Chinese Characterology ◇응용한자학(應用漢字學)은 한자의 응용을 연구하는 학문으로, 한자의 실제 사용에 있어서의 제반 양상에 주목한다. 여기에는 한자의 필사(筆寫), 교육(教學), 기획(企劃) 및 상이한 영역에서의 응용(應用) 등이 포함된다.

³⁹⁸-의근형방통용(義近形旁通用) ‖ 義近形旁通用 ‖ 類似義の部首の通用 ‖ hình bàng cận nghĩa dùng chung ‖ Common Use of Semantically Similar Radicals ◇의근형방통용(義近形旁通用)은 고대 한자에서 의미가 비슷하거나 관련된 일부 형방(形旁) 즉 의부(意符)가 자형 구조 내에서 서로 통용되어 대체될 수 있는 현상을 가리킨다.

⁣³⁹⁹-의류설(義類說) ‖ 義類說 ‖ 義類説 ‖ Thuyết loại hình ý nghĩa ‖ Category of Meaning ◇의류설(義類說)은 한자 중 표현하는 바가 서로 비슷하거나 관련된 의미를 지닌 어휘들을 분류하고 귀납하는 이론 또는 방법을 말한다.

⁴⁰⁰-의미가차법(義借法) ‖ 義借法 ‖ 借義/転注 ‖ Phương pháp mượn nghĩa ‖ Semantic Borrowing Method ◇의미가차법(義借法)은 이미 존재하는 자형의 의미를 차용하여 새로운 의미를 표현하는 조자(造字) 또는 차자(借字) 방법이다.

⁴⁰¹-의미부첨가자(加意字) ‖ 加意字 ‖ 意符が追加された文字 ‖ Chữ thêm ý ‖ Augmentative Character ◇한자 구조에서 때로는 특정한 의미나 개념을 표현하기 위해 이미 있는 자(字)를 기초로 한 개 혹은 여러 개의 의부(意符)를 추가하기도 한다. 이러한 의부(意符)는 원래 자(字)의 의미를 보충하거나 강화하는 데 사용된다. 이러한 것을 의미부첨가자(加意字)라 한다.

⁴⁰²-의미부추가(加注意符) ‖ 加注意符 ‖ 意符の追加 ‖ Ký tự biểu nghĩa thêm chú thích ‖ Annotated Ideographic Symbols ◇의미부추가(加注意符)는 이미 있는 한자를 기초로 하여 새로운 편방부수(偏旁部首) 또는 부호를 더함으로써 원래 글자의 의미를 보충하거나 더욱 명확히 하는 것을 말한다.

⁴⁰³-의미화(義化) ‖ 義化 ‖ 表意機能の強化* ‖ Nghĩa hóa ‖ Semanticization ◇의미화(義化)는 문자가 변화하는 과정에서, 그 자형 또는 구성 부분이 점진적으로 표의(表意) 기능을 획득하거나 강화하는 현상을 가리킨다.

⁴⁰⁴-의방(義旁) ‖ 義旁 ‖ ☆ ‖ bộ thủ bằng biểu nghĩa ‖ Semantic radical ◇의방(義旁)은 한자의 구조 중에서 일정한 의미를 나타낼 수 있는 편방부수(偏旁部首)를 가리킨다.

⁴⁰⁵-의부(意符) ‖ 意符 ‖ 意符/義符 ‖ ký tự biểu

nghĩa ‖ Ideographic element ◇의부(意符)는 또한 '의부(義符)'라고도 하는데, 형성자(形聲字) 구조에서 의미를 나타내는 부분을 가리키며, 성부(聲符)와 상대되는 개념이다.

⁴⁰⁶-의부(義符) ‖ 義符 ‖ 義符/意符 ‖ ký tự biểu nghĩa ‖ Ideographic element ◇☞'의부(意符)' 항목 참조.

⁴⁰⁷-의부교체(意符改換) ‖ 改換意符 ‖ 意符の交換 ‖ Ký tự biểu nghĩa thay thế ‖ Change of Ideographic Symbol ◇의부교체(意符改換)는 한자 중 원래 있던 의부(意符)를 형태나 의미가 유사한 다른 의부(意符)로 대체하는 것을 말한다. 한자 간체(簡體) 개혁에서는 필사 난이도를 낮추기 위해 의부 교체의 방법을 종종 채택하였다. 예를 들어, '체(體)'가 '체(体)'로 바뀐 것처럼 일부 복잡한 의부(意符)를 보다 간단한 의부(意符)로 대체하거나, 의미가 유사한 여러 의부(意符)를 하나의 상용 의부(意符)로 통일하는 방식이다.

⁴⁰⁸-의부표의(義符表意) ‖ 義符表意 ‖ ☆ ‖ ký hiệu nghĩa biểu ý ‖ Semantic Ideogram ◇의부표의(義符表意)는 한자 구조 중의 표의자부(表意字符)로서, 자의(字義)를 통해 그 의미를 표현한다.

⁴⁰⁹-의서법(義序法) ‖ 義序法 ‖ 字義による文字分類/檢索法 ‖ Phương pháp trật tự nghĩa ‖ Semantic order method ◇의서법(義序法)은 문자(文字)가 표시하는 개념(槪念), 인물(人物), 사물(事物) 등이 포함하는 의미적 특징을 근거로, 일정한 순서에 따라 항목을 귀납 편성하고 검색(檢索)하는 방법이다.

⁴¹⁰-의위(義位) ‖ 義位 ‖ ☆ ‖ Vị trí bộ biểu nghĩa ‖ Semantic position ◇의위(義位)는 달리 '의항(義項)'이라고도 하는데, 의미론의 학술 용어로서 의미 체계 속에서 독립적으로 존재할 수 있는 기본적인 의미 단위를 가리킨다.

⁴¹¹-의음문자(意音文字) ‖ 意音文字 ‖ 表語文字* ‖ Chữ biểu

âm-ý ‖ Semantic-Phonetic Script ◇한자는 언어를 기록할 때, 의미를 나타내는 의부(意符: 형부(形符) 또는 의부(義符)라고도 함)와 읽는 소리를 나타내는 음부(音符: 성부(聲符)라고도 함)를 모두 사용하였다. 고대 한자(古漢字) 단계에서는 상형성(象形性)이 높아 한자는 기본적으로 의부와 음부를 사용하는 일종의 문자였다. 그러나 예변(隸變) 이후에는 의부, 음부, 기호(記號)를 사용하는 문자가 되었다. 이러한 기호들은 독음과 의미를 직접적으로 나타내지는 않지만, 그 대부분이 의부와 음부로부터 변화되어 왔다. 이런 의미에서 한자는 의음문자(意音文字)라고 불러야 한다.

⁴¹²-의음합성자(義音合成字) ‖ 義音合成字 ‖ 形声文字 ‖ Chữ hợp thành âm nghĩa ‖ Phono-semantic compound ◇의음합성자(義音合成字)는 형성자(形聲字)로서, 표의구건(表義構件) 즉 의부(義符)와 시음구건(示音構件) 즉 성부(聲符)가 조합 구성된 글자이다.

⁴¹³-의음화(意音化) ‖ 意音化 ‖ 表意文字の表語化 ‖ hình thanh hóa ‖ Yi Yin Hua ◇의음화(意音化)는 문자체계의 발전 과정에서 어떤 문자들이 점차 표의(表意)와 표음(表音)의 기능을 겸하게 되는 현상을 가리킨다.

⁴¹⁴-의형합체자(義形合體字) ‖ 義形合體字 ‖ 会意文字 ‖ Chữ hợp thể hình nghĩa ‖ Semantic and Morphological Compound ◇의형합체자(義形合體字)는 '합체회의자(合體會意字)'라고도 불리는데, 둘 혹은 그 이상의 단일 한자가 조합되어 형성된 한자를 가리킨다. 이러한 한자들은 대개 조합을 이루는 둘 혹은 그 이상의 단일 한자의 의미 성분들을 통해 자신의 의미를 나타낸다.

⁴¹⁵-이거중구(理據重構) ‖ 理據重構 ‖ ☆ ‖ Chữ tái cấu trúc tri nhận ‖ Evidence Reconstruction ◇이거중구(理據重構: 글자근거

재구성)는 한자 발전 과정에서 자형, 자의(字義), 자음(字音) 등 각
방면의 변화로 인해 원래의 구성의미(構意)가 점차 모호해지거나
상실되어, 구성의미(構意)의 이론적 근거(理據)를 회복하거나
새로운 이론적 근거(理據)를 세우기 위해 사용자가 새로운 형체나
언어 환경(語境)에 근거하여 자형을 조정하고 개조함으로써
형체(形)와 의미(義) 또는 형체(形)와 독음(音)이 새로운 통일에
도달하게 하는 것을 가리킨다.

416-이구자(異構字) ‖ 異構字 ‖ 異体字グループ* ‖ Chữ biến dị cấu trúc ‖ Allograph ◇이구자(異構字)는 어떠한 상황에서도 독음과 의미가 모두 동일하지만, 구성요소(構件), 구성요소의 수량, 구성요소의 기능 등의 측면에서 최소한 하나 이상의 차이가 존재하는 글자들을 가리킨다.

417-이독자(異讀字) ‖ 異讀字 ‖ 異読字* ‖ Chữ dị độc ‖ Yi Du Zi ◇이독자(異讀字)는 하나의 글자가 두 개 혹은 그 이상의 독음을 가지고 있으며, 그에 따라 표시하는 의미 또한 각기 다른 것을 지칭한다.

418-이두(吏讀) ‖ 吏讀 ‖ 吏読/吏吐 ‖ Lại độc (ký tự Hán-Hàn cổ) ‖ Li Du ◇이두(吏讀)는 한자(및 그 파생 문자)로 한국어를 기록하는 방법이다.

419-이두문자(吏讀文字) ‖ 吏讀文字 ‖ 吏読/吏吐 ‖ văn tự Lại độc ‖ Li Du Characters ◇이두문자(吏讀文字)는 조선문 창제 이전에 한자의 음과 의를 차용하여 한국어를 표기하는 특수한 문자 형식이다.

420-이론문자학(理論文字學) ‖ 理論文字學 ‖ 理論文字学 ‖ Lý luận văn tự học ‖ Theoretical Philology ◇이론문자학(理論文字學)은 문자(文字)를 연구 대상으로 삼아, 문자의 기원(起源), 발전(發展), 성질(性質), 체계(體系)와 문자(文字)의 형체(形), 독음(音), 의미(義)의 관계를 비롯해 정서법(正寫法) 이외에 개별 문자(文字)

변화의 상황을 연구한다.

421-이문(異文) ‖ 異文 ‖ 異文 ‖ Dị văn ‖ Variant text
◇이문(異文)은 통상적으로 동일한 문헌 또는 텍스트가 서로 다른 판본, 필사(抄寫) 또는 번역 과정에서 출현하는 문자 상의 차이를 지칭한다.

422-이문자(彝文) ‖ 彝文 ‖ 彝文 ‖ Chữ Di ‖ Yi Script
◇이문자(彝文)는 중국 서남부 지역의 소수민족인 이족(彝族)이 사용하는 독자적인 문자체계를 말한다. 약 8세기경부터 사용된 것으로 추정되며, 표의(表意) 원리와 표음(表音) 원리가 결합된 형태로, 한자와 유사한 조자 방식을 갖고 있다. 전통적으로 샤먼과 종교 지도자들에 의해 주로 사용되었으며, 1974년 중국 정부에 의해 표준화된 현대 이문자가 공식 채택되었다. 약 8,000여 자의 글자로 구성되어 있으며, 이족의 역사, 문학, 종교, 의학 등 다양한 문헌이 이 문자로 기록되어 있다.

423-이사자(異寫字) ‖ 異寫字 ‖ 異体字* ‖ Chữ viết khác ‖ Different writing character
◇이사자(異寫字)는 '이체자(異體字)' 또는 '이형자(異形字)'라고도 하며, 한자 필사(筆寫) 과정에서 역사적 변화, 지역적 차이, 서예 스타일 등의 원인으로 인해 형성된, 표준자체(字體)의 형태와 다소 다른 자형을 가리킨다. 이러한 자형들은 필획(筆劃)구조, 필순(筆順), 또는 어떤 세부적인 면에서 규범자(規範字)와 구별되지만, 그것들이 표현하는 뜻은 같으므로 서로 바꾸어 사용할 수 있다.

424-이원동체자(異源同體字) ‖ 異源同體字 ‖ 字体衝突 ‖ Chữ đồng thể dị nguyên ‖ Characters with the Same Form but Different Origins
◇이원동체자(異源同體字)는 비록 형체는 동일하지만 출처나 어원이 다른 글자들을 가리킨다.

425-이음동용(異音同用) ‖ 異音同用 ‖ ☆ ‖ Đồng dùng dị âm ‖ Different sounds used in the same way

◇이음동용(異音同用)이란 서로 다른 글자나 단어가 독음이 비슷하거나 같아서 서로 차용되어 같이 쓰이는 것을 말한다.

426-이음동형자(異音同形字) ‖ 異音同形字 ‖ 異音同形字 ‖ Chữ đồng hình dị âm ‖ Homomorphous Heterophone
◇이음동형자(異音同形字)는 구조 형태는 같지만 단어의 기록 기능이 다른 한 세트의 글자를 가리키는데, 다시 말해 자형은 같으나 읽는 독음과 의미가 다른 글자를 말한다.

427-이의동음동형(異義同音同形) ‖ 異義同音同形 ‖ 引伸義 ‖ đồng hình đồng âm khác nghĩa ‖ Homophones with the same form
◇이의동음동형(異義同音同形)은 단어의 형태(詞形)가 완전히 같고, 독음(讀音) 또한 완전히 같지만, 단어의 의미(詞義)가 다른 어휘를 가리킨다.

428-이자동형(異字同形) ‖ 異字同形 ‖ 字体衝突 ‖ Chữ đồng hình dị tự ‖ Different Characters with the Same Form
◇이자동형(異字同形)은 하나의 자형이 독음(音)과 의미(義)가 완전히 다른 둘 이상의 글자를 대표하는 현상을 가리킨다.

429-이체분해(異體分解) ‖ 異體分解 ‖ 異体字の出現 ‖ Phân giải dị thể ‖ Variant Decomposition ◇이체분해(異體分解)는 한 글자가 본래 하나의 통일된 형체(즉, 정체)를 가지고 있었으나, 서사 습관, 지역 차이, 억사 변천 능 여러 원인으로 이 글자가 점차 형체는 다르나 독음과 의미가 기본적으로 같은 여러 글자(즉, 이체자)로 분화되고, 후에 이러한 이체자들이 분석, 변별되어 각자의 독특성이 확인되는 과정을 말한다.

430-이체자(異體字) ‖ 異體字 ‖ 異体字 ‖ chữ dị thể ‖ Variant Characters ◇이체자(異體字)는 독음(音)과 의미(義)가 같으나 형체(形體)가 다른 글자를 가리키는데, 이에는 속체(俗體), 고체(古體), 기타 자형 등이 포함된다.

431-이체자변이(異體字變異) ‖ 異體字變異 ‖ 異体字グループ* ‖ Dị

본문 91

biến chữ dị thể ‖ Variant Character Variation
◇이체자변이(異體字變異)는 독음(音)과 의미(義)는 완전히 동일하지만 자형만 다른 한 세트(組)의 글자를 가리킨다.

432-이체자정리(異體字整理) ‖ 異體字整理 ‖ 異体字整理 ‖ chuẩn hóa chữ dị thể ‖ Organization of Variant Characters
◇이체자정리(異體字整理)는 한자 중에서 독음(音)이 같고, 의미(義)가 같지만 형체(形)가 다른 이체자(異體字)를 규범화(規範化)하고 표준화(標準化)하는 과정을 말한다.

433-이체자폐지(異體字廢除) ‖ 廢除異體字 ‖ 異体字の整理* ‖ Xóa bỏ chữ dị thể ‖ Elimination of Variant Characters ◇이체자폐지(異體字廢除)는 일부 자주 사용되지 않는 이체자(異體字)를 폐지하고, 흔히 사용되던 자형을 보존한 것을 의미한다.

434-이체전이(異體轉移) ‖ 異體轉移 ‖ 構成要素の変形/構成要素の融合 ‖ Chuyển đổi dị thể ‖ Variant Transfer
◇이체전이(異體轉移)는 문자의 발전 과정에서 서사 습관, 문화 배경, 역사 변천 등 여러 원인으로 인해, 한 글자의 서로 다른 형체(즉, 이체자)가 특정 조건에서 변화하여, 그중 한 형체가 점차 다른 형체로 대체되거나 융합되는 현상을 말한다.

435-이체합병(異體合併) ‖ 異體合併 ‖ 異体字の統合 ‖ Hợp nhất dị thể ‖ Variant Merging ◇이체합병(異體合併)은 문자의 발전 과정에서 본래 여러 형체가 다르지만 독음과 의미가 완전히 같은 글자들이, 이러한 이체자들이 점차 하나의 표준 자형으로 통합되는 현상을 말한다.

436-이형사(異形詞) ‖ 異形詞 ‖ 異表記/異字 ‖ Từ dị hình ‖ Variant Characters ◇이형사(異形詞)는 같은 단어가 서사 형식에서 존재하는 서로 다른 변체이나, 발음과 의미는 동일한 것을 말한다.☞'이체자' 항목 참조. ☞'변체자' 항목 참조.

437-이형자(異形字) ‖ 異形字 ‖ 異体字* ‖ Chữ dị hình ‖ Different

form character ◇이형자(異形字)는 동일한 한자가 서로 다른 역사적 단계, 지역 또는 필사 방식에 따라 형성된 상이한 표기법을 가리킨다.

438-인성구의설(因聲求義說) ‖ 因聲求義說 ‖ 因声求义说 ‖ Thuyết tìm nghĩa qua bộ biểu âm ‖ Seeking Meaning from Sound Theory ◇인성구의설(因聲求義說)은 한자의 의미를 연구하는 전통적인 방법론 중 하나로, 발음이 같거나 비슷한 글자들 사이의 의미 연관성을 연구하는 방법이다. 예컨대, '청(青)'으로 구성된 '청(清)', '정(靜)', '정(情)', '정(精)' 등은 원래의 독음이 같고 의미도 '청(青)'의 '맑고 순수함'이라는 것과 관련성이 있다고 보는 것이다.

439-인쇄체(印刷體) ‖ 印刷體 ‖ 印刷体 ‖ Chữ in ‖ Printing Script ◇인쇄체(印刷體)는 문자(文字)의 인쇄 형식을 가리키며, '수사체(手寫體)'와 대칭되는 개념이다.

440-인쇄통용한자자형표(印刷通用漢字字形表) ‖ 『印刷通用漢字字形表』 ‖ 『印刷通用漢字字形表』 ‖ Bảng tự hình chữ in thông dụng tiếng Hán ‖ Printing Commonly Used Chinese Character Form Table ◇『인쇄통용한자자형표』는 정부(官方)에서 공포한 인쇄통용한자자형(印刷通用漢字字形) 규범자(規範字)에 관한 표인데, 해당 자형표(字形表)는 인쇄통용한자(印刷通用漢字) 6,196자를 수록하였다.

441-인쇄한어통용자표(印刷漢語通用字表) ‖ 『印刷漢語通用字表』 ‖ 『印刷漢語通用字表』* ‖ Bảng chữ in tiếng Hán thông dụng ‖ Printing Chinese Commonly Used Character Table ◇『인쇄한어통용자표』는 통일(統一)된 연활자자형(鉛字字形)을 제공하기 위한 실행 가능한 표준(範本)으로서, 현재 각 인쇄 기관(印刷單位)에서 이를 채택하고 있다.

442-인장문자(印章文字) ‖ 印章文字 ‖ 印章文字/玉璽文字* ‖ Văn

tự ấn chương ‖ Seal Inscriptions ◇인장문자(印章文字)는 인장(印章)에 새겨진 문자를 가리키는데, 이러한 문자는 흔히 인장의 주인의 신분, 성명, 직함 또는 소속 조직 등의 정보를 표시하는 데 사용된다. 인장문자(印章文字)는 독특한 필사(筆寫) 매체와 필사 형식을 지니고 있다.

[443]-일반문자학(普通文字學) ‖ 普通文字學 ‖ 普通文字学*/一般文字学* ‖ Văn tự học phổ thông ‖ Common Script Studies ◇일반문자학(普通文字學)은 인류 문명의 산물인 문자 일반의 기원(起源), 형성(形成), 발전(發展), 체계(體系), 성격(性格) 및 사용 등의 보편적 특징과 규율을 탐구하는 학문이다. 그것은 문자학의 하위 분과로서, 문자에 대한 거시적 연구에 초점을 맞추고 있다. 일반문자학의 연구 범위는 광범위하며, 문자의 본질(本質), 구조(構造), 유형(類型), 기능(機能) 등의 이론뿐만 아니라 각 문자의 연혁(沿革), 특징, 상호 관계(相互關係) 등도 포함한다. 일반문자학(普通文字學)은 언어학(言語學), 역사학(歷史學), 사회학(社會學), 인류학(人類學), 심리학(心理學), 지리학(地理學) 등 다양한 학문과 밀접한 관련을 맺고 있다.

[444]-일본한자(日本漢字) ‖ 日本漢字 ‖ 日本の漢字 ‖ Hán tự Nhật Bản ‖ Japanese kanji ◇일본한자(日本漢字)는 일본어(특히 현대 일본어)를 쓰는 데 사용되는 한자이다.

[445]-일자다용자(一字多用字) ‖ 一字多用字 ‖ 多義字* ‖ Chữ nhất thể đa dụng ‖ Multi-use Character ◇일자다용자(一字多用字)는 하나의 한자가 다양한 용법 또는 기능을 가지고 있는 경우를 지칭한다.

[446]-일자다의자(一字多義字) ‖ 一字多義字 ‖ 多義字 ‖ Chữ nhất thể đa nghĩa ‖ Polysemous Character ◇일자다의자(一字多義字)란 하나의 한자가 서로 다른 어휘나 문장에서, 다른 독음이나 언어환경 때문에 서로 다른 의미를 갖게

되는 글자를 가리킨다.☞'다의자' 항목 참조.

447-일자다직자(一字多職字)‖一字多職字‖☆‖Chữ nhất thể đa chức năng‖Multi-role Character ◇일자다직자(一字多職字)는 하나의 한자가 서로 다른 문맥이나 용법에서 두 가지 이상의 직무나 기능 또는 의미를 나타낼 수 있는 글자를 말한다.

448-일자중음설(一字重音說)‖一字重音說‖一字重音説‖Thuyết chữ nhất thể trùng âm‖Single Character Dual Sound Theory ◇일자중음설(一字重音說)이란 한자에서 두 음절로 읽히는 한자가 있다고 보는 것이다. 이는 청(淸)나라 때의 장병린(章炳麟)이 『국고논형(國故論衡)·일자중음설(一字重音說)』에서 제기하였는데, 그는 『회남자(淮南子)·주술훈(主術訓)』의 고유(高誘)의 주석에서 "조조(鵜鳥)는 사서두(私鉏頭)라고 읽으니, 두 글자가 세 음절로 읽히는 것이다."라고 한 구절에 근거하여 이 학설을 창시하였다.

449-일형다음의(一形多音義)/일자다음의(一字多音義)‖一形/字多音義‖一字多音義‖Chữ nhất thể đa âm đa nghĩa‖One Form/Character with Multiple Pronunciations and Meanings ◇일형다음의(一形多音義) 혹은 일자다음의(一字多音義)는 하나의 글자 형태가 여러 개의 서로 다른 독음과 의미에 대응하는 것을 말한다.

450-잉여필(贅筆)‖贅筆‖贅筆‖Chuyết bút‖Redundant strokes ◇잉여필(贅筆)은 서사(書寫) 과정에서 서사자의 기교가 충분히 숙련되지 않았거나, 자형(字形)에 대한 이해가 충분히 깊지 않거나, 또는 어떤 예술적 효과를 추구하면서 과도하게 필획을 더하여 서예 작품에 나타나는 불필요하거나 과다한 필획을 말한다.

자

451-자량학(字量學) ‖ 字量學 ‖ 字數/字種*/漢字の量/字の量的研究* ‖ tự lượng học ‖ Character Quantity Studies
◇자량학(字量學)은 사용 글자의 양을 연구하는 것을 말하는데, 이의 목적은 한자의 수량 분포(數量分佈), 사용 빈도(使用頻率) 및 변화 규율(變化規律) 등을 이해하여, 한자의 교학(敎學), 응용(應用) 및 연구에 기초 데이터를 지원하는 데에 있다.

452-자서(字序) ‖ 字序 ‖ 字の配列順 ‖ Thứ tự chữ ‖ Character Order ◇자서(字序)는 한자가 사전(辭典), 색인(索引) 또는 기타 문헌 자료(文獻資料)에서 일정한 규칙이나 원칙에 따라 배열되는 차례를 지칭한다.

453-자서(字書) ‖ 字書 ‖ 字書 ‖ tự điển ‖ Character Book
◇자서(字書)는 '자전(字典)'을 부르던 옛날 이름으로, 한자의 형체(形體), 음운(讀音), 의미(意義)를 해석한 서적의 총칭이기도 하다. 자서(字書)는 주로 고대의 문자류(文字類), 음운류(音韻類), 훈고류(訓詁類) 전서(專書)를 포함하는데, 이러한 서적들은 후대 사람들이 한자를 이해하고 사용하는 데 중요한 참고 자료를 제공하고 있다.

454-자서법(字序法) ‖ 字序法 ‖ 字の配列法 ‖ Phương pháp sắp xếp thứ tự chữ ‖ Character Order Method ◇자서법(字序法)은 한자의 어떤 특징(예를 들어 자형, 자음(字音), 자의(字義) 등)이나 규정된 규칙에 근거하여, 한자를 일정한 순서에 따라 배열하는 방법을 가리킨다.

455-자서첩(自敘帖) ‖ 『自敘帖』 ‖ 『自叙帖』 ‖ Tự truyện thư pháp (của tác giả Hoài Tô- Trung Quốc) ‖ Zi Xu Tie

◇『자서첩(自敘帖)』은 초서 묵적(墨跡)으로, 종이로 된 필사본 권자(紙本手卷)이다. 당 대력 12년(777년) 회소(懷素)가 쓴 것으로, 총 126행이다. 운필이 원경정발(圓勁挺拔은 둥글면서도 힘차고 곧으면서도 빼어남)하고, 분방유창(奔放流暢은 거침없이 자유롭게 흐르듯 써내려감)하며, 일기호성(一氣呵成은 한 번의 기운으로 단숨에 써내려간 것처럼 자연스럽고 막힘이 없음)한 것으로, 회소 초서의 대표작이다. 일설에는 송인(宋人)의 모작이라고도 한다. 타이페이 고궁박물원에 소장되어 있다.

456-자설(字說) ‖ 字說 ‖ 『字說』 ‖ Tự thuyết (tự điển giải nghĩa chữ) ‖ Character Explanation ◇『자설(字說)』은 문자학 저서로 24권(「진자설표(進字說表)」에 근거했으며, 「희녕자설서(熙寧字說序)」에서는 20권이라 했다)이다. 북송 왕안석(王安石)의 저술로, 원풍(元豐) 3년(1080년)에 완성했다. 한자 형체의 의미를 해석했으며, 대부분 허신(許愼)의 『설문』과 전통 설해를 따르지 않고 새로운 설을 창조했다. 그중 합리적인 것도 적지 않으나, 많은 부분이 견강부회했으니, "흙(土)의 껍데기(皮)가 파(坡는 고대)이다"라는 식이다. "형공신학(荊公新學은 왕안석의 새로운 학문)"의 하나이다. 지금은 전해지지 않으며, 단지 수십 조목이 송명 때의 고서에 산견될 뿐이다. 『임천집(臨川集)』에「희녕자설서」가 실려 있다.

457-자소(字素) ‖ 字素 ‖ 字素/文字素 ‖ Hình vị ‖ Grapheme
◇자소(字素)는 음운학의 음소에서 문자학으로 유추한 개념이다. 병음문자체계에서 자소는 최소의, 수량이 가장 적은 구별성 단위이다. 한자에서 자소는 한자를 구성하는 기본 요소의 하나로 볼 수 있으나, 필획보다는 복잡하고 자원보다는 단순하다. 필획은 선조의 기본 조합이며, 자소는 이러한 선조들이 조합되어 일정한 의미를 표시할 수 있는 단위이다.

458-자양(字樣) ‖ 字樣 ‖ 字樣 ‖ Mẫu chữ ‖ Character Pattern
◇자양(字樣)은 고대에 경전 문자를 변정하기 위해 제정한 한자의

서사 표본을 말한다. 일반적으로 칙령으로 핵정하여 간포했다.
예를 들어, 당대 현도(玄度)가 저술한
『신가구경자양(新加九經字樣)』에서 심의 확정한 정체 해서가
그렇다.

459-자양학(字樣學) ‖ 字樣學 ‖ 字樣学 ‖ tự dạng học ‖ Character Style Studies ◇자양학(字樣學)은 규범적인 해서체(楷書體)의 형체와 필획을 통해 통일된 용자 표준을 제정함으로써 문자 필사(筆寫)의 정확성과 일관성을 확보하는 것을 목표로 한다.

460-자용(字用) ‖ 字用 ‖ 字の用法 ‖ Cách dùng chữ ‖ Character Usage ◇자용(字用)은 한자가 다른 텍스트 또는 언어 맥락에서 구체적으로 사용되는 방식을 가리키는데, 이는 한자의 구체적인 사용 직능(職能)에 근거하여 확정된다.

461-자원(字元) ‖ 字元 ‖ 文字の構成單位/字素*/文字素* ‖ Đơn vị chữ ‖ Character Element ◇자원(字元)은 한자 부호화의 필요에 따라 자형을 분해하여 이루어진 실용 부건(部件)이다. 각종 필획(筆畫), 부수(部首), 편방(偏旁), 독체(獨體) 및 기타 부건(部件)은 모두 어떠한 한자 부호의 자원(字元)이 될 수 있다.

462-자원(字原) ‖ 字原 ‖ 文字の構成要素/字素*/文字素* ‖ Nguồn mượn ‖ Character Origin ◇자원(字原)은 한자 체계를 구성하는 기본자(基本字)로서, 또한 친연관계(親緣關係)를 가진 일군(一群)의 분화자(分化字)가 파생하는 원천이 되는 글자를 가리키며, 주로 독체상형자(獨體象形字)와 소수의 회의자(會意字)를 포함한다.

463-자원(字源) ‖ 字源 ‖ 字源 ‖ Nguồn gốc chữ ‖ Etymology of Chinese Characters ◇자원(字源)은 글자(字)의 내원(來源) 또는 글자(字)의 유래(由來)라고도 하는데, 한자의 형상(形狀)과 의의(意義)의 기원(起源)과 변화 과정을 지칭한다.☞'한자자원학' 항목 참조.

464-자원학(字源學) ‖ 字源學 ‖ 字源学 ‖ Từ nguyên học ‖ Etymology ◇자원학(字源學)은 달리 '자원학(字原學)'이라 부르기도 한다. 한자의 기원, 자형의 변화 및 그 조자(造字: 글자 창제) 의도(意圖)를 전문적으로 연구하는 학문이다.☞'한자자원학' 항목 참조.

465-자위(字位) ‖ 字位 ‖ ☆ ‖ Vị trí chữ ‖ Character Position ◇자위(字位)는 컴퓨터 과학 영역에서 정보를 저장하는 최소 단위를 말하는데, 통상 '위(位)'라고 부른다. 이 술어는 컴퓨터가 정보를 처리하고 저장하는 가장 기초적인 단위를 말하는 영어 'bit'의 음역에서 유래하였으며, 이진수(二進位)를 표시한다.

466-자위귀납(字位歸納) ‖ 字位歸納 ‖ ☆ ‖ Quy nạp vị trí chữ ‖ Character Position Summarization ◇자위귀납(字位歸納)은 컴퓨터 과학에서 사용되는 데이터 처리 방법으로, 자위(字位/bit) 단위를 기준으로 데이터를 분석하고 정리하는 방법이며, 이는 비트 단위의 정보를 체계적으로 분류하고 종합하는 과정이다.

467-자음(字音) ‖ 字音 ‖ 字音 ‖ Âm chữ ‖ Character Pronunciation ◇자음(字音)이란 한자의 독음(讀音)을 지칭한다.

468-자의(字義) ‖ 字義 ‖ 字義 ‖ Nghĩa chữ ‖ Character Meaning ◇자의(字義)는 언어기호(語言符號), 즉 글자(字)와 어휘(詞)가 대표하는 의미(意義)를 말한다.

469-자의분석법(字義分析法) ‖ 字義分析法 ‖ 字義分析法 ‖ Phép phân tích nghĩa chữ ‖ Character Meaning Analysis Method ◇자의분석법(字義分析法)은 한자의 함의(含義)와 파생의미(引申義)를 분석함으로써 그것이 어떤 종류의 오행(五行) 원소(元素)의 속성(屬性)과 가장 밀접(密接)한 관계에 있는지 확정(確定)하는 것을 말한다.

470-자이와문자(載瓦文) ‖ 載瓦文 ‖ 載瓦文/ザイワ文* ‖ Chữ

Zaiwa (một loại văn tự cổ) ‖ Zaihua Script

◇자이와문자(載瓦文)는 중국 운남성에 거주하는 경파족(景頗族) 중 '자이와(載瓦)'라고 불리는 집단이 사용하는 문자체계이다. 라틴 알파벳을 기반으로 만들어진 표음 문자로, '자이와 족'의 언어를 표기하기 위해 개발된 특수한 문자체계이다.

471-자종(字種) ‖ 字種 ‖ 字種 ‖ Loại chữ ‖ Character Species

◇한자 분류(漢字分類)의 맥락에서 자종(字種)은 어떤 기준(예를 들어 자형 구조(字形結構), 자음(字音), 자의(字義) 등)에 따라 한자를 구분한 각기 다른 종류를 가리킨다.

472-자종수(字種數) ‖ 字種數 ‖ 字種數 ‖ Số lượng loại chữ ‖ Character Species Number ◇자종수(字種數)는 기록된 어소(語素) 수에 근거하여 통계한 글자 수, 즉 한 편의 글에서 출현한 모든 중복되지 않은 글자를 가리킨다. 구체적으로 말하자면, 자종수(字種數)는 한자의 중복 출현을 고려하지 않고, 오직 서로 다른 한자의 종류 수량만 계산한 것을 말한다.

473-자체(字體) ‖ 字體 ‖ 字体/字形/書体 ‖ Tự thể ‖ Typeface

◇자체(字體)란 문자(文字)의 구조 및 형식을 일컫는데, 규범성(規範性)을 지니며 '문자(文字)'라는 개념에 더욱 중점이 있다. 자체(字體)는 문자(文字)의 기본 형태와 필사 규범(筆寫規範)을 중시하며 정태적인 개념이다. 한자에서 자체(字體)는 다음의 몇 가지 의미를 가진다. (1) 한자의 다양한 서체(書體)를 지칭하는데, 한자에는 전서(篆書), 예서(隸書), 해서(楷書), 초서(草書), 행서(行書) 등이 있다. (2) 한자의 형체 구조(形體結構)를 지칭하는데, 한자에는 독체 구조(獨體結構)와 합체 구조(合體結構) 등이 있다.

474-자체구조(字體結構) ‖ 字體結構 ‖ 字体の構造/字形の構造* ‖ Kết cấu thể chữ ‖ Typeface Structure ◇자체구조(字體結構)는 한자를 필사(筆寫)할 때 나타나는 구조형태(結構形態)와

조합방식(組合方式)을 가리킨다. 통상적인 분류방법에 따르면, 자체구조(字體結構)는 주로 독체 구조(獨體結構)와 합체구조(合體結構)의 두 가지로 나뉜다.

475-자체스타일변이(字體風格變異) ‖ 字體風格變異 ‖ 書体の変化* ‖ Dị biến phong cách chữ ‖ Font Style Variation
◇자체스타일변이(字體風格變異)는 서로 다른 자체(字體)(예를 들어 예서(隸書), 해서(楷書), 행서(行書), 초서(草書) 등)에서 동일한 자형의 필사스타일(筆寫風格)에 차이가 존재하는 것을 가리킨다.

476-자체유형(字體類型) ‖ 字體類型 ‖ 書体類型 ‖ Loại hình chữ ‖ Font Type ◇자체유형(字體類型)은 한자의 서체유형(書體類型)을 의미한다. 전서(篆書), 예서(隸書), 해서(楷書), 행서(行書), 초서(草書) 등이 있다. 각 자체(字體)는 독특한 형태적 특징과 필사규범(筆寫規範)을 가지고 있다.

477-자체학(字體學) ‖ 字體學 ‖ 字体学/字形学* ‖ Tự thể học ‖ The study of Typeface ◇자체학(字體學)은 학문 영역의 하나로, 주로 한자 자체(字體)의 스타일적 특징(風格特徵), 연변 규율(演變規律), 그리고 다른 자체(字體)의 형성과 발전의 연구 등에 집중한다.

478-자학(字學) ‖ 字學 ‖ 文字学 ‖ văn tự học ‖ Character Studies
◇자학(字學)은 한자 연구의 학문으로서, 한자의 역사적(歷史的) 변화, 조자원리(造字原理), 자형구조(字形結構), 자의해석(字義解析), 자음주음(字音注音) 등 한자의 각각의 방면을 포괄한다.

479-자형(字形) ‖ 字形 ‖ 字形/字体 ‖ tự hình ‖ Character form
◇자형(字形)은 단일 한자 문자(漢字字符)의 외형(外形)과 형상(形狀) 및 필사 방식(筆寫方式)을 가리킨다. 그것은 필획(筆畫), 구조(結構) 및 배치(佈局)의 세 가지 주요 측면을

포함한다.

480-자형가차(形借) ‖ 形借 ‖ 借形 ‖ chữ mượn hình ‖ Semantic borrowing ◇자형가차(形借)는 자형만을 차용할 뿐 본래의 독음과 의미는 채택하지 않는 한자 사용 방법을 가리킨다. 형차(形借)의 차용자(借字)와 피차용자(被借字)는 서로 모양이 같은 동형자(同形字)이다.

481-자형번화(字形繁化) ‖ 字形繁化 ‖ 字体の繁化 ‖ Phồn hóa hình chữ ‖ Character form complication ◇자형번화(字形繁化)는 한자의 변화 과정에서 간단(簡單)함에서 번잡(繁雜)한 것으로 변하는 추세를 말하며, 구체적으로는 자형의 복잡화(複雜化)와 필획(筆畫)의 증가(增加)로 나타난다.

482-자형변체(字形變體) ‖ 字形變體 ‖ 字体の変化 ‖ Biến thể tự hình ‖ Character Form Variant ◇자형변체(字形變體)는 한자가 서로 다른 사용 장소와 언어 환경에서 나타나는 변체 형식을 가리키는데, 이형자(異體字)나 번자(繁字)와 간자(簡字) 등이 이에 해당한다. 이러한 변체 형식은 한자가 서로 다른 역사 시기와 문화적 배경에서 겪은 연변(演變) 과정을 반영한다.

483-자형분석법(字形分析法) ‖ 字形分析法 ‖ ☆ ‖ Phép phân tích hình chữ ‖ Character Form Analysis Method ◇자형분석법(字形分析法)은 한자의 필획(筆劃) 구조(構造), 형상(形狀) 등의 특징을 관찰(觀察)함으로써, 그것이 어떤 오행(五行) 원소(元素)와 가장 유사(類似)하거나 연관(聯關)되는지를 판단(判斷)하는 것을 말한다.

484-자형분화(字形分化) ‖ 字形分化 ‖ 字体の分化 ‖ Phân hóa hình chữ ‖ Character form differentiation ◇자형분화(字形分化)는 원래 하나의 한자가 담고 있던 어떤 단어나 의미가 의미의 파생(引伸), 문자의 가차(假借) 등으로 인해, 해당 한자가 다수의 기사(記詞: 단어 기록) 기능이나 단어의 여러 의항(義項)을

담보하게 되는 것을 말한다. 언어를 보다 명확하고 정확하게
기록하기 위해, 사람들은 새로운 자형을 채택하여 원래 글자의
기록 직능을 분담하게 되는데, 이렇게 새로 생성된 자형이 바로
분화자(分化字)이다.

485-자형비교법(字形比較法) ‖ 字形比較法 ‖ 字体·字形*比較法
‖ Phương pháp so sánh chữ viết ‖ Character Form
Comparison Method ◇자형비교법(字形比較法)은 한자학(漢字學)
연구 방법의 하나인데, 이는 서로 다른 역사 시기 또는 서로 다른
지역의 한자 형태를 비교함으로써 한자 형태 변화의 규율과
특징을 밝혀낸다.

486-자형수(字形數) ‖ 字形數 ‖ 字形の数*/字体の数*/字種の数*/
字数* ‖ Số lượng tự hình ‖ Character Form Number
◇자형수(字形數)는 한자가 가지고 있는 서로 다른
이체자(異體字)나 변체자(變體字)의 총 개수를 의미한다. 즉 한자
자형에 근거하여 번잡함[繁簡]이나 정자(正字)와 이체자(異體字)
등의 글자간 관계(字際)를 고려하지 않고 통계하여 얻어낸 한자의
수량을 가리킨다.

487-자형정리(字形整理) ‖ 字形整理 ‖ 字体整理 ‖ hệ thống hóa
hình thái chữ ‖ Character Form Organization
◇자형정리(字形整理)는 한자 자형의 규범화(規範化)와
표준화(標準化) 처리를 말하는데, 한자 필사(筆寫) 중에 존재하는
비규범적이고 통일되지 않은 문제를 해결하는 것을 목표로 한다.
이는 한자 자형을 더욱 선명하고, 읽기 쉽고, 쓰기 쉽게 하여
교류와 사용에 편리하게 하기 위함이다.

488-자형추출(字樣提取) ‖ 字樣提取 ‖ ☆ ‖ Trích xuất mẫu
chữ ‖ Character Style Extraction ◇자형추출(字樣提取)은 원본
매체(예: 고서적(古籍), 그림(圖片), 영상(視頻) 등)에서
자형(字樣)(보통 문자(文字) 또는 글자(字符))을 추출하여 편집 및

처리 가능한 디지털 형식으로 변환하는 과정을 말한다. 이러한 과정은 고서적 디지털화(古籍數字化), 문자인식(文字識別), 이미지처리(圖像處理) 등 여러 분야에 응용되고 있다.

489-자화(字畫) ‖ 字畫 ‖ 字画 ‖ Nét chữ ‖ Character Stroke
◇자화(字畫)는 서예와 회화(繪畫)의 통칭이며, 달리 '서화(書畫)'라고도 한다.

490-자훈(字訓) ‖ 字訓 ‖ 字訓/訓読み ‖ Giải thích cách đọc và nghĩa của Hán tự ‖ Zi Xun ◇일본어에서 자훈(字訓)은 한자의 훈독을 말한다.

491-잠두연미(蠶頭燕尾) ‖ 蠶頭燕尾 ‖ 蚕頭燕尾 ‖ Tằm đầu yến vĩ ‖ Can Tou Yan Wei ◇잠두연미(蠶頭燕尾)는 서예 술어로, 당나라 안진경 서체에서 매 획의 하필(下筆은 필획의 시작점에서 붓을 내리는 동작)과 날각(捺腳은 오른쪽 아래로 뻗어나가는 획의 끝부분)의 스타일을 부르는 말이다. 서법에서 원필 기필은 장봉역입(藏鋒逆入은 붓을 놓을 때 필봉을 감추어 직접 보이지 않게 하고 획의 방향과 반대 방향으로 붓을 넣어 쓰는 기법)하여 잠두(蠶묘는 누에콩)와 같이 둥근 것으로 모두가 공통적으로 사용하는 서법이다. 연미(燕尾는 제비꼬리)는 날각(捺腳)에서 붓을 마무리할 때(收筆) 갈라지게 하는 필법을 가리킨다.

492-장법(章法) ‖ 章法 ‖ 章法 ‖ Chương pháp ‖ Composition
◇장법(章法)은 한 폭의 서예 작품의 전체적 포치(布置는 배치)와 배열을 의미한다. 주로 자와 자, 행과 행 사이의 상호 호응과 조화의 규칙 법칙, 그리고 자의 배열 방식, 낙관(落款), 전인(篆印)의 방법 등을 다룬다.

493-장식부호(裝飾符號) ‖ 裝飾符號 ‖ 装飾符号/飾符 ‖ Ký hiệu trang trí ‖ Decorative symbol ◇장식부호(裝飾符號)는 한자의 구조에서 의미나 발음에 직접적인 기여를 하지 않지만, 시각적 균형이나 심미적 목적으로 첨가된 요소를 가리킨다. 이러한

장식부호는 글자의 공간을 채우거나 시각적 안정감을 주기 위해 사용되며, 글자의 본질적 의미나 발음 정보를 변경하지 않는다. 이는 특히 서예나 전각(篆刻) 등 전통적인 한자 예술 형식에서 중요하게 활용되었으며, 단순히 글자의 균형을 맞추는 기능뿐만 아니라 때로는 특정 서체나 시대적 특징을 나타내는 요소로 작용하기도 한다.

494-장식필획(裝飾筆畫) ‖ 裝飾筆畫 ‖ 裝飾筆画/裝飾的な 筆画 ‖ Bút họa trang trí ‖ Decorative stroke ◇장식필획(裝飾筆畫)은 서법(書法), 회화(繪畫) 또는 설계에서 작품을 미화하고 예술적 효과를 높이기 위해 사용되는 각종 선조(線條)와 필촉(筆觸)을 말한다.

495-장자(壯字) ‖ 壯字 ‖ チワン文字 ‖ Chữ Choang ‖ Zhuang Characters ◇장자(壯字: 장족 문자)는 장족들이 역사상 창조하고 사용했던 문자로, 대략 당나라 때에 기원하여, 장족의 일부 한문화 교육을 받은 문인(무사도 포함)들이 한자나 한자의 편방부수를 빌려 창조했다.

496-장초(章草) ‖ 章草 ‖ 章草 ‖ chương thảo ‖ Zhang Cao ◇장초(章草)는 초서(草書)의 발전 단계에서 초기 형태를 말하는데, 자형이 비교적 규칙적이고, 필획(筆劃)이 선명하며, 구조가 엄격하다. 장초(章草)는 한말(漢末) 위진(魏晉) 시기에 매우 유행하였으며, 당시 문인묵객(文人墨客)들의 서신 왕래에서 주요한 필사 방식 중 하나였다. 비록 정서(正書)에 비해 자형을 간략화 하였지만, 여전히 정서(正書)의 특징을 많이 보유하고 있다.

497-저초문(詛楚文) ‖ 詛楚文 ‖ 詛楚文 ‖ Từ Sở văn ‖ Zu Chu Wen ◇저초문(詛楚文)은 진(秦)나라 석각(石刻)의 하나인데, 진나라 왕(秦王)이 천신(天神)에게 초(楚)나라 군대를 제압하고, 변경의 성(城)을 회복할 것을 기원한 것을 새긴 것이다. 이 때문에 후세에서는 저초문(詛楚文)이라 불렀다.

⁴⁹⁸-전국고문(戰國古文) ‖ 戰國古文 ‖ 戦国古文 ‖ Cổ văn Chiến Quốc ‖ Warring States Ancient Script ◇전국고문(戰國古文)은 전국(戰國)시대 각국에서 사용한 문자(文字)의 총칭(總稱)으로, 뚜렷한 지역색(地域色)과 다양성(多樣性)을 지니고 있다.

⁴⁹⁹-전국문자(戰國文字) ‖ 戰國文字 ‖ 戦国文字 ‖ Văn tự Chiến Quốc ‖ Warring States Script ◇전국문자(戰國文字)는 전국(戰國)시대 때 각 지역에서 사용된 한자를 총칭하는 것으로, 구체적으로는 춘추(春秋) 말기부터 진(秦)이 통일하기 이전까지의 역사적 시기에 제(齊), 연(燕), 한(韓), 조(趙), 위(魏), 초(楚), 진(秦)나라 등에서 사용되었던 고문자(古文字)를 가리킨다.

⁵⁰⁰-전례(篆隸) ‖ 篆隸 ‖ 篆隸* ‖ Triện lệ ‖ Seal Clerical Script ◇전례(篆隸)는 고대 전각(篆刻) 기초 위에서 형성된 예서(隸書)의 자체(字體)를 말한다.

⁵⁰¹-전문용자(專門用字) ‖ 專門用字 ‖ 專門用字/位相文字 ‖ Chữ dùng chuyên biệt ‖ Characters for Special Use ◇전문용자(專門用字)는 특정 영역이나 어맥에서, 해당 영역이나 어맥 하의 특정 개념, 사물이나 행위를 정확히 표현하기 위해 전문적으로 사용하는 문자나 부호를 말한다.

⁵⁰²-전법(篆法) ‖ 篆法 ‖ 篆法 ‖ Triện pháp (phương pháp viết triện thư) ‖ Seal Script Method ◇전법(篆法)은 전서를 쓰는 방법, 법칙을 말한다.

⁵⁰³-전보코드(電報碼) ‖ 電報碼 ‖ 『標準電碼本』/電報漢字コード ‖ Mã điện báo ‖ Telegram Code ◇한자전보코드(漢字電報碼)는 중화인민공화국 우편부(郵電部: 우편전기통신부)가 1983년 9월에 출판한 『표준전신코드집(標準電碼本)』을 가리킨다.

⁵⁰⁴-전서(篆書) ‖ 篆書 ‖ 篆書 ‖ Triện thư ‖ Seal Script ◇전서(篆書)에는 다음의 두 가지 뜻이 있다. (1) 대전(大篆)과

소전(小篆)의 통칭(統稱), (2) 즉 소전(小篆)을 가리킨다.

⁵⁰⁵-전승자(傳承字) ‖ 傳承字 ‖ 伝承字 ‖ Chữ kế thừa ‖ Inherited Characters ◇전승자(傳承字)는 광의의 의미로 역사상 전해 내려온 한자를 지칭하는데, 주로 예변(隸變) 이후의 해서체(楷書體) 자형이 오늘날까지 이어져 사용되고 있는 한자를 말한다.

⁵⁰⁶-전용자(專用字) ‖ 專用字 ‖ 專用字/一音一義字 ‖ Chữ chuyên dùng ‖ Special Use Character ◇전용자(專用字)는 오직 한 가지 사물, 하나의 개념을 대표하거나 특정한 장면과 용도에 적용되는 한자를 가리키는데, 이는 보편성을 갖추지 않고 오히려 뚜렷한 전문성과 지향성을 지닌다.

⁵⁰⁷-전주(轉注) ‖ 轉注 ‖ 転注 ‖ Chuyển chú ‖ Transcription by interchange ◇전주(轉注)는 한자의 '육서(六書)'의 하나로, 의미가 같거나 비슷한 글자가 서로를 해석하는 것을 말한다. 여러 학설이 있지만, 전주자(轉注字)는 조자법(造字法)이 아니라, 같은 어원의 동의어(同義語)가 분화한 용자법(用字法)에 해당한다고 알려져 있다.

⁵⁰⁸-전주동족설(轉注同族說) ‖ 轉注同族說 ‖ 転注同族説 ‖ Thuyết tương chú và đồng tộc ‖ Interchange within the same category ◇전주동족설(轉注同族說)은 한자의 전주(轉注) 현상을 해석하는 이론으로, 전주자(轉注字)는 대개 동일한 자족(字族) 또는 동원자군(同源字群)에 속한다고 보는 학설이다. 이들 문자는 자형에서는 차이가 있을 수 있으나, 음운(音韻), 의미(意味), 또는 기원(起源)에서 밀접한 연관성이 존재한다고 여긴다.

⁵⁰⁹-전주자(轉注字) ‖ 轉注字 ‖ 転注字 ‖ Chữ chuyển chú ‖ Transcription by interchange character ◇전주자(轉注字)는 한자 육서(六書)의 하나로, 보통 독음이 같거나 비슷하거나, 또는 자의(字義)가 같거나 비슷하여, 문자(文字) 상에서 동일한

부수(部首)나 형체(形體)를 채용하여 다른 의미를 표시하는 글자를 말하는 등 여러 견해가 존재한다.

510-전주형의설(轉注形義說) ‖ 轉注形義說 ‖ 転注形義説 ‖ Thuyết chuyển chú hình và nghĩa ‖ Interchange with form and meaning ◇전주형의설(轉注形義說)은 전주자(轉註字)가 형상과 의미상에서 특정한 연계가 존재한다고 보는 학설이다. 이러한 글자들은 자형 상으로는 다소 차이가 있을 수 있으나, 그들은 구조(結構), 부건(部件) 또는 전체적인 형상(形狀)에 있어서 대개 어떠한 유사성을 지니고 있으며, 동시에 이러한 유사성은 또한 그들이 의미상으로 연계되었음을 보여준다.

511-전주호훈설(轉注互訓說) ‖ 轉注互訓說 ‖ 転注互訓説 ‖ Thuyết tương chú và hoán đổi ‖ Interchange with mutual explanation ◇전주호훈설(轉註互訓說)은 한자의 전주(轉註) 현상을 해석하는 이론으로, 청나라 때의 대진(戴震), 단옥재(段玉裁) 등은 '전주(轉註)'가 바로 호훈(互訓)이며, 의미상 같거나 비슷한 글자들이 서로 해석하는 것을 가리킨다고 여겼다.

512-전초고문(傳抄古文) ‖ 傳抄古文 ‖ 伝抄古文 ‖ Truyền sao cổ văn ‖ Transcribed ancient script ◇전초고문(傳抄古文)은 종이로 된 문헌(紙質文獻)이 보급되기 전, 사람들이 수서(手寫는 손글씨), 초사(抄寫는 모사)의 방식으로 고대 문헌을 전파하고 보존하는 과정을 말한다.

513-전통문자학(傳統文字學) ‖ 傳統文字學 ‖ 伝統(的な)漢字学/文字学/小学 ‖ văn tự học truyền thống ‖ Traditional Philology ◇전통문자학(傳統文字學)은 주로 한자의 기원, 구조, 연변 및 그 문화적 함의를 연구하며, 한자의 형체(形), 독음(音), 의미(義) 등 여러 방면을 포괄한다. 고대에 문자학(文字學)은 '소학(小學)'의 일부분으로서 음운학(音韻學), 훈고학(訓詁學) 등과 밀접한 관련이 있으며, 함께 고대 학술의 중요한 구성 부분을 이루었다.

514-전통육서이론/설(傳統六書理論/說) ‖ 傳統六書理論/說 ‖ 伝統(的な)六書理論/伝統(的な)六書説 ‖ Lý luận/sách lục thư truyền thống ‖ Traditional Liu Shu Theory ◇전통 한자학(漢字學)에서의 전통육서이론/설(傳統六書理論/說)은 고대인이 한자의 구조와 사용 방법을 해설하면서 귀납해 낸 여섯 가지 조례를 말한다. '육서(六書)'는 통상적으로 상형(象形), 지사(指事), 회의(會意), 형성(形聲), 전주(轉註), 가차(假借)의 여섯 가지 방법을 포함한다.

515-전통한자학(傳統漢字學) ‖ 傳統漢字學 ‖ 伝統(的な)漢字学 ‖ Hán tự học truyền thống ‖ Traditional Chinese Characterology ◇전통한자학(傳統漢字學)은 동아시아에서 전통적으로 발전해온 한자 연구의 학문 체계를 의미한다. 구체적으로는 『설문해자(說文解字)』의 육서(六書) 이론, 『자림(字林)』·『옥편(玉篇)』 등의 자서(字書) 편찬 방법론, 정저(正體)·속자(俗字)·이체자(異體字) 연구, 한자의 고금자(古今字) 변천 연구 등을 포함한다. 이는 현대 언어학적 방법론을 적용한 현대한자학(現代漢字學)과 구별되며, 특히 문자학(文字學)·성운학(聲韻學)·훈고학(訓詁學)의 전통적 연구 방법을 계승하고 있다.

516-점합(黏合) ‖ 黏合 ‖ 兼筆* ‖ kết dính ‖ Fusion ◇점합(黏合: 착 달라붙어 합쳐짐)은 한자학에서 통상적으로 한자 중 두 개 이상의 구성 성분이 밀접하게 하나로 결합하여 분할할 수 없는 전체를 형성하는 현상을 가리킨다. 이러한 결합은 의미, 음운 또는 자형의 유사성에 기초할 수도 있고, 역사적 변화와 필사 습관에 기초한 것일 수도 있다.

517-정량(定量) ‖ 定量 ‖ ☆ ‖ Định lượng ‖ Quantitative Fix ◇정량(定量)은 한자학에서 문자의 출현 빈도, 사용 범위, 구조적 특성 등을 수치화하여 분석하는 방법론을 의미한다. 중국에서는 한자의 사용 빈도 조사를 통한 상용자(常用字) 선정이나 한자

난이도 등급 설정에 활용되며,
『현대한어상용자빈도사전(現代漢語常用字頻率詞典)』등의 형태로
체계화되었다. 한국, 일본, 베트남 등 한자문화권에서도 자국어 내
한자어 사용 실태와 교육용 한자 선정 기준으로 정량적 분석이
이루어진다. 컴퓨터언어학과 코퍼스언어학의 발달로 한자 사용의
통시적·공시적 변화 양상을 정량적으로 분석하는 연구가 활발히
진행되고 있으며, 한자 교육과 사전 편찬의 과학적 기초를
제공한다.

518-정보한자학(信息漢字學) ‖ 信息漢字學 ‖ 情報漢字学* ‖ Hán tự học thông tin ‖ Information Chinese Characterology ◇정보한자학(信息漢字學)은 정보기술(信息技術)과 컴퓨터 응용(計算機應用) 분야에서 한자 정보(漢字信息)의 처리(處理), 저장(存儲), 전송(傳輸) 및 검색(檢索) 등의 문제를 탐구한다.

519-정복문자(貞卜文字) ‖ 貞卜文字 ‖ 甲骨文字 ‖ chữ viết chiêm bói ‖ Zhenbu Script ◇☞'갑골문(甲骨文)' 항목 참조.

520-정부(定符) ‖ 定符 ‖ 字義提示用の意符 ‖ ký hiệu xác định nghĩa ‖ Determinant ◇정부(定符)는 자획(字劃)의 말미에, 성부(聲符)의 뒤에 쓰이며, 자의(字義)를 제시하기 위해 사용되는 의부(意符)를 말한다. 정부(定符)는 그 자체로 독음을 나타내지 않으며, 독립적으로 의미를 표시하지도 않는다. 다만 자의(字義)를 이해하는 데에 단서를 제공한다.

521-정사법(正寫法) ‖ 正寫法 ‖ 正書法 ‖ Cách viết chính thống ‖ Standard Writing Method ◇정사법(正寫法)은 한자의 정확한 필사(筆寫)의 방법과 규범을 지칭한다. 그것은 한자의 필획(筆劃) 순서, 자형 구조, 부건(部件) 조합 및 전체적인 심미성과 가독성을 포괄한다.

522-정서(定序) ‖ 定序 ‖ 配列順 ‖ Định thứ tự ‖ Sequential Fix ◇한자의 정서(定序: 배열 순서의 확정)는 현대 한어(漢語)에서

용자(用字)의 배열 순서를 확정하는 것을 지칭한다. 필획에 따른 순서(筆劃序), 부수에 따른 순서(部首序) 등과 같이 한자의 배열 순서의 표준을 제정함으로써 한자의 검색과 사용에 편의를 제공한다.

523-정서(正書) ‖ 正書 ‖ 楷書/楷書体 ‖ Chính thư ‖ Regular Script ◇정서(正書)는 달리 '해서(楷書)'나 '진서(真書)'라고도 불린다. 전하는 바에 따르면 정서(正書)는 동한(東漢)의 왕차중(王次仲)에게서 시작되었으며, 삼국시대 위(魏)나라의 종영(鍾繇)에 이르러 완비되었다.

524-정시석경(正始石經) ‖ 正始石經 ‖ 正始石経 ‖ Chính khởi thạch kinh ‖ Zhengshi Stone Sutra ◇한(漢)나라 말, 병란(兵亂)으로 희평석경(熹平石經)이 훼손되었다. 이에 위(魏)의 정시(正始) 연간에 다시 석경(石經)을 제작하였는데, 이 때문에 정시석경(正始石經)이라 부른다. 고문(古文), 전서(篆書), 예서(隸書)의 세 가지 서체(書體)를 갖추었고, 이 때문에 달리 삼자석경(三字石經) 혹은 삼체석경(三體石經)이라고도 부른다.

525-정음(定音) ‖ 定音 ‖ 読音を定めること ‖ Định âm ‖ Phonetic Fix ◇한자의 정음(定音: 독음의 확정)이란 현대 한어(漢語)에서 용자(用字)의 표준 독음(讀音)을 확정하는 것을 가리킨다. 한자의 독음(讀音) 표준을 제정함으로써 한자 독음(讀音)의 정확성과 동일성을 확보한다.

526-정음자(正音字) ‖ 正音字 ‖ 公的に定められた音 ‖ Chữ chính âm ‖ Standard Pronunciation Character ◇정음자(正音字)는 정부에서 인가하고 규정한 바른 사용의 한자로서, 한자의 독음(讀音)과 필사(筆寫)가 규범에 부합하도록 확보하는 것을 취지로 한다.

527-정자(整字) ‖ 整字 ‖ ☆ ‖ Chuẩn hoá chữ viết ‖ Whole Characters ◇정자(整字)는 한자의 형, 음, 의 세 가지 특징을

갖춘 완전한 한자를 말한다.

528-정자(正字) ‖ 正字 ‖ 正字 ‖ Chính tự ‖ Standard Character ◇정자(正字)는 자형 필사(筆寫)의 규범에 부합하고, 표준에 합치하는 한자를 가리킨다.

529-정자법(正字法) ‖ 正字法 ‖ 正書法 ‖ Phương pháp viết chữ chính tự ‖ Standard Character Method ◇정자법(正字法)은 문자 필사의 규범성 법칙에 관한 것으로, 문자의 형체(形體) 표준과 사용 규칙을 규정하여 문자의 정확성과 일관성을 확보하는 것이다.

530-정자통(正字通) ‖ 正字通 ‖『正字通』‖ Chính tự thông (từ điển chữ chuẩn) ‖ Zheng Zi Tong ◇『정자통(正字通)』은 자서(字書)로서, 12권으로 되었으며, 명말 장자열(張自烈)의 저술로 알려졌으나, 혹은 요문영(廖文英)이 저자라고도 한다. 청나라 사람들은 요문영이 장자열의 원고를 구입하여 자신의 것으로 삼았다고 했다. 장자열의 자는 이공(爾公)이며, 의춘(宜春은 지금의 강서성에 속한) 사람이다. 책 앞에 나열된 만주문자 12자는 요문영이 추가한 것으로 보인다. 총 33,000여 자를 수록하여『자휘』의 체례를 따라 증정했다. 배열과 석의에서 『자휘』보다 나은 점이 많으나, 인용이 번잡하여 자주 억지스러운 설이 있다.

531-정체(正體) ‖ 正體 ‖ 正体/正字体 ‖ Chính thể ‖ Orthodox Style ◇정체(正體)는 다음의 두 가지 뜻이 있다. (1) 규범적 한자 자형, (2) 병음문자(拼音文字)의 인쇄체(印刷體)를 말한다.

532-정체자(正體字) ‖ 正體字 ‖ 正体字/正字 ‖ Chữ chính thể ‖ Regular Script Characters ◇정체자(正體字)는 자형 즉 구조와 필획의 규범에 부합하는 한자로서, 한자 필사(筆寫)의 표준 형식이 되는 글자를 말한다.

533-정형(定形) ‖ 定形 ‖ 字体の標準を定めること ‖ Định

hình ‖ Fixed Form ◇한자의 정형(定形: 형체의 확정)은 현행 한자의 표준 자형을 규정하는 것을 말한다. 한자의 자형 표준을 제정함으로써, 한자 필사(筆寫)의 규범성과 일치성을 확보한다.

534-정형부수(正形部首) ‖ 正形部首 ‖ 正規の部首字形* ‖ Bộ thủ chính hình ‖ Standard Form Radical ◇정형부수(正形部首)는 '주부수(主部首)' 또는 '규정부수(規定部首)'라고도 하는데, 한자 부수 체계에서 대표성과 규범성을 지닌 부수의 형태를 가리킨다.

535-제1차 이체자 정리표(第一批異體字整理表) ‖ 『第一批異體字整理表』‖ 『第一次異体字整理表』‖ Bảng điều chỉnh chữ dị thể chữ đợt 1 ‖ First Batch of Variant Characters Sorting Table ◇『제1차 이제차 정리표』는 정부(官方)에서 마련한 제1차 한자 이체자(漢字異體字)에 대한 정리 성과이다. 제1차 이체자 정리표(第一批異體字整理表)는 810세트(組)의 이체자(異體字)를 수록하였으며, 간략화(簡略化)와 통속화(通俗化)의 원칙에 근거하여 그중 810자를 정체(正體)로 선정하고 1,055자의 이체자(異體字)를 삭제했다.

536-제2차 간화자(二簡字) ‖ 二簡字 ‖ 第二次簡体字 ‖ Chữ giản hóa lần hai ‖ Second Simplified Characters ◇민간에서는 통속적으로 『제2차 한자간화방안(第二次漢字簡化方案)』을 '제2차간화자(二簡字: 이간자)'라고도 부르는데, 이는 중국문자개혁위원회(中國文字改革委員會)에서 1950년대에 『한자간화방안(漢字簡化方案)』이 통과된 후, 1975년 5월 15일에 제시한 한자 간화 방안이다.

537-제안(提按) ‖ 提按 ‖ ☆ ‖ Nét đề và án (nét nhấn và thả trong thư pháp) ‖ Ti An ◇제안(提按)의 경우, 제(提)는 수직 방향으로 붓을 들어 올리되 종이 면에서 떨어지지 않게 하는 용필법이다. 또 안(按)은 '제'와 상대되는 필법으로, 수직 방향으로 붓을

누르는 용필법을 말한다.

538-조자계승관계(造字相承關係) ‖ 造字相承關係 ‖ ☆ ‖ Mối quan hệ kế thừa trong tạo chữ ‖ Character Creation Inheritance Relationship ◇조자계승관계(造字相承關係)는 한자의 창조와 변화의 과정에서 새로 만들어진 글자가 종종 이미 존재하는 한자를 계승하고 발전하는 기초 위에서 형성된 것을 가리킨다. 이러한 계승과 발전은 자형, 자음(字音), 자의(字義) 등 여러 방면에서 구현될 수 있다.

539-조자동구(造字同構) ‖ 造字同構 ‖ 複合*/合体* ‖ tạo chữ có cấu trúc tương đồng ‖ Homologous Character Creation ◇조자동구(造字同構)란 한자 설계에서 두 개 혹은 그 이상의 조형(造形)(통상 한자 또는 한자의 부건(部件)을 가리킴)을 하나로 통합하여 공동으로 하나의 새로운 요소를 구성하는 과정을 일컫는다.

540-조자법(造字法) ‖ 造字法 ‖ 造字法 ‖ Phương pháp tạo chữ ‖ Character Creation Method ◇조자법(造字法)은 한자의 구조 방법을 가리킨다. 한(漢)나라 이래로 한자의 조자법(造字法)은 '육서(六書)', 즉 상형(象形), 지사(指事), 회의(會意), 형성(形聲), 전주(轉註), 가차(假借)로 귀납되었다. 그러나 엄격히 말해서, 전주(轉註)와 가차(假借), 이 두 가지는 용자(用字)의 방법에 속해야 하며, 직접적인 조자법(造字法)은 아니다. 따라서 실제 논의에서는 보통 상형(象形), 지사(指事), 회의(會意), 형성(形聲) 네 가지를 주요 조자법(造字法)으로 삼는다.

541-조자원칙(造字原則) ‖ 造字原則 ‖ 造字原理/造字規則 ‖ Nguyên tắc tạo chữ ‖ Character Creation Principles ◇조자원칙(造字原則)은 한자의 창조와 변화 과정에서 준수하는 일련의 기본 준칙(準則)과 규율(規律)을 가리킨다.

⁵⁴²-조체(趙體) ‖ 趙體 ‖ 趙体 ‖ Triệu thể ‖ Calligraphy style of Zhao Mengfu ◇조체(趙體)의 대표 인물은 원(元)나라의 조맹부(趙孟頫)이다. 특징으로는 원윤청수(圓潤清秀는 둥글고 윤기 있으며 맑고 수려함), 단정엄정(端正嚴謹은 바르고 반듯하며 엄격하고 신중함)하면서도 행서(行書)의 표일연수(飄逸娟秀는 자유롭게 날아가는 듯하면서도 우아하고 수려함)함을 잃지 않아 세상에서 '조체(趙體)'라 부른다.

⁵⁴³-조충서(鳥蟲書) ‖ 鳥蟲書 ‖ 鳥虫書 ‖ Điểu trùng thư ‖ Bird and Insect Script ◇조충서(鳥蟲書)는 전서(篆書)의 변체(變體)이다. 그 모양이 새(鳥)나 벌레(蟲)의 형상과 같았기에 그렇게 이름 지어졌다.

⁵⁴⁴-족휘문자(族徽文字) ‖ 族徽文字 ‖ 族徽文字/族徽/部族標識/族徽章/図象記号 ‖ Chữ biểu tượng của bộ tộc ‖ Clan Emblem Characters ◇족휘문자(族徽文字)는 방국족씨명문(方國族氏銘文)이라고도 하며, 은주 시기 국족의 특수 표지로, 보통 하나 또는 몇 개의 상형성이 강한 문자로 구성되었다.

⁵⁴⁵-종정문자(鐘鼎文字) ‖ 鐘鼎文字 ‖ 鐘鼎文字 ‖ chữ viết trên chuông đỉnh ‖ Zhong Ding Script ◇종정문자(鐘鼎文字)는 금문(金文)을 가리키는데, 고대 청동기에 주조하거나 새긴 문자(文字)를 지칭한다. 그 서체(書體)는 소전(小篆)과 다르다. 고대 청동기(銅器) 중 종(鐘)과 정(鼎)은 중요한 기물이었으므로, 종정(鐘鼎)이라고 하면 그 나머지 청동기까지 포괄할 수 있기에 종정문자(鐘鼎文字)라고 부른다.

⁵⁴⁶-좌서(左書) ‖ 左書 ‖ 左書/左文* ‖ Tả thư ‖ Zuo Shu ◇좌서(左書)는 달리 '좌서(佐書)'라고 하기도 하는데, 이는 예서(隸書)에 대한 또 다른 명칭이다.

⁵⁴⁷-주문(朱文) ‖ 朱文 ‖ 朱文 ‖ Chu văn (chữ khắc dương, thường

tô đỏ) ‖ Zhu Wen ◇주문(朱文)은 종이나 비단에 찍히는 인문이 백지적자(白地赤字는 흰 바탕에 붉은 글자)로 나타나며, 양문(陽文)이라고도 한다.

548-주문(籒文) ‖ 籒文 ‖ 籒文 ‖ Trừu văn ‖ Zhou Wen
◇주문(籒文)은 '주서(籒書)', '대전(大篆)'이라고도 한다. 『사주편(史籒篇)』에 기록되어 있기에 그런 이름이 붙었다. 글자체는 대부분 중첩되어 있으며, 춘추전국시대에 진(秦)나라에서 통용되었으며, 전문(篆文)과 유사하다. 오늘날 남아있는 석고문(石鼓文)이 바로 이러한 글자체의 대표적인 예이다.

549-주음문자(注音文字) ‖ 注音文字 ‖ 注音文字 ‖ Chữ ghi âm ‖ Phonetic Notation System ◇주음문자(注音文字)는 한자의 발음을 표기하기 위해 고안된 음성 기호 체계를 의미한다. 중국에서는 1918년에 제정된 주음부호(注音符號, 보핀/ㄅㄆㄇㄈ)와 1958년에 공포된 한어병음(漢語拼音) 등이 대표적이며, 한자 학습과 사전 편찬에 활용된다. 대만에서는 여전히 주음부호를 공식적으로 사용하고 있다. 한국에서는 한글을 이용한 한자음 표기가, 일본에서는 가나(仮名)를 이용한 훈독(訓読み)과 음독(音読み) 표기가 주음문자의 기능을 수행한다. 베트남에서는 로마자 기반의 쿠옥응우(Quốc ngữ)가 한자 발음 표기에 사용된다. 주음문자체계는 한자 교육, 외국어로서의 한자어 학습, 언어학적 연구 등에 필수적인 도구로 활용된다.

550-주음부호(注音符號) ‖ 注音符號 ‖ 注音符号 ‖ Ký hiệu chú âm ‖ Phonetic notation ◇주음부호(注音符號)는 한어(漢語) 한자에 주음(注音)하기 위해 설정된 부호이다. 1913년 중화민국 정부에서 개발되었으며 '보포모포(ㄅㄆㄇㄈ)' 등의 독음부호를 사용하였으며, 현재 대만에서 사용된다. 총 37개의 기호로 구성되어 있으며, 성모(聲母) 21개, 운모(韻母) 16개로 이루어져 있다.

551-주음자모(注音字母) ‖ 注音字母 ‖ 注音符号 ‖ Chữ cái chú

âm ‖ Phonetic Alphabet ◇주음자모(注音字母)는 표준 한어(漢語) 표음 체계의 하나로, 장태염(章太炎)이 창제한 '뉴문(紐文)'과 '운문(韻文)'을 바탕으로, 1912년 중화민국 교육부에서 제정하고 1918년 정식 발표하였으며, 1930년 '주음부호(注音符號)'로 개칭되었다.

⁵⁵²-주형부건(主形部件) ‖ 主形部件 ‖ 主要構成要素 ‖ Bộ chữ chính ‖ Principal graphic component ◇주형부건(主形部件)이란 한 조의 부건 중에서 대표성을 지니고 다른 부건을 지칭하는 역할을 하는 주도적인 부건을 가리킨다.

⁵⁵³-주형부수(主形部首) ‖ 主形部首 ‖ 主要な部首 ‖ Bộ thủ chính ‖ Principal radical ◇주형부수(主形部首)는 '주요부수(主要部首)' 또는 '기본부수(基本部首)'라고도 하는데, 한자 중에서 가장 흔하게 보이고 가장 기본이 되는 부수(部首)를 가리킨다. 주형부수는 한자를 구성하는 기본 요소 중 하나이다.

⁵⁵⁴-죽서(竹書) ‖ 竹書 ‖ 竹書/竹簡文字 ‖ Trúc thư ‖ Bamboo Script ◇종이가 없던 고대에는 죽간(竹簡)에다 사건을 기록하고 글을 썼다. 후대 사람들은 이를 엮어 책으로 만들었고, 이를 죽서(竹書)라고 불렀다.

⁵⁵⁵-준합체자(準合體字) ‖ 準合體字 ‖ 準合体字 ‖ Chữ chuẩn hợp thể ‖ Approximative Compound Character ◇준합체자(準合體字)는 두 개 이상의 부건(部件)이 조합되어 이루어진 한자를 가리킨다.

⁵⁵⁶-준합체표의법(準合體表意法) ‖ 準合體表意法 ‖ 準合体表意法* ‖ Phương pháp hợp thể biểu ý ‖ Phương pháp hợp thể biểu ý ◇준합체표의법(準合體表意法)은 한자 구조에서 주로 두 개 이상의 부건(部件)을 조합하여 하나의 복잡한 개념이나 의미를 표현하는 조자법(造字法)을 가리킨다.

⁵⁵⁷-준합체표의자(準合體表意字) ‖ 準合體表意字 ‖ 準合体表意字*

‖ Chữ hợp thể biểu ý ‖ Approximative Compound Ideogram
◇준합체표의자(準合體表意字)는 한자학(漢字學)에서 두 개 이상의 부건(部件)이 조합되어 하나의 완전한 의미를 표현하는 글자를 가리킨다.

558-중국국가표준코드(國標碼) ‖ 國標碼 ‖ 国家標準コード ‖ Mã tiêu chuẩn quốc gia ‖ National Standard Code
◇중국국가표준코드(國標碼)는 중국에서 개발한 한자 인코딩 표준으로, 정식 명칭은 'GB코드(國家標準碼)' 또는 'Guobiao 코드'이다. 이는 중국 정부가 공식적으로 제정한 문자 정보 교환을 위한 인코딩 표준으로, 주로 중국어 텍스트의 디지털 표현을 위해 사용된다. GB코드는 여러 버전으로 발전해 왔으며, 가장 널리 알려진 것은 GB2312(1980년 제정), GBK(1995년), GB18030(2000년, 2005년 개정)이다. GB2312는 기본 한자 및 부호를 포함하고, GBK는 GB2312를 확장하여 더 많은 한자를 포함했으며, GB18030은 가장 포괄적인 버전으로 모든 유니코드 문자를 지원한다.

559-중문(重文) ‖ 重文 ‖ 重文 ‖ Diễn văn ‖ Dual Script
◇중문(重文)은 『설문해자(說文解字)』에서 통용자와 중첩되는 이체자(異體字)를 특별히 지칭한다. 중문(重文)은 대부분 고문(古文), 주문(籒文), 혹체(或體), 속자(俗字), 기자(奇字) 등에서 유래하였는데, 한자의 역사적 발전 과정에서 형성된 것들이다.

560-중문정보처리(中文資訊處理) ‖ 中文資訊處理 ‖ 中国語情報処理 ‖ Xử lý thông tin tiếng Trung ‖ Chinese Information Processing ◇중문정보처리(中文資訊處理)는 전자 컴퓨터를 이용하여 한어의 형, 음, 의 등 정보를 처리하고 가공하는 기술을 말한다. 글자, 단어, 구, 문단의 입력, 저장, 전송, 식별, 전환, 검색, 분석, 이해와 생성 등 방면의 처리 기술을 포함한다.

561-중봉(中鋒) ‖ 中鋒 ‖ 中鋒 ‖ Trung phong (nét giữa trong thư

pháp) ‖ Zhong Feng ◇중봉(中鋒)은 정봉(正鋒)이라고도 한다. 서사할 때 필봉이 필획의 중심을 유지하여 쓴 점획에 입체감이 있는 것으로, 서예 용필의 기본 요구이다.

⁵⁶²-중일한통일표의문자(中日韓統一表意文字/CJK) ‖ 『中日韓統一表意文字』(CJK) ‖ 『中日韓統一表意文字』(CJK) ‖ Chữ biểu ý thống nhất Trung-Nhật-Hàn (CJK) ‖ CJK Unified Ideographs ◇『중일한통일표의문자(中日韓統一表意文字/CJK)』는 중요한 인코딩 표준이다. 중문, 일문, 한문(및 후에 추가된 베트남어)에서 본질이 같고 형상이 같거나 약간 다른 표의문자(주로 한자이지만, 일본 국자, 한국 독자 한자, 베트남의 남자 등 한자 모방 문자도 포함)를 ISO 10646 및 유니코드 표준에서 동일한 인코딩을 부여하는 것을 목적으로 한다.

⁵⁶³-중첩부호(重文符號) ‖ 重文符號 ‖ 繰り返し記号/反復記号/重文符號 ‖ Ký hiệu trùng văn ‖ Dual Script Symbol ◇중첩부호(重文符號)는 문자적 성질이 아닌 일종의 필사부호(筆寫符號)로서, 앞서 이미 출현한 문자(文字) 혹은 어구(語句)를 대체하거나 지시함으로써 필사 공간을 절약하거나 반복 내용을 강조하는 목적을 달성하기 위해 사용된다.

⁵⁶⁴-중해(中楷) ‖ 中楷 ‖ 中楷 ‖ Trung khải ‖ Zhong Kai ◇중해(中楷)는 일반적으로 촌해(寸楷)라 불리며, 글자의 직경이 보통 4센티미터 정도 크기이다. 대표작으로는 구양순(歐陽詢)의 「구성궁예천명(九成宮醴泉銘)」, 안진경(顏真卿)의 「다보탑비(多寶塔碑)」, 추수량(褚遂良)의 「안탑성교서(雁塔聖教序)」 등이 있다.

⁵⁶⁵-중형자(重形字) ‖ 重形字 ‖ 構成要素が同一の別字 ‖ Chữ trùng hình ‖ Repeated Form Character ◇중형자(重形字)란 동일하며 독립적으로 특정한 의미를 표현할 수 있는 두 개 이상의 구성요소로 이루어진 한자를 가리킨다.

566-증백문자(繒帛文字) ‖ 繒帛文字 ‖ 繒帛文字*/帛書 ‖ Chữ viết trên lụa và vải ‖ Silk Texts ◇증백문자(繒帛文字)는 견직물(絲織品), 예를 들어 백(帛)이나 증(繒) 등에 써진 한자를 가리키는데, 이러한 견직물은 고대에 중요한 필사 재료 중 하나였다. 증백문자(繒帛文字)의 자형은 매우 공정(工整)하고 필획이 유창(流暢)한 편인데, 이는 당시 필사 예술(筆寫藝術)의 뛰어난 수준을 반영한 것이다.

567-지사(指事) ‖ 指事 ‖ 指事 ‖ Chỉ sự ‖ Zhi shi ◇지사(指事)는 한자 육서(六書)의 하나로, 상징적인 부호나 도형에 지시적 부호를 더해 의미를 표시하는 조자(造字) 방법이다. 예컨대 '목(木)'에 나무의 뿌리 부분을 표시하는 부호가 더하여 만들어진 '본(本)'이나 어떤 물체의 윗부분이나 아랫부분을 형상한 '상(上)'이나 '하(下)'자가 이에 해당한다.

568-지사부호(指事符號) ‖ 指事符號 ‖ 指事記號 ‖ Ký hiệu chỉ sự ‖ Zhi shi symbol ◇지사부호(指事符號)는 지사자(指事字)의 자의(字義)를 표시하기 위해 사용되는 추상적인 점획 부호를 말한다. 이러한 부호들은 사물의 구체적인 형상을 직접 묘사하는 것이 아니라, 상징적인 점획을 통해 추상적인 개념이나 사물의 상태를 나타낸다.

569-지사자(指事字) ‖ 指事字 ‖ 指事文字 ‖ Chữ chỉ sự ‖ Zhi shi character ◇지사자(指事字)는 추상적인 부호(符號)를 통해 구체적인 형상으로 묘사해 낼 수 없는 개념(概念)이나 사물(事物)의 상태(狀態)를 표시한다.

570-직능속성(職能屬性) ‖ 職能屬性 ‖ ☆ ‖ Thuộc tính chức năng ‖ Functional Attributes ◇직능속성(職能屬性)은 한자가 문자체계 내에서 수행하는 특정한 기능과 이에 따른 속성을 말하는데, 이는 개별 한자가 문장에서 맡는 문법적 역할(예:명사, 동사, 형용사 등), 의미적 범주(예:사물, 행위, 상태 등), 조어

기능(예:파생어나 합성어 형성 여부) 등의 특성을 포함한다. 이는 한자의 문법적·어휘적 기능을 분석할 때 사용되며, 특히 한자의 조어법 및 문법적 역할을 연구하는 데 중요한 요소로 작용한다.

571-직능전이(職能轉移) ‖ 職能的轉移 ‖ 転義による使用* ‖ Chuyển đổi chức năng ‖ Shift of Functionality
◇직능전이(職能轉移)란 어떤 한자가 본래 특정한 어휘나 의미를 기록하거나 표시하는 데 사용되었으나, 이후에는 더 이상 해당 어휘나 의미를 기록하거나 표시하는 데 사용되지 않고, 다른 어휘나 의미를 기록하거나 표시하는 데로 전이(轉移)되어 사용되는 현상을 말한다.

572-직접구건(直接構件) ‖ 直接構件 ‖ 直接的な構成要素* ‖ bộ phận cấu thành trực tiếp ‖ Direct component
◇직접구건(直接構件: 직접 구성 성분)은 한자 형체를 일차적으로 분해할 때 얻어지는 결과물로서, 한자 전체 글자를 직접 구성하는 구건(構件)을 말한다.

573-진계문자(秦系文字) ‖ 秦系文字 ‖ 秦系文字 ‖ hệ thống chữ viết thời Tần ‖ Qin lineage script ◇☞'진문자(秦文字)' 항목 참조.

574-진나라 팔체(秦書八體) ‖ 秦書八體 ‖ 秦書八体 ‖ Tần thư bát thể ‖ Eight Styles of Qin Script ◇진나라 팔체(秦書八體)는 진(秦)나라 때 통용되었던 여덟 가지 서체를 말한다. 즉 대전(大篆), 소전(小篆), 각부(刻符), 충서(蟲書), 모인(摹印), 서서(署書), 수서(殳書), 예서(隸書) 등의 여덟 가지를 포함하는데, 이를 팔체(八體)라고 한다.

575-진문자(秦文字) ‖ 秦文字 ‖ 秦文字 ‖ văn tự nhà Tần ‖ Qin script ◇진문자(秦文字)는 춘추시대부터 전국시대를 거쳐 진(秦)이 중국을 통일한 이후 진 왕조에서 사용한 문자를 가리킨다. 이 문자체계는 진(秦)의 역사 발전 과정에서 점진적으로

발전하고 완비되어, 최종적으로 중국 문화의 가장 핵심적인
서체의 하나가 되었다. 달리 진계 문자(秦系文字)라고도 한다.

576-진서(真書) ‖ 真書 ‖ 楷書/楷書体 ‖ Chân thư ‖ Zhen Script
◇진서(真書)는 해서(楷書)를 말하는데, 원래는 예서(隸書)의
별칭이었다. 달리 정서(正書)라고도 한다.

577-진예(秦隸) ‖ 秦隸 ‖ 秦隸 ‖ Tần lệ ‖ Qin Clerical Script
◇진예(秦隸)는 '고예(古隸)'라고도 불리는데, 전서(篆書)를 기초로
하여 편리한 필사(筆寫)의 필요성에 부응하기 위해 만들어진
서체이다. 진예는 소전(小篆)의 복잡한 자형을 간소화하고,
균일하고 둥근 선을 평직하고 방정(方正)한 필획으로 변화시켜
필사(筆寫)에 편리하게 하였다. 진예(秦隸)의 출현은 중국
서예사에서 중대한 변혁으로, 점차 진(秦)의 소전(小篆)을
대신하여 관방(官方) 서체의 지위를 차지하게 되었으며, 후대의
한예(漢隸)의 기초를 마련하였다.

578-진전(秦篆) ‖ 秦篆 ‖ 秦篆 ‖ Tần triện ‖ Qin Seal Script
◇진전(秦篆)은 바로 소전(小篆)을 말한다. 연구에 따르면,
이사(李斯)가 문자(文字)를 제정할 때 주문(籀文)과 고문(古文)을
근거로 하여 필획(筆劃)을 간략화하고 일치되게 하고자 하였는데,
이를 진전(秦篆) 또는 소전(小篆)이라고 부른다.

579-집필법(執筆法) ‖ 執筆法 ‖ 執筆法 ‖ Phép cầm bút ‖ Brush
Holding Method ◇집필법(執筆法)은 붓으로 글자를 쓸 때의
집필 방법을 말한다. 전인들이 전한 집필법은 일반적으로 당
육희성(陸希聲)이 전한 "엽(擪), 압(押), 구(鉤), 격(格), 저(抵)"의
다섯 가지 집필법을 채택했다.

580-쯔놈(喃字) ‖ 喃字 ‖ 字喃/チュノム/ノム字 ‖ Chữ Nôm ‖ Nan
Characters ◇쯔놈(喃字)은 베트남이 베트남어를 서사하기 위해
차용한 한자와 한자 형식을 모방하여 창조한 문자이다. 대략 서기
9세기 중국 만당 시기에 성숙되었다. 베트남어에서는 수식어가

중심어의 뒤에 오므로 '쯔놈'은 곧 '베트남 글자'라는 뜻이며, 통속적으로 이해하기 쉬운 글자라는 의미이다.

차

581-차용기원문자(借源文字) ‖ 借源文字 ‖ ☆ ‖ Chữ mượn từ nguồn khác ‖ Borrowed Script ◇차용기원문자(借源文字)는 다른 문자를 참고(參考)하거나 모방하여 창조한 문자를 말한다.

582-차용자(次用字) ‖ 次常用字 ‖ 次常用字 ‖ Chữ thường dùng thứ cấp ‖ Less Commonly Used Characters ◇1988년의 『현대한어상용자표(現代漢語常用字表)』에서는 2,500개의 상용자(常用字)와 1,000자의 차용자(次用字)를 규정하였다.

583-차자(借字) ‖ 借字 ‖ 借用字 ‖ Chữ mượn ‖ Borrowed word ◇차자(借字)는 음성 형식과 의미가 모두 외민족 언어에서 차용된 글자를 말한다.

584-착간(錯簡) ‖ 錯簡 ‖ 錯簡 ‖ Thác giản ‖ Cuo Jian ◇착간(錯簡)의 경우, 고서는 대부분 죽간, 목독에 쓰였으며, 끈으로 차례대로 연결되어 있었는데, 끈이 부식되어 끊어지면서 죽간, 목독의 순서가 어지러워진 것을 말한다. 후에 고서 중의 문자가 전도되어 혼란스러운 것도 지칭한다.

585-착금서(錯金書) ‖ 錯金書 ‖ 錯金書 ‖ Thác kim thư ‖ Cuo Jin Shu ◇착금서(錯金書)는 황금을 망치로 두드려 금사나 금편으로 만든 다음, 금속 기물 표면에 끼워 넣어 각종 화문, 도상이나 문자를 구성하는 것으로, 고대 금속공예와 문자예술이 결합된 독특한 표현 형식이다.

586-착별자(錯別字) ‖ 錯別字 ‖ 誤字と別字 ‖ Chữ sai, chữ viết sai ‖ Mistaken Character ◇착별자(錯別字)는 착자(錯字)와 별자(別字)로 나뉜다. 착자(錯字)는 글자의 필획(筆畫), 필형(筆形), 또는 구조(結構)상 잘못 쓴 글자를 말하며, 별자(別字)는 본래

어떤 글자를 써야 하는데, 다른 글자로 잘못 쓴 경우를 가리킨다.

587-창힐조자설(倉頡造字說) ‖ 倉頡造字說 ‖ 蒼頡造字説/倉頡造字説 ‖ Thuyết Thương Hiệt tạo chữ ‖ The Legend of Cangjie Creating Characters ◇창힐조자설(倉頡造字說)은 한자 기원에 대한 학설 중의 하나이다. 이 관점에 따르면, 한자는 문(文)에서 기원하였고, 문(文)은 상형(象形) 이후에 기원하였으며, 창힐(倉頡)이 정리 회편(彙編)하여 상대적으로 규범화된 문자(文字)를 형성하였다고 여긴다.

588-철운장귀(鐵雲藏龜) ‖ 『鐵雲藏龜』‖ 『鉄雲蔵亀』‖ Thiết Vân tàng quy ‖ Tie Yun Cang Gui ◇『철운장귀(鐵雲藏龜)』는 청말 유악(劉鶚, 자가 철운)이 편찬했다. 광서 29년 포잔수결재(抱殘守缺齋) 석인본이다. 편자는 최초의 갑골 수집가 중 한 명으로, 이 책은 그가 소장한 5,000여 편 중 1,058편을 선별 인쇄한 것으로, 갑골문자를 수록한 최초의 책이다.

589-첩문(疊文) ‖ 疊文 ‖ 重文/重文符号 ‖ Điệp văn ‖ Overlapping Script ◇첩문(疊文)은 두 개 이상의 동일한 글자가 특정한 순서에 따라 중첩되어 이루어진 합체자(合體字)를 말한다. 이러한 구성 방식은 한자에서 상대적으로 드물게 보이지만, 독특한 구성 형식과 표의 특징을 지니고 있다.

590-첩자쌍음어(疊字雙音詞) ‖ 疊字雙音詞 ‖ 畳字複音語* ‖ Từ song âm lặp chữ ‖ Reduplicated Disyllabic Words ◇첩자쌍음어(疊字雙音詞)는 중국어 어휘 체계에서 발견되는 독특한 단어 구성 방식인데, 이는 동일한 한자가 두 번 연속해서 사용되어 하나의 쌍음절 단어를 형성하는 것을 말한다. 이러한 단어들은 주로 일상생활에서 자주 사용되며, 특히 친족 관계를 나타내는 호칭에서 많이 볼 수 있다. 예를 들어 '奶奶(할머니)', '姐姐(누나)', '孩孩(아이)' 등이 대표적이다. 첩자쌍음사는 특히 아동어와 구어체 표현에서 빈번하게 사용되어 중국어의 일상적인

언어 사용에서 중요한 부분을 차지하고 있다.

591-청대 해서(淸楷) ‖ 淸楷 ‖ 淸楷 ‖ Thanh khải ‖ Qing Regular Script ◇청대 해서(淸楷)는 명나라 해서(明楷)의 기초 위에서 발전하였으며, 유용(劉墉), 옹방강(翁方綱), 영성(永瑆) 등의 작품이 대표적이다.

592-청예(淸隸) ‖ 淸隸 ‖ 淸隸 ‖ Thanh lệ ‖ Qing Clerical Script ◇청대 예서(隸書)는 이전 조대의 예서를 계승한 기초 위에서 또 새로운 발전이 있었는데, 이 자형은 다양하고 스타일(風格)이 각기 다른 특징을 가진다.

593-초기문자(初文) ‖ 初文 ‖ 初文 ‖ Chữ sơ khai ‖ Proto-writing ◇초기문자(初文)은 동일한 한자의 초기 필사 형태를 가리키는데, 대부분 독체자(獨體字)이며, 이는 '후기자(後起字)'와 상대되는 개념이다.

594-초기창제문자(初造字) ‖ 初造字 ‖ 最初の造字* ‖ chữ tạo ban đầu ‖ Initial Character Creation ◇초기창제문자(初造字)는 최초로 창조된 문자를 말한다.

595-초백서(楚帛書) ‖ 楚帛書 ‖ 楚の帛書 ‖ Sở bác thư ‖ Chu Silk Texts ◇초백서(楚帛書)는 '초증서(楚繒書)'라고도 하는데, 중국 고대에 견백(絹帛: 비단) 에 쓴 문서이다.

596-초서(草書) ‖ 草書 ‖ 草書 ‖ Thảo thư ‖ Cursive Script ◇초서(草書)는 한자의 서체 이름(書體名)인데, 예서(隸書)가 통행된 이후의 초솔한 필사체(草寫體)로, 그 필사(筆寫)가 편리하여 달리 '초예(草隸)'라고도 한다. 이는 장초(章草), 광초(狂草), 금초(今草) 등으로 나뉜다.

597-초서 해서화(草書楷化) ‖ 草書楷化 ‖ 草書の楷書化 ‖ chữ Thảo Khải hóa ‖ Cursive Script Regularization ◇초서 해서화(草書楷化)는 한자 초서(草書) 자형을 해서(楷書)의

필법(筆法)으로 규범화하여 고쳐 씀으로써, 자형을 간략하게 만드는 것을 가리키는데, 한자 간화(簡化) 방법의 하나이다. 한자 초서(草書) 자형을 해서(楷書)의 필법(筆法)으로 규범화하여 고쳐 씀으로써, 자형을 간략하게 만들 수 있다.

⁵⁹⁸-초예(草隸) ‖ 草隸 ‖ 草隸 ‖ Thảo lệ ‖ Cursive Clerical Script
◇초예(草隸)는 위진남북조시대(魏晉南北朝時代)에 형성된 초서(草書)로 써진 예서(隸書)의 한 서체(書體)를 지칭한다. 초서(草書)는 예서(隸書)가 통용된 이후의 서체(書體)로서, 그 필사(筆寫)의 편리함을 취하였기에 또한 초예(草隸)라고도 불린다.

⁵⁹⁹-초체가나(草體假名) ‖ 草體假名 ‖ 草体仮名 ‖ Thảo thể giả danh ‖ Cursive Jia Ming ◇초체가나(草體假名), 특히 평가나는 일본어의 중요한 서사 형식으로, 중국 고대 한자의 초서에서 발전했다. 이러한 변화 과정은 일본 헤이안 시대(平安時代, 794-1185) 초기에 일어났으며, 한자의 훈독을 위해 사람들이 초서의 변체를 사용하여 일본어의 발음을 표기하기 시작했다. 시간이 흐르면서 이러한 초서 변체는 점차 자신만의 독특한 자형과 서사 규칙을 형성하여 일본어 서사 체계의 필수적인 부분이 되었다.

⁶⁰⁰-추상상형기호(抽象象形符號) ‖ 抽象象形符號 ‖ 抽象的な視覚記号 ‖ Ký hiệu tượng hình trừu tượng ‖ Abstract Pictographic Symbols ◇추상상형기호(抽象象形符號)란 문자(文字) 또는 도형 표현에서 구체적인 형상을 통해 직접적으로 객관적 사물을 반영하는 것이 아니라, 추상적인 점(點), 선(線), 면(面) 등의 요소 변화를 통해 그 함의나 의미를 표현하는 부호 체계를 가리킨다.

⁶⁰¹-추상자(抽象字) ‖ 抽象字 ‖ 抽象概念を表す文字/抽象文字* ‖ Chữ trừu tượng ‖ Abstract Character ◇추상자(抽象字)는 한자 중에서 추상적인 의미를 가진 글자를 가리킨다. 즉 이러한 글자들은 인물(人物), 물품(物品) 등과 같이 구체적으로 존재하는 것이 아니라, 일종의 추상적인 개념(概念), 즉 감수(感受),

정서(情緖) 또는 철학사상(哲學思想) 등 무형(無形)의 사물(事物)을 표현하는 데 사용된다.

⁶⁰²-추상형부(抽象形符) ‖ 抽象形符 ‖ 抽象符号 ‖ Hình phù trừu tượng ‖ Symbol with Abstract-Shape ◇추상형부(抽象形符)는 특정한 형상(形狀)이나 구조(構造)를 통해 어떤 추상적 개념을 대표한다. 이러한 부호(符號)의 형상이나 구조는 한자 구성(構成)에 있어서 일정한 안정성과 전승성(傳承性)을 지니고 있다.

⁶⁰³-축약자(縮寫字) ‖ 缩写字 ‖ 略字/略語* ‖ Chữ viết tắt ‖ Abbreviated Character ◇축약자(縮寫字)는 필사(筆寫)의 편의와 교류의 효율성을 제고하기 위해, 원래 비교적 긴 단어(語詞)나 구(詞組)를 생략(省略), 간화(簡化) 혹은 대체(替換) 등의 방식을 통해 축약시켜 형성된 문자 형식을 말한다.

⁶⁰⁴-충서(蟲書) ‖ 蟲書 ‖ 虫书/鸟虫书* ‖ Trùng thư ‖ Insect Script ◇☞'조충서(鳥蟲書)' 항목 참조.

⁶⁰⁵-칠기문자(漆器文字) ‖ 漆器文字 ‖ 漆器文字 ‖ văn khắc trên đồ sơn mài ‖ Lacquerware Inscriptions ◇칠기문자(漆器文字)는 옻칠(漆)을 한 기물에 쓰여 있는 문자를 말한다.

⁶⁰⁶-칠서(漆書) ‖ 漆書 ‖ 漆書 ‖ chữ viết trên đồ sơn mài ‖ Lacquer Script ◇칠서(漆書)는 칠로 쓴 문자이다. 전하는 바에 의하면, 공자 가택의 벽 속에서 발견된 고문경서가 칠로 쓰여져 있어서 이렇게 명명되었다고 한다.

타

607-탁본(拓本) ‖ 拓本 ‖ 拓本 ‖ Thác bản ‖ A book of rubbings
◇탁본(拓本)은 금석(金石), 비갈(碑碣), 인장(印章)의 글씨나 그림을 종이에 옮겨 찍어내는 것을 모두 '탁본'이라 부른다. 이는 특정한 기술적 수단을 통해 비각이나 기물상의 문자나 도안을 종이로 전이시켜 형성된 복제품이다.

608-통가자(通假字) ‖ 通假字 ‖ 通仮字 ‖ Chữ thông giả (chữ thông mượn) ‖ Tong Jia Zi ◇통가자(通假字)는 독음(讀音) 또는 자형이 동일하거나 근사한 글자로 본래의 글자를 대체하는 현상을 지칭한다. 통가자(通假字)는 고대 한자에서 같거나 비슷한 독음을 가진 다른 글자를 빌려 쓴 것을 말한다. 이는 가차(假借)의 한 형태로, 본래의 글자 대신 같은 음을 가진 다른 글자로 대체하여 표기하는 것이다. 예를 들어 『시경(詩經)』에서 '래(來)'를 '래(萊)'로 쓰거나, '이(而)'를 '이(爾)'로 쓰는 것이 통가자의 예이다. 이러한 통가 현상은 고대 한자의 음운 체계를 연구하는 데 중요한 자료가 되며, 고문헌 해독에서도 핵심적인 개념이다.

609-통계한자학(統計漢字學) ‖ 統計漢字學 ‖ 統計漢字学/計量漢字学* ‖ Hán tự học thống kê ‖ Statistical Chinese Characterology
◇통계한자학(統計漢字學)은 통계학(統計學)의 원리와 방법을 운용하여 한자학(漢字學) 관련 문제를 연구하는 학문을 말한다.

610-통속문자(通俗文字) ‖ 通俗文字 ‖ 俗字/俗体字 ‖ Chữ thông tục ‖ Popular Script ◇통속문자(通俗文字)는 관방 표준문자(官方標準文字) 또는 경전문헌(經典文獻) 중의 문자(文字)와 상대적인 개념으로, 주로 민간(民間)에서 광범위하게 유전되고 사용되며 일정한 보편적 인지도를 지닌 문자형식을

가리킨다.

611-통용(通用)/**보통**(普通)/**일반**(一般)
문자학(文字學) ‖ 通用/普通/一般文字學 ‖ 通用文字学/普通文字学/一般文字学 ‖ Văn tự học thông dụng/phổ thông ‖ General/Universal/Standard Philology
◇보통문자학(普通文字學)은 '통용문자학' 혹은 '일반 문자학'이라고도 하는데, 주로 세계 각종 문자(文字)의 기원(起源), 성질(性質), 특점(特點), 발전(發展), 변화 및 문자의 응용과 관련된 각종 문제를 연구하며, 인류 문자의 구성과 응용의 일반 규칙을 밝히는 것을 목표로 한다.

612-통용규범한자표(通用規範漢字表) ‖ 『通用規範漢字表』 ‖ 『通用規範漢字表』 ‖ Bảng chữ Hán quy phạm thông dụng ‖ General Standard Chinese Characters Table ◇『통용규범한자표』는 중화인민공화국 교육부(中華人民共和國教育部)와 국가어언문자공작위원회(國家語言文字工作委員會)가 연합하여 조직 연구 제작한 한자 사용 규범 한자자표(漢字字表)를 말한다.

613-통용부건(通用部件) ‖ 通用部件 ‖ 一般的な構成要素 ‖ Bộ chữ thông dụng ‖ Universal Components ◇통용부건(通用部件)은 두 개 이상의 한자를 직접 구성할 수 있는 부건을 말한다.

614-통용자(通用字) ‖ 通用字 ‖ 通用字 ‖ Chữ thông dụng ‖ Commonly Used Characters ◇통용자(通用字)는 사용 과정에서 서로 통용하여 바꾸어 쓸 수 있는 한자를 가리키는데, 이에는 동음통용(同音通用), 동의통용(同義通用), 고금통용(古今通用) 등이 포함된다.

615-통용한자(通用漢字) ‖ 通用漢字 ‖ 共通漢字/一般的な漢字 ‖ Chữ Hán thông dụng ‖ General-use Chinese Characters
◇통용한자(通用漢字)는 특정 시기에 출판인쇄, 사전편찬, 한자정보처리 등의 영역에서 사용해야 하는 한자를 가리키며,

여기에는 인명(人名), 지명(地名), 과학기술용어(科技術語) 등 전문 영역에서만 쓰이는 전용한자(專用漢字)는 포함되지 않는다.

616-통행자(通行字) ‖ 通行字 ‖ 共通漢字/一般的な漢字 ‖ Chữ thông dụng ‖ Commonly Used Character ◇통행자(通行字)는 일상생활에서 광범위하게 사용되고, 보편적 인지도를 갖춘 한자를 가리킨다. ☞'통용자' 항목 참조.

617-통행한자식묘문자(通行漢字式苗文) ‖ 通行漢字式苗文 ‖ 漢字系文字の苗文/ミヤオ文字 ‖ Chữ Miêu dạng chữ Hán phổ thông ‖ Common Han Miao Script
◇통행한자식묘문자(通行漢字式苗文)는 한자의 자형, 구조, 조자법 등을 참고하거나 의지하여 창조한 묘족 문자를 말한다.

618-특수문자/부건(特殊字符/件) ‖ 特殊字符/件 ‖ ☆ ‖ Ký tự/bộ phận tạo chữ đặc biệt ‖ Special Character/Component
◇특수문자(特殊字符) 혹은 특수부건(特殊字件)은 전통적 또는 상용문자(常用字符)에 비해 사용 빈도가 낮고, 특정한 기능이나 함의를 지닌 문자를 가리킨다.

619-특수부건(特殊部件) ‖ 特殊部件 ‖ 特殊な構成要素 ‖ Bộ chữ đặc thù ‖ Special Components ◇특수부건(特殊部件)은 단 하나의 한자를 구성하거나 한 종류의 자형 구조에만 출현하는 부건을 말한다. 이러한 부건은 한자에서 사용 빈도가 상대적으로 낮으며, 보통 특정한 형태와 의미를 지닌다.

파

620-파생자(孳乳字) ‖ 孳乳字 ‖ 孳乳字* ‖ Chữ mở rộng ‖ Proliferated Characters ◇파생자(孳乳字)는 한자 발전 과정 중의 하나의 중요한 현상으로, 한자가 파생, 연변 등의 방식을 통해 생성된 새로운 글자를 가리킨다.

621-파스파문자(八思巴字) ‖ 八思巴字 ‖ パスパ文字 ‖ Chữ Bát Tư Ba (Phát tư bát) ‖ Ba Si Ba Script ◇파스파문자(八思巴字)는 원나라 때 창제된 몽골 문자로, 음성문자의 일종이며, 원나라 시기에 '국자(國字)'로서 관방 문서에 광범위하게 사용되었다.

622-파음자(破音字) ‖ 破音字 ‖ 破音字/破読字 ‖ Chữ phá âm (chữ có nhiều cách đọc) ‖ Po Yin Zi ◇다음다의자(多音多義字)를 속칭 '파음자(破音字)'라고 하는데, 이는 두 개 이상의 독음을 가진 한자를 가리키며, 각각의 독음은 그 독립된 의미나 관용적 용법을 나타낸다.

623-파책(波磔) ‖ 波磔 ‖ 波磔 ‖ Gấp khúc ‖ Bo Zhe ◇파책(波磔)은 서예에서 우하방향의 납필(捺筆)이 종종 파도 모양이나 기복을 보이는 형태를 띠는 것을 파책이라 한다. 파책은 또한 서법의 각종 필획, 즉 점(點), 획(橫), 수(豎), 별(撇), 날(捺) 등을 포괄적으로 지칭할 수 있다. 서법의 한 필법으로서 파책의 특징은 필획의 기복과 전절(轉折은 방향을 바꾸거나 꺾음)에 있으며, 이러한 특징은 서법의 각종 필획에서 모두 구현된다.

624-파체자(破體字) ‖ 破體字 ‖ 破体字/構造を崩した俗字 ‖ Phá thể tự ‖ Broken Characters ◇파체자(破體字)는 정체(正體)에 부합하지 않는 속자(俗字)를 가리킨다.

625-파촉네모꼴문자(巴蜀方塊文字) ‖ 巴蜀方塊文字 ‖ 巴蜀方塊文

字 ‖ Chữ phương khối Ba Thục ‖ Ba Shu Square Script
◇파촉 네모꼴 문자(巴蜀方塊文字)는 전국시대 파촉 지역에서
사용된 문자로, 파촉 도형부호를 기초로 발전했다. 파촉 네모꼴
문자는 한자와 유사한 점이 있어 모두 네모꼴(方塊) 형태를
띠지만, 필획, 구조, 자형에서 한자와 뚜렷한 차이가 있다.
대부분은 현재까지 해독되지 않았으며, 소수만이 중원문자와
일치한다.

⁶²⁶-팔괘설(八卦說) ‖ 八卦說 ‖ 八卦起源說 ‖ Thuyết Bát
quái ‖ The Theory of the Eight Trigrams ◇팔괘설(八卦說)은
한자 기원에 관한 학설 중 하나인데, 한자의 기원을 팔괘(八卦)와
연관 지어 팔괘(八卦) 부호가 한자 기원의 한 형태라고 여긴다.

⁶²⁷-팔분서(八分書) ‖ 八分書 ‖ 八分/八分隸書 ‖ Bát phân thư ‖ Ba
Fen Script ◇팔분서(八分書)는 예서(隸書)의 한 종류인데,
분서(分書) 또는 분예(分隸)라고도 한다. 사람들은 뚜렷한
파책(波磔: 서예에서 글자의 마지막 획을 위로 올려 치듯이 쓰는
필법)의 특징을 지닌 예서(隸書)를 팔분서(八分書)라고 부른다.

⁶²⁸-팔체(八體) ‖ 八體 ‖ 八体 ‖ Bát thể ‖ Eight Styles
◇☞'진서팔체(秦書八體)' 항목 참조.

⁶²⁹-편가나(片假名) ‖ 片假名 ‖ 片仮名 ‖ Phiên giả danh
(Katakana) ‖ Katakana ◇편가니(片假名: カタカナ, katakana)는
일본어의 표음 부호(음절문자)의 한 종류로, 평가나, 만요가나와
함께 '가나'라고 통칭된다. 편가나는 한자의 해서 형식에서
유래하여 한자 필획을 간화하여 형성되었다. 편가나는 46개의
기저 글자로 구성되며, 이러한 자원은 보통 외래어 어휘, 과학기술
용어, 인명, 브랜드 등을 쓰는 데 사용된다.

⁶³⁰-편방(偏旁) ‖ 偏旁 ‖ 偏旁 ‖ Bộ thủ (bộ phận cơ bản của chữ
Hán) ‖ side component ◇편방(偏旁)은 한자 합체자(合體字)의
글자 구성 부건(構字部件)으로, 한자 합체자(合體字)의

상하좌우(上下左右) 어느 한 부분을 광범위하게 지칭하는 개념이다.

⁶³¹-**편방변형**(偏旁變形) ‖ 偏旁變形 ‖ 構成要素の変形 ‖ bộ thủ bàng dị hình ‖ Radical Transformation ◇편방변형(偏旁變形)은 글자구성(構字)과 글자필사(寫字) 과정에서 한자의 네모꼴(方塊形) 특징을 유지하기 위해, 독체자(獨體字)가 합체자(合體字)에서 편방부수(偏旁部首) 역할을 한 이후에 발생하는 변화를 의미한다. 이러한 변화는 두 가지 큰 유형으로 나뉜다. 하나는 편방부수(偏旁部首) 중 개별 필획(筆畫)의 변형인데, '수(水)'가 왼쪽 편방으로 쓰일 때 '수(氵)'로, '화(火)'가 아래쪽 부수로 쓰일 때 '화(灬)'로 변형되는 것이 그렇다. 다른 하나는 기본자(基本字)가 편방부수(偏旁部首)가 된 후에 일어난 전체적인 변형인데, '심(心)'이 왼쪽 편방으로 쓰일 때 전체 모양이 '심(忄)'으로 변하는 것이 그렇다.

⁶³²-**편방분석법**(偏旁分析法) ‖ 偏旁分析法 ‖ 構成要素からの字源分析法 ‖ Phương pháp phân tích bộ thủ bàng ‖ Radical Analysis Method ◇편방분석법(偏旁分析法)은 한자학(漢字學)에서 고대 한자를 해석하는 데 사용되는 방법의 일종이다. 이는 아직 식별되지 않은 고대 한자를 편방 부건(偏旁部件)으로 분해하고, 이미 식별된 편방 부건을 이용하여 미식별 편방 부건을 판별하고 확정한 뒤, 이러한 편방 부건을 다시 연결시켜 다른 조건들을 참조하며 고찰함으로써 고대 한자를 식별해 내는 방법이다.

⁶³³-**편방자형생략**(偏旁字形省略) ‖ 省略偏旁字形 ‖ 略字体/略字/省文 ‖ Chữ tinh lược bộ thủ bàng ‖ Omission of Radical Form ◇편방자형 생략(偏旁字形省略)은 한자의 발전 과정에서 필사 간화(筆寫簡化), 구조 조정(構造調整), 자형 연변(字形演變) 등의 원인으로 인해 일부 한자의 편방 부수(偏旁部首) 또는 그 일부분이 생략되어 새로운 자형을 형성하게 된 것을 지칭한다.

⁶³⁴-편방혼동(偏旁混同) ‖ 偏旁混同 ‖ 構成要素の混同 ‖ Nhầm lẫn bộ thủ bàng ‖ Radical Confusion ◇편방혼동(偏旁混同)은 한자에서 서로 다른 편방(偏旁)이 형체, 독음, 의미 등의 유사성으로 인해 잘못 동일시되거나 서로 혼동되는 현상을 말한다. 이러한 혼동은 필사(筆寫) 과정에서 발생할 수 있으며, 한자를 식별하고 이해할 때에도 나타날 수 있다.

⁶³⁵-평가나(平假名) ‖ 平假名 ‖ 平仮名 ‖ Chữ Kanji ‖ Hiragana ◇평가나(平假名은 히라가나)는 일본어의 표음문자 중 하나로, 한자의 초서(草書)에서 발전되어 왔다.

⁶³⁶-포백(布白) ‖ 佈白 ‖ 布白 ‖ Bố bạch ‖ Bu Bai ◇서예에서 포백(布白)은 중요한 술어와 개념으로, 글자의 점획 간의 짜임과 글자, 행 사이의 공백 관계를 배치하는 방법을 말한다.

⁶³⁷-표사문자(表詞文字) ‖ 表詞文字 ‖ 表語文字 ‖ Văn tự biểu từ ‖ Lexical Script ◇표사문자(表詞文字)는 형태소(語素)나 어휘(詞)를 기록하는 문자로, '어소문자(語素文字)' 또는 '사문자(詞文字)'라고도 하며, 통칭하여 표의문자(表意文字)라고 한다. 이 문자체계의 자부(字符)는 직접 의미를 표시할 뿐, 직접 독음을 표시하지는 않는다.

⁶³⁸-표사문자-어소문자(表詞文字-語素文字) ‖ 表詞文字-語素文字 ‖ ☆ ‖ văn tự biểu từ - văn tự ngữ tố ‖ Lexical Script - Morpheme Script ◇표사문자-어소문자(表詞文字-語素文字)는 사(詞: 단어) 또는 어소(語素: 언어의 최소 의미 단위)를 기록하기 위해 사용되는 문자체계이다.

⁶³⁹-표시구건(標示構件) ‖ 標示構件 ‖ ☆ ‖ Bộ phận chỉ thị ‖ Indicative Component ◇표시구건(標示構件: 표기구성성분)은 글자구성(構字)에 있어서 지시, 분화 작용을 하는 구건(構件)을 가리킨다. 이러한 구건들은 독립적으로 존재할 수 없으며, 반드시 다른 구건에 의지하여 글자 구성(構字)에

참여하고, 구별과 지시의 작용을 한다.

640-**표음문자(標音文字)** ‖ 標音文字 ‖ 表音文字 ‖ Văn tự biểu âm ‖ Phonetic Script ◇'표음문자(表音文字)' 항목 참조.

641-**표음문자(表音文字)** ‖ 表音文字 ‖ 表音文字 ‖ Văn tự âm tiết ‖ Phonetic Script ◇표음문자(表音文字)는 '표음문자(標音文字)'라고도 하는데, 이는 언어의 소리를 기호로 표시하는 문자체계를 말한다. 구체적으로는 음소나 음절을 일정한 부호로 나타내는 문자로, 한글이나 알파벳이나 가나(假名) 등이 대표적인 예이다. 예를 들어 '나무'라는 단어를 로마자로 'namu'로 쓰거나, 일본어 가나로 'なむ'로 쓰는 것처럼, 소리를 직접 문자로 나타내는 것이 표음문자의 특징인데, 이는 의미를 나타내는 한자와 같은 표의문자(表意文字)와 구별되는 개념이다.

642-**표음법(表音法)** ‖ 表音法 ‖ 表音法 ‖ Phương pháp biểu âm ‖ Phonetic Method ◇표음법(表音法)은 자모(字母)와 같은 일련의 부호(符號)를 통해 언어 중 음소(音素)나 음절(音節) 같은 음운 단위(音運單位)를 직접 표시하는 방법을 말한다.

643-**표음 부호(表音符號)** ‖ 表音符號 ‖ 発音符号/発音記号 ‖ ký tự biểu âm ‖ diacritical mark Symbol ◇표음 부호(表音符號)는 언어의 독음(讀音)을 나타내기 위한 하나의 부호체계를 가리키는데, 이러한 부호들은 그 자체로 직접 의미를 전달하지는 않고 어음(語音)의 서면 표시로서 기능한다.

644-**표음초기문자(表音初文)** ‖ 表音初文 ‖ ☆ ‖ Biểu âm sơ văn ‖ Phonetic Proto-writing ◇표음초기문자(表音初文)는 표음문자(表音文字) 발전의 초기 단계에서, 이러한 문자 형태는 간단한 부호나 자모를 사용하여 언어 중의 음운 단위를 나타내기 시작하였으나, 아직 완전하고 체계적인 표음 체계를 형성하지는 못하였다.

645-**표음편방(表音偏旁)** ‖ 表音偏旁 ‖ 声符(音符) ‖ Bộ thủ bàng

biểu âm ‖ Phonetic Radical ◇표음편방(表音偏旁)은 '성방(聲旁)' 또는 '음부(音符)'라고도 하며, 한자에서 자음(字音)을 나타내는 데 사용되는 편방(偏旁)이다. 이러한 편방(偏旁)은 일반적으로 특정 독음을 가진 한자에서 유래하며, 다른 한자에서 독음을 나타내는 구성요소로 기능한다.

646-표의구건(表義構件) ‖ 表義構件 ‖ 意符/義符 ‖ bộ phận biểu nghĩa ‖ Ideographic Component ◇표의구건(表義構件)은 한자에서 자의(字義)를 표시하는 데 쓰이는 편방(偏旁)을 가리키는데, 이러한 편방들은 자신의 자형이나 상징 의미를 통해 전체 한자의 의미 범주를 나타낸다.

647-표의독체자(表義獨體字) ‖ 表義獨體字 ‖ 单体字/字素 ‖ Chữ đơn thể biểu nghĩa ‖ Ideographic Independent Character ◇표의독체자(表義獨體字)는 구조상으로 더 분리할 수 없는, 단지 하나의 단독적이고 분할할 수 없는 부분으로 구성되며, 오로지 어휘의 의미만을 기록하는 한자를 가리킨다. 이러한 글자들은 대부분 상형자(象形字) 또는 지사자(指事字)로, 그것들의 형태와 의미 사이에는 직접적인 연관성이 존재한다.

648-표의문자(表意文字) ‖ 表意文字 ‖ 表意文字 ‖ Văn tự biểu ý ‖ Ideographic Script ◇표의문자(表意文字)는 상징적 필사부호(筆寫符號)를 사용하여 정보를 기록하는 문자체계(文字體系)로서, 그 특징은 부호(符號)와 그것이 대표하는 의미 사이에 직접적인 대응관계가 있다는 점이며, 음성(語音)이나 음절(音節)을 통해 간접적으로 표시하는 것이 아니다.

649-표의법(表意法) ‖ 表意法 ‖ 表意法 ‖ Phương pháp biểu ý ‖ Ideographic Method ◇표의법(表意法)은 중요한 문자 구조 원칙의 하나로, 문자 부호를 통해 직접 의미를 표현하는 방법을 말한다.

650-표의부호(表意符號) ‖ 表意符號 ‖ 表意符号 ‖ Ký hiệu biểu

ý ‖ Ideographic Symbol ◇표의부호(表意符號)는 한자의 의미를 나타내는 부호 체계로, 특히 형성자(形聲字)에서 의미를 나타내는 부수(部首)를 가리킨다. 예를 들어 '강(江)', '하(河)', '호(湖)', '해(海)' 등에서 '물'을 뜻하는 '수(水=氵)'부수, '송(松)', '백(柏)', '풍(楓)', '도(桃)' 등에서 나무를 뜻하는 '목(木)'부수, '상(想)', '한(恨)', '추(愁)', '우(憂)' 등에서 '마음'을 뜻하는 '심(心)'부수가 표의부호에 해당한다. 이러한 표의부호는 한자의 의미 구조를 분석하고 자형(字形)의 체계를 이해하는 데 핵심적 역할을 한다.

651-표의자(表意字) ‖ 表意字 ‖ 表意文字 ‖ Chữ biểu ý ‖ Ideographic Character ◇표의자(表意字)는 개괄한 내용의 의미에 근거하여 창조된 글자로, 그 기호는 대표하는 개념이나 사물을 직접 표시하며, 음성(音聲)을 통하지 않고도 전달할 수 있다.

652-표의체계(表意體系) ‖ 表意體系 ‖ 表意文字体系 ‖ Hệ thống biểu ý ‖ Ideographic System ◇표의체계(表意體系)란 기호를 통해 직접 그것이 대표하는 의미를 나타내는 문자체계를 가리킨다.

653-표의초기문자(表意初文) ‖ 表意初文 ‖ 表意文字の初期段階のもの/絵画文字* ‖ Biểu ý sơ văn ‖ Ideogrammatic Proto-writing ◇표의초기문자(表意初文)는 표의문자(表意文字) 발전의 초기 단계에서, 주로 도형 부호를 통해 사물의 의미를 나타내는 것을 지칭하며, 언어의 음성을 직접 표시하지는 않는다.

654-표의편방(表意偏旁) ‖ 表意偏旁 ‖ 意符/義符 ‖ Bộ phận biểu ý ‖ Ideographic Radical ◇표의편방(表意偏旁)은 달리 '형방(形旁)' 또는 '의부(義符)'라고도 불리는데, 한자에서 자의(字義)를 나타내는 데 사용되는 편방 부분이다. 이는 그 자체의 자형이나 상징적 의미를 통해 전체 한자의 의미 범주를 표시한다.

⁶⁵⁵-표준문자(標準文字) ‖ 標準文字 ‖ 標準文字 ‖ Văn tự tiêu chuẩn ‖ Standard Script ◇표준문자(標準文字)는 통상적으로 국가 또는 지역에서 반포한 표준, 규범에 부합하고 광범위하게 사용되는 문자 형식을 가리킨다. 이러한 문자 형식은 정리, 간소화 또는 통일을 거쳐 필사(筆寫), 열독(閱讀), 전파(傳播) 등의 측면에서 규범성과 일관성을 확보하고 있다.

⁶⁵⁶-표준초서(標準草書) ‖ 『標準草書』‖ 『標準草書』‖ Tiêu chuẩn Thảo thư ‖ Standard Cursive Script ◇『표준초서(標準草書)』는 1936년 우우임(于右任)이 편저했다. 우우임은 1930년부터 초서의 실용성 보급에 전념하여, 1932년 상해에서 표준초서사(標準草書社)를 설립하였다. 직접 사장을 맡아 주백민(周伯敏), 호공석(胡公石), 유연도(劉延濤) 등과 함께 표준초서를 연구하여 '쉽게 알아보고, 쉽게 쓰며, 정확하고, 아름다움'을 원칙으로 역사상 남아있는 초서를 정리하여 규범화했다. 후속 연구자로는 이보동(李普同), 김택자경(金澤子卿), 진묵석(陳墨石) 등이 있다. 중국, 일본 및 동남아 국가에 광범위한 영향을 미쳤다.

⁶⁵⁷-표형문자(表形文字) ‖ 表形文字 ‖ 象形文字 ‖ Văn tự biểu hình ‖ Morphological Script ◇표형문자(表形文字)는 객관적 사물의 외부 형상을 묘사하는 방식을 통해 해당 사물을 기록하고 표현하는 문자이다.

⁶⁵⁸-피휘자(避諱字) ‖ 避諱字 ‖ 避諱字 ‖ Chữ kỵ húy ‖ Taboo Characters ◇피휘자(避諱字)란 중국 고대 사회에서 도덕, 심미 또는 위험 회피 등의 이유로 사람들이 불쾌감을 주거나 모욕적인 말, 특히 군주, 어른 등 존귀한 사람의 이름과 관련된 글자를 말하거나 듣기 원치 않기 위해 그 글자를 피하여 사용한 글자를 말한다.

⁶⁵⁹-필법(筆法) ‖ 筆法 ‖ 筆法 ‖ Bút pháp ‖ Technique of

calligraphy ◇필법(筆法)은 붓을 사용하는 기법을 말하는데, 정확한 집필방식(執筆方式), 과학적 지법(指法), 완법(腕法), 신법(身法), 용필법(用筆法)과 묵법(墨法) 등의 종합적 기교를 포함한다.

660-필사단위(書寫單位) ‖ 書寫單位 ‖ 筆画 ‖ Đơn vị chữ viết ‖ Writing Unit ◇한자의 필사단위(筆寫單位)는 바로 필획(筆劃)과 구건(構件)을 말한다. 필획(筆劃)은 한자를 구성하는 기본 단위로, 횡(橫: 가로획), 수(豎: 세로획), 별(撇: 왼 삐침), 날(捺: 오른 삐침) 등이 있으며, 구건(構件)은 한자 자형을 구성하는 더 큰 단위로, 편방(偏旁)과 부수(部首) 등이 포함된다.

661-필사방법(書寫方法) ‖ 書寫方法 ‖ 書写方法 ‖ Cách viết ‖ Writing Method ◇한자의 필사방법(筆寫方法)에는 필사순서(筆寫順序), 필획(筆劃) 연결방식 등이 포함된다. 서로 다른 필사방법(筆寫方法)은 한자의 형태(形態)와 심미성에 영향을 미칠 수 있다.

662-필사방식(書寫方式) ‖ 書寫方式 ‖ 書写方式 ‖ Phương thức viết ‖ Writing style ◇필사방식(筆寫方式)은 한자의 필사형식(筆寫形式)을 가리킨다.

663-필사방향(書寫方向) ‖ 書寫方向 ‖ 書字方向 ‖ Hướng viết ‖ Writing Direction ◇필사방향(筆寫方向)은 한자의 필사방향(筆寫方向)을 가리킨다.

664-필사순서(書寫順序) ‖ 書寫順序 ‖ 書き順/筆順 ‖ Trật tự viết ‖ Writing Order ◇필사순서(筆寫順序)란 한자의 필사순서를 지칭한다.

665-필사스타일(書寫風格) ‖ 書寫風格 ‖ 書風 ‖ Phong cách viết ‖ Writing Style ◇필사스타일(筆寫風格)은 한자가 서로 다른 역사 시기와 지역의 필사스타일을 가리킨다. 예를 들면, 갑골문(甲骨文)이나 금문(金文)의 고박(古樸: 소박하고 꾸밈이

없으며 자연스러운 상태)한 스타일, 예서(隷書)의 편평한(扁平)
스타일, 해서(楷書)의 공정한(工整: 정교하고 가지런함) 스타일
등이 포함된다. 이러한 스타일들은 서로 다른 문화적 배경
아래에서의 심미관념(審美觀念)과 필사습관(筆寫習慣)을 반영하고
있다.

666-필세(筆勢) ‖ 筆勢 ‖ 筆勢 ‖ Bút thế ‖ Momentum of writing
◇필세(筆勢)는 서법에서 매우 중요한 개념으로, 선조(線條)의
자태와 선조 간의 추세(趨勢), 방향(方向), 관계(關係)를 의미하며,
이는 '필법'이 구체적으로 운용될 때 나타나는 여러 변화를
말한다.

667-필순(筆順) ‖ 筆順 ‖ 筆順/書き順 ‖ bút thuận ‖ Stroke Order
◇필순(筆順)이란 한자 필획(筆畫)의 필사 순서(筆寫順序)를
가리킨다.

668-필의(筆意) ‖ 筆意 ‖ 筆意 ‖ Bút ý ‖ Calligraphic style
◇필의(筆意)는 서법이나 회화에서 필촉(筆觸)이 표현하는
의경(意境), 정감(情感) 또는 스타일(風格)을 지칭한다.

669-필형(筆形) ‖ 筆形 ‖ 筆画の形状/筆法* ‖ Hình dạng nét
chữ ‖ Stroke Form ◇필형(筆形)은 한자 필획(筆畫)의 구체적인
형상(形狀)으로, 통상적으로 횡(橫), 수(豎), 별(撇), 날(捺), 제(提),
점(點), 구(鉤), 절(折)의 여덟 가지 주요 형태로 귀납할 수 있다.

670-필획(筆畫) ‖ 筆畫 ‖ 筆画/字画/点画 ‖ nét bút ‖ Strokes
◇필획(筆畫)은 한자를 구성하는 기본 요소로서, 점(點), 횡(橫),
수(豎), 별(撇), 날(捺) 등 각종 형상의 선을 포함한다. 필획은
한자 자형의 최소 필사 단위이며, 서로 다른 필획의 조합을 통해
한자의 각 부분을 형성한다.

671-필획검자법(筆畫檢字法) ‖ 筆畫檢字法 ‖ 画数検索法 ‖ Phương
pháp tra chữ theo nét ‖ Strokes-Based Character Lookup
Method ◇필획검자법(筆畫檢字法)은 중국어 유형

공구서(工具書)에서 흔히 사용되는 검자법(檢字法)의 하나로, 주로 한자의 필획(筆劃)수에 따라 순차적으로 배열하여 한자를 찾는 방법이다.

672-필획수(筆劃數) ‖ 筆劃數 ‖ 筆画数/画数 ‖ Số nét chữ ‖ Number of Strokes ◇필획수(筆劃數)는 하나의 한자가 필요로 하는 필획의 숫자를 가리킨다.

673-필획증가(筆劃增加) ‖ 筆劃增加 ‖ 增画 ‖ Tăng thêm nét bút ‖ Stroke Increase ◇필획증가(筆劃增加)란 원래의 자형을 기초로 하여 필획(筆劃)을 증가시켜 자형을 더욱 복잡하게 만드는 것을 가리킨다.

674-필획차용(筆畫借用) ‖ 借用筆畫 ‖ 字形の交換 ‖ vay mượn nét bút ‖ Borrowed Stroke ◇전통적인 한자 필사(筆寫)에서는 때때로 필사(筆寫)의 유창성과 심미성을 위해 서로 다른 글자 사이에서 특정 필획(筆畫)을 차용하거나 공유하기도 하는데 이를 필획차용(筆畫借用)이라 한다.

675-필획탈락(缺畫/劃(筆)) ‖ 缺畫/劃(筆) ‖ 欠筆/欠画 ‖ khuyết nét ‖ Missing Stroke ◇필획탈락(缺畫/劃(筆))은 한자를 쓸 때 필요한 일부 필획(筆劃)을 빠뜨려서 자형이 불완전해지거나 원래의 자형 구조(字形結構)가 변하게 되는 것을 말한다.

676-필획화(筆劃化) ‖ 筆劃化 ‖ 線状から筆画への変化 ‖ Nét bút hoá ‖ Bi hua hua ◇필획화(筆劃化)는 한자 자형의 필사(筆寫) 방식이 점차 원시적인 선형에서 점(點)·횡(橫)·수(豎)·별(撇)·날(捺) 등의 필획(筆劃)으로 이루어진 부호로 변화하는 것을 말한다.

하

677-한간(汗簡) ‖ 汗簡 ‖ 汗簡 ‖ Hãn giản (Thẻ tre thời Hán) ‖ Han Script ◇한간(汗簡)은 죽간(簡)을 불에 쬐어, 죽간(簡)에서 땀이 배어 나오게 하는 것을 말하므로, 한간(汗簡)이라고 부르며, 또한 살청(殺靑)이라고도 하는데, 이는 글쓰기에 사용되었다. 또 책이름으로서의 『한간(汗簡)』은 송(宋)나라의 곽충서(郭忠恕)가 편찬한 자서(字書)를 말한다.

678-한국한자(韓國漢字) ‖ 韓國漢字 ‖ 韓國の漢字 ‖ Hán tự Hàn Quốc ‖ Korean Hanja ◇한국한자(韓國漢字)는 한국어 환경에서 사용되고 발전해 온 한자 체계를 가리킨다. 이는 중국에서 전래된 한자가 한국의 언어적, 문화적 환경에 적응하면서 독자적으로 발전한 형태를 의미한다. 한국한자는 한국에서 사용된 고유한 자형(字形), 한국적 의미 확장, 답(畓: 논), 돌(乭)과 같이 한국에서 독자적으로 만들어진 한자(國字) 등을 포함하며, 한국의 역사적, 문화적 맥락 속에서 형성된 특수한 한자 체계를 지칭한다.

679-한예(漢隸) ‖ 漢隸 ‖ 漢隸 ‖ Hán lệ ‖ Han Clerical Script
◇한예(漢隸)는 한(漢)나라 시대의 예서(隸書)를 가리키는데, 특히 동한(東漢)의 예서(隸書)가 가장 전형적이다. 한예(漢隸)는 '금예(今隸)'라고도 불리는데, 진예(秦隸)를 기초로 하여 더욱 발전하고 개선된 것이다. 한예(漢隸)의 출현으로 서예는 더욱 규범화되고 예술화되었으며, 해서(楷書), 행서(行書), 초서(草書) 등 서체(書體)의 발전을 위한 기초를 마련하였다.

680-한예자원(漢隸字源) ‖『漢隸字源』‖『漢隸字源』‖ Hán Lệ tự nguyên ‖ Origins of Han Clerical Script
◇『한예자원(漢隸字源)』은 송(宋)나라 누기(婁機) 저작이다. 예서

자형의 기원과 변천에 관한 전문서로, 한자 발전 역사, 특히
예서라는 중요 단계 연구에 매우 높은 학술적 가치를 지닌다.

[681]-한용자(罕用字) ‖ 罕用字 ‖ 稀用字 ‖ Chữ hiếm dùng ‖ Rarely
Used Characters ◇한용자(罕用字)는 중국어 문장에서 극히
드물게 사용되는 글자(字)를 지칭하는데, 통상 모든 글자(字)에서
상용자(常用字)와 차상용자(次常用字)를 제외한 것이 바로
한용자(罕用字)에 해당한다.

[682]-한월어(漢越語) ‖ 漢越語 ‖ 漢越語/ベトナム漢字音 ‖ âm Hán
Việt ‖ Han-Vietnamese ◇한월어(漢越語)는
'안남역음(安南譯音)'이라고도 한다. 중국 당대 시기 베트남어가
한어에서 차용한 다량의 어휘와 한자의 독음 체계를 부른다. 고대
한어의 어음 연구에 참고 가치가 있다.

[683]-한음(漢音) ‖ 漢音 ‖ 漢音 ‖ âm Hán ‖ Han Pronunciation
◇한음(漢音)은 일본어 중 한자어 독음의 한 종류이다.
일반적으로 수당 시기(약 7-8세기)에 일본에 전래된 중국
북방음으로, 당나라 수도 장안(長安)의 음가를 포함한다. 한어
음운사 연구의 참고가 될 수 있다.

[684]-한자 ‖ 漢字 ‖ 漢字 ‖ Chữ Hán ‖ Chinese Character
◇한자(漢字)는 동아시아에서 사용되어 온 표의문자체계로,
네모꼴(方塊形) 문자라는 특징을 가진다. 한 글자가
형태(形)·음성(音聲)·의미(意味)라는 세 가지 요소를 지니며, 조자
원리에 따라
상형(象形)·지사(指事)·회의(會意)·형성(形聲)·전주(轉注)·가차(假借)
의 육서(六書)로 분류된다. 이러한 한자는 시대와 지역에 따라
갑골문·금문·소전·예서·해서 등 다양한 서체로 발전해왔으며,
중국·한국·일본·베트남 등에서 부분적 문자체계로도 사용되어
왔다.

[685]-한자간화(漢字簡化) ‖ 漢字簡化 ‖ 漢字簡化 ‖ Giản hóa Hán

tự ‖ Chinese Character Simplification ◇한자간화(漢字簡化)는 중국 문자개혁(文字改革)의 과제 중 하나이다. 이는 번체한자(繁體漢字)의 획수를 간략화하여 간화자(簡化字)를 형성하는 과정을 가리킨다.

686-한자간화방안(漢字簡化方案) ‖ 『漢字簡化方案』 ‖ 漢字簡化方案 ‖ Phương án giản hóa Hán tự ‖ Chinese Character Simplification Plan ◇『한자간화방안(漢字簡化方案)』은 중화인민공화국 국무원에서 공표한 한자 간화(簡化)의 규범 표본을 말한다. 『한자간화방안(漢字簡化方案)』은 1956년, 여러 차례의 수정과 심의를 거쳐 『한자간화방안(漢字簡化方案)』이 정식으로 통과되고 전국적으로 시행되었다. 해당 방안은 총 798자(이후 515자로 감소)를 수록하고, 56개의 편방(偏旁)을 간화하였으며(이후 54개로 감소), 400개의 이체자(異體字)를 폐지하였다.

687-한자개혁(漢字改革) ‖ 漢字改革 ‖ 漢字改革 ‖ Cải cách Hán tự ‖ Chinese Character Reform ◇한자개혁(漢字改革)은 중국 문자개혁(中國文字改革)의 과제 중 하나이다. 주로 병음개혁(拼音改革), 문자개혁(文字改革) 및 통용어 보급(通用語普及) 등의 내용을 포함한다.

688-한자검자법(漢字檢字法) ‖ 漢字檢字法 ‖ 漢字検索法 ‖ Phương pháp tra cứu chữ Hán ‖ Chinese character indexing method ◇한자검자법(漢字檢字法)은 사전(辭書) 또는 색인(索引)에서 특정 한자가 위치한 페이지 번호를 검색하는 방법을 말한다.

689-한자교환코드(漢字交換碼) ‖ 漢字交換碼 ‖ 漢字コード ‖ Mã chuyển đổi Hán tự ‖ Chinese Character Exchange Code ◇한자교환코드(漢字交換碼)는 서로 다른 컴퓨터 시스템이나 플랫폼 간에 한자 데이터를 교환하기 위한 디지털 코드 체계이다. 이는 한자를 디지털 형태로 변환하여 시스템 간에 주고받을 수

있게 하는 규격으로, 앞서 설명한 한자표준교환부호의 일반적인 형태이다. 다만 '표준'이라는 단어가 없는 것에서 알 수 있듯이, 반드시 국제적으로 표준화된 규격만을 지칭하지는 않으며, 보다 포괄적인 한자 교환 코드 체계를 의미한다.

690-한자구조(漢字構造) ‖ 漢字結構 ‖ 漢字の構造/構成 ‖ Cấu tạo chữ Hán ‖ Chinese character structure ◇한자는 구조에 따라 분류할 수 있는데, 독체자(獨體字)와 합체자(合體字)가 대표적이다. 독체자(獨體字)는 오직 하나의 부건(部件)으로 이루어진 것으로, '인(人)', '산(山)'자 등이 있다. 반면 합체자(合體字)는 여러 개의 부건으로 구성되었는데, '휴(休)', '명(明)'자 등이 이에 해당한다. 합체자의 구조는 다시 좌우구조(左右結構), 상하구조(上下結構), 좌중우구조(左中右結構), 상중하구조(上中下結構), 반포위구조(半包圍結構), 전포위구조(全包圍結構) 등 다양한 유형으로 세분할 수 있다.

691-한자구조분류(漢字結構歸類) ‖ 漢字結構歸類 ‖ 筆画構造による漢字の分類/偏旁冠脚* ‖ Phân loại cấu trúc chữ Hán ‖ Classification of Chinese Character Structures ◇한자는 그 구조적 특징에 따라 분류할 수 있는데, 독체자(獨體字), 좌우구조(左右結構), 상하구조(上下結構), 상중하구조(上中下結構), 반포위구조(半包圍結構), 전포위구조(全包圍結構) 등이 있다. 이러한 분류 방식은 주로 한자의 필획(筆劃) 조합과 배치 특징에 근거한다.

692-한자구형학(漢字構形學) ‖ 漢字構形學 ‖ 漢字構造学 ‖ Hán tự học cấu hình ‖ Chinese Character Morphology ◇한자구형학(漢字構形學)은 한자의 형체 구조를 연구하는 이론이다. 주로 한자의 형체가 어떻게 일정한 이치에 의거하여 구성되고 변화하는 지의 규율을 탐구하는데, 여기에는 개별 문자의 구성 방식과 한자 구형(構形)의 총체적 체계에 포함된 규율이 포함된다. 한자구형학(漢字構形學)은 한자학(漢字學)의

중요한 분야 중 하나로, 한자의 구형(構形), 즉 한자의 형태
구조와 조직 방식이 그 연구 대상이다. 여기에는 한자의 기본
구성요소(필획(筆劃), 편방(偏旁), 부수(部首) 등), 구형(構形)
규율(대칭성(對稱性), 균형성(平衡性), 연속성(連續性) 등), 그리고
한자의 연변(演變) 과정(기원, 발전, 변화를 포함) 등이 포함된다.

693-한자규범화(漢字規範化) ∥ 漢字規範化 ∥ 漢字規範化 ∥ Quy
phạm hóa chữ Hán ∥ Regulation of Chinese Characters
◇한자규범화(漢字規範化)는 통상적으로 한자 사용의 규범화와
한자 체계 그 자체의 표준화를 가리킨다. 이것은 두 가지 층위의
의미를 포함하고 있다. 협의의 규범화는 전적으로 한자 사용의
규범화를 가리키는데, 즉 사회 전체가 국가 및 정부 직능부문에서
제정한 각종 정자법(正字法) 표준에 근거하여 한자를 사용해야
하며, 제각각 행동하거나 방임하여 흐름에 맡겨서는 안 된다는
것이다. 광의의 규범화는 사용의 규범화와 한자 체계 그 자체의
표준화 및 정리(整理)의 두 가지 측면을 포함하는데, 통상적으로
말하는 '사정(四定: 네 가지 확정)'은 바로 한자 체계를 이 네
가지 표준에 부합하는 문자체계로 정리해야 한다는 것을
가리킨다.

694-한자기능(漢字功能) ∥ 漢字功能 ∥ 漢字の機能 ∥ Chức năng
của chữ Hán ∥ Function of Chinese Characters ◇한자는
정보를 표현하는 일종의 방식으로서, 한자를 통해 사람들은
정보를 전달(傳遞)하고, 소통(溝通)하며, 기록(記錄)하고
보존(保存)할 수 있다. 한자의 사용은 정보 전달(傳遞)을 더욱 더
효율적이고 정확하게 만드는데, 이를 한자의
기능(漢字功能)이라고 한다.

695-한자기호화(漢字符號化) ∥ 漢字符號化 ∥ 漢字の記号化 ∥ Ký
hiệu hóa chữ Hán ∥ Chinese Character Symbolization ◇한자
기호화(漢字符號化)는 한자가 발전 과정에서 점차 그 원시적인
상형(象形), 지사(指事), 회의(會意) 등의 조자법(造字法)에서

벗어나, 보다 많이 기호의 형식을 채용하여 언어 중의 독음(音), 의미(義) 등의 요소를 표현하는 것을 말한다.

696-한자디지털처리(漢字數字化處理) ‖ 漢字數字化處理 ‖ 漢字のエンコード/漢字の文字コード化 ‖ Xử lý số hoá Hán tự ‖ Chinese Character Digital Processing ◇한자디지털처리(漢字數字化處理)는 한자 인코딩(漢字編碼)을 통해 한자에 일련의 순차적인 기호를 부여하여 현대 컴퓨터 언어가 인식할 수 있는 숫자로 변환하는 것이다. 이 과정은 한자 입력(漢字輸入), 중국어 암호화(中文加密), 컴퓨터 프로그래밍(電腦編程), 인간-컴퓨터 인터페이스(人機界面), 인공지능(人工智能), 음성 제어(語音控制) 등 일련의 핵심 정보 영역에서 난제를 해결하는 데 중요한 의의를 가진다.

697-한자디지털화(漢字數字化) ‖ 漢字數字化 ‖ 漢字のコード化 ‖ Số hóa chữ Hán ‖ Digitalization of Chinese Characters ◇한자디지털화(漢字數字化)는 한자 인코딩(漢字編碼)을 통해 한자에 일련의 순서화된 기호를 부여하여, 현대 컴퓨터 언어가 식별할 수 있는 디지털로 변환함으로써 한자 체계를 완비하고 한자의 불충분한 점을 보완하는 것을 말한다.

698-한자라틴화(漢字拉丁化) ‖ 漢字拉丁化 ‖ 漢字ローマ字化/漢字ラテン化 ‖ Latin hóa chữ Hán ‖ Chinese Character Latinization ◇한자라틴화(漢字拉丁化)는 한자를 완전히 대체하여 라틴 알파벳을 필사(筆寫)와 언어 표현의 도구로 사용하는 것을 지칭한다.

699-한자묘문자(漢字苗文字) ‖ 漢字苗文 ‖ 漢字系文字の苗文/ミヤオ文字 ‖ Hán tự Miêu văn ‖ Miao Script in Chinese Characters ◇한자묘문자(漢字苗文字)는 상서(湘西: 호남성 서부) 묘족이 창조한 네모꼴 묘족문자로 한자문화권 내의 차용문자이다. 이 문자는 한자의 음, 형, 의를 차용하여 한자를 해체 조합하고,

대량으로 한자를 음표로 차용했다.

⁷⁰⁰-한자문화권(漢字文化圈) ‖ 漢字文化圈 ‖ 漢字文化圈 ‖ Vòng văn hóa chữ Hán ‖ Chinese-character cultural circle
◇한자문화권(漢字文化圈)은 특정한 문화 지역으로, 주로 역사상 중국과 한문화(漢文化)의 영향을 받고, 과거나 현재에 한자를 사용하며, 문언문(文言文)을 공동의 서면어로 사용했던 국가나 지역을 말한다.

⁷⁰¹-한자문화학(漢字文化學) ‖ 漢字文化學 ‖ 漢字文化学 ‖ Hán tự học văn hóa ‖ Chinese Character Cultural Studies
◇한자문화학(漢字文化學)은 한자와 문화 사이의 상호관계를 연구하는 학문이다. 이는 한자의 기원, 발전, 변화뿐만 아니라 한자가 문화 전승, 사회 교류, 예술 창작 등의 측면에서 수행하는 작용과 영향을 다룬다. 한자문화학의 연구 범주는 광범위하여, 한자 자체의 형(形), 독음(音), 의미(義) 등의 언어학적 요소뿐 아니라 한자가 담고 있는 문화적 내포, 역사적 배경, 사회 습속 등의 비언어학적 요소까지 포함한다.

⁷⁰²-한자미학(漢字美學) ‖ 漢字美學 ‖ 漢字美学 ‖ Mỹ học Hán tự ‖ Chinese Character Aesthetics ◇한자미학(漢字美學)은 한자의 형태(形態), 구조(結構), 필사(筆寫) 및 그것이 각종 응용 장면에서 드러내는 미학적 가치를 연구하는 학문이다. 그것은 단지 한자가 필사부호(筆寫符號)로서의 실용성에 주목할 뿐만 아니라, 한자가 시각(視覺), 문화(文化), 정감(情感) 등의 측면에서 전달하는 미학적 체험에 더욱 주목한다.

⁷⁰³-한자백문자(漢字白文字) ‖ 漢字白文 ‖ 漢字系文字の白文(白字) ‖ Hán tự bạch văn ‖ Bai Wen in Chinese Characters
◇한자백문자(漢字白文字)는 백어(白語)를 기록하는 한자 체계이며, 이 한자 체계로 쓰여진 문자 자료를 부른다.

⁷⁰⁴-한자번화(漢字繁化) ‖ 漢字繁化 ‖ 漢字の繁化 ‖ Phồn thể hoá

chữ Hán ‖ The Complexity of Chinese Characters

◇한자번화(漢字繁化)는 한자 형체(形體)의 연변(演變) 중 어떤 현상을 특별히 가리키는데, 기존의 자형 위에 새로운 구형요소(構形要素)(예를 들어 의부(意符), 음부(音符), 기호(記號) 등)를 더하지만, 해당 글자가 기록하는 독음(音)과 의미(義)는 이로 인해 어떠한 변화도 발생하지 않는다.

[705]-한자변이(漢字變異) ‖ 漢字變異 ‖ 異形同義と同形異義/異体字* ‖ Dị biến Hán tự ‖ Chinese Character Variation

◇한자변이(漢字變異)란 한자가 언어의 특정 단어를 기록할 때, 동일 시대에 서로 다른 자형을 채택한 것, 혹은 동일한 단어가 각기 다른 시대에 서로 다른 자형을 채택한 것, 그리고 상이한 단어들이 동일한 자형으로 기록되는 것 등의 현상을 가리키는데, 이러한 현상들로 인해 한자의 복잡다단한 다양성이 생겨났다.

[706]-한자병용추진방안(推動漢字竝用方案) ‖ 『推動漢字竝用方案』 ‖ 『漢字併用推進法案』 ‖ Phương án đẩy mạnh sử dụng đồng thời chữ Hán ‖ Plan for the Joint Use of Chinese Characters

◇「한자병용추진방안(推動漢字竝用方案)」은 1999년, 대한민국 문화관광부 장관 신낙균이 국무회의에서 「한자병용추진방안」을 제출하여 당시 대통령 김대중의 지지를 받았다. 한국 정부는 2005년에 교통표지와 공문서에 한자 사용을 복원하여, 동아시아 한자문화권 국가들과의 적극적 교류와 한국 관광산업의 발전을 촉진했다.

[707]-한자병음화(漢字拼音化) ‖ 漢字拼音化 ‖ 漢字ピンイン化 ‖ Phiên âm hoá chữ Hán ‖ Chinese Character Romanization

◇한자병음화(漢字拼音化)는 주로 한자의 독음을 라틴 알파벳으로 표기하는 것, 즉 병음 체계를 사용하는 것을 가리킨다.

[708]-한자분화(漢字分化) ‖ 漢字分化 ‖ 分化/分化字 ‖ Phân hóa Hán tự ‖ Chinese Character Differentiation

◇한자분화(漢字分化)는 원래 여러 가지 표기 기능이나 의미 항목을 담당하던 한 글자가, 새로운 자형을 만들어 그 기능의 일부 또는 전부를 분담하게 되는 과정을 말한다.

709-한자빈도(漢字頻率) ‖ 漢字頻率 ‖ 漢字の使用頻度数と比率 ‖ Tần suất Hán tự ‖ Chinese Character Frequency ◇한자빈도(漢字頻率)는 특정 한자가 일정한 말뭉치(코퍼스) (예: 텍스트, 서적(書籍), 웹 데이터(網絡數據) 등)에서 출현하는 횟수와 표본의 총 글자 수의 비율(比率)을 가리킨다.

710-한자사용(漢字使用) ‖ 漢字使用 ‖ 漢字使用 ‖ Sử dụng Hán tự ‖ Chinese Character Usage ◇한자사용(漢字使用)은 사용 빈도(使用頻率), 사용 장면(使用場景), 사용 규범(使用規範) 등을 포함한다.

711-한자생태학(漢字生態學) ‖ 漢字生態學 ‖ 漢字生態学/漢字環境学 ‖ Hán tự học sinh thái ‖ Chinese Character Ecology ◇한자생태학(漢字生態學)은 한자학(漢字學), 생태학(生態學), 문화학(文化學), 사회학(社會學) 등 여러 학문 분야의 이론과 방법론을 결합한 학제 간 연구 분야로서, 한자와 그 주변 환경 사이의 상호 관계와 작용을 심도 있게 연구하는 것을 목표로 한다.

712-한자서법(漢字書法) ‖ 漢字書法 ‖ 書法/漢字の書法 ‖ thư pháp Hán tự ‖ Chinese calligraphy ◇한자서법(漢字書法)은 중국 및 중국 문화의 영향을 깊이 받은 주변 국가와 지역의 특유한 문자미의 예술적 표현 형식이다. 한자서법은 한자를 매체로 하여 선조(線條), 구조, 장법(章法) 등의 요소를 조합하여 독특한 심미적 가치와 깊은 문화적 함의를 보여준다.

713-한자엔트로피(漢字的熵) ‖ 漢字的熵 ‖ 漢字のエントロピー ‖ Mức độ phức tạp của chữ Hán ‖ 'Shang' of Chinese Characters ◇한자엔트로피(漢字的熵)는 정보이론에서 시스템의

불확실성을 묘사하는 척도이다. 구체적으로 한자에서는, 한자엔트로피를 한자 체계 내 자원 분포의 불확실성을 측정하는 지표로 이해할 수 있다. 이는 한자가 문장에서 출현하는 빈도의 무작위성 또는 예측 불가능성을 반영한다. 한자의 정보 엔트로피는 문장 내 상용 정도와 밀접한 관련이 있다. 상용한자는 출현 빈도가 높아 정보 엔트로피가 상대적으로 낮고, 비상용 한자는 출현 빈도가 낮아 정보 엔트로피가 상대적으로 높다.

[714]-한자예술(漢字藝術) ‖ 漢字藝術 ‖ 漢字に関する芸術/書道/レタリングなど ‖ Nghệ thuật Hán tự ‖ Chinese character art ◇한자예술(漢字藝術)은 한자의 서사, 설계, 창작 등을 통해 한자의 독특한 매력과 문화적 함의를 드러내는 예술 형식을 지칭한다.

[715]-한자원류(漢字源流) ‖ 漢字源流 ‖ 漢字の成り立ち ‖ Nguồn gốc chữ Hán ‖ The Origin and Evolution of Chinese Characters ◇한자원류(漢字源流)는 한자의 기원(起源)과 발전(發展)의 과정을 말한다.

[716]-한자응용(漢字應用) ‖ 漢字應用 ‖ ☆ ‖ Ứng dụng Hán tự ‖ Application of Chinese Characters ◇한자응용(漢字應用)은 각 영역에서 한자의 실제 사용 상황과 기능을 가리킨다. 한자는 세계에서 가장 오래된 문자(文字) 중 하나로서 유구한 역사와 깊은 문화적 바탕을 가지고 있으며, 그 응용 범위는 광범위하여 언어(語言), 문화(文化), 교육(教育), 과학기술(科技) 등 여러 영역에 걸쳐 있다.

[717]-한자인지(漢字認知) ‖ 漢字認知 ‖ 漢字の認知*/漢字の価値* ‖ Tri nhận chữ Hán ‖ Chinese Character Cognition ◇한자의 기원(起源), 구조(結構), 연변(演變) 및 문화(文化) 속에서의 의미(意義) 등의 방면(方面)에서 한자를 인지(認知)한다.

[718]-한자자원학(漢字字源學) ‖ 漢字字源學 ‖ 漢字字源学 ‖ Hán tự

học tự nguyên ‖ Etymology of Chinese Characters

◇한자자원학(漢字字源學)은 한자의 형체(形), 독음(音), 의미(義) 및 그 변천(演變), 역사적 변화(演化), 문화적 연원(淵源) 등을 연구하는 학문이다. 이는 주로 한자의 형체(形), 독음(音), 의미(義)와 구조(結構) 등 측면에서의 변천(演變)과 발전(發展) 규율(規律)을 탐구하고, 한자와 한족(漢族)의 문화(文化), 역사(歷史), 지리(地理), 민족(民族) 등 측면의 관련성을 연구하며, 다른 역사시기(歷史時期)의 한자 변혁(變革)과 발전(發展)을 고찰(考察)하고, 이를 통해 한자의 본질(本質)과 특징을 심도 있게 이해하는 것을 목적으로 한다.

719-한자전파학(漢字傳播學) ‖ 漢字傳播學 ‖ 漢字伝播学 ‖ Truyền bá Hán tự học ‖ Chinese Character Communication Studies

◇한자전파학(漢字傳播學)은 한자가 어떻게 문화부호(文化符號)와 정보매체(信息載體)로서 서로 다른 문화(文化), 지역(地域)과 사회환경(社會環境) 속에서 전파(傳播)되고 교류(交流)되는 지를 연구하는 학문이다. 이 학문은 한자의 전파역사(傳播歷史), 전파경로(傳播途徑), 전파효과(傳播效果), 전파전략(傳播策略) 및 한자전파(漢字傳播)가 문화동일시(文化認同)와 사회변천(社會變遷) 등에 미치는 영향을 포괄한다.

720-한자정리(漢字整理) ‖ 漢字整理 ‖ 漢字整理 ‖ Chuẩn hoá chữ Hán ‖ Chinese Character Organization ◇한자정리(漢字整理)는 한자의 규범화(規範化)와 표준화(標準化) 과정에서 중요한 단계로서, 필획(筆畫)을 간소화하고 자수(字數)를 정리하며 이체자(異體字)를 정돈하는 등의 조치를 통해 한자 사용의 효율성과 편의성을 높이는 것을 목표로 한다.

721-한자정보처리(漢字信息處理) ‖ 漢字信息處理 ‖ 漢字のデータ処理 ‖ Xử lý thông tin Hán tự ‖ Chinese Character Information Processing ◇한자정보처리(漢字信息處理)는 컴퓨터 시스템에서 한자를 디지털 형태로 입력, 저장, 처리, 출력하는

모든 과정을 포괄하는 정보처리 기술을 의미한다. 이는 주로 다음과 같은 요소들을 포함한자. 즉 ①한자의 디지털화(한자를 컴퓨터가 인식할 수 있는 디지털 형태로 변환), ②한자 입력 처리(키보드나 기타 입력 장치를 통한 한자 입력 방식), ③한자 데이터 저장(디지털화된 한자 정보의 저장 방식), ④한자 출력 처리(화면 표시나 인쇄 등 한자의 출력 방식), ⑤한자 데이터 교환(시스템 간 한자 정보의 교환 방식) 등이다. 이러한 처리 과정을 통해 컴퓨터 환경에서 한자를 효율적으로 사용할 수 있게 된다.

722-한자정자학(漢字正字學)‖漢字正字學‖漢字正字研究‖Chính tự học Hán tự‖Chinese Character Orthography ◇한자정자학(漢字正字學)은 한자의 규범, 자형 표준 및 그 변화를 연구하는 학문이다. 그것은 한자의 정확한 자형, 독음(讀音) 및 의미를 확정하여 한자가 필사(筆寫), 인쇄(印刷), 전파(傳播) 등 각 단계에서 정확성과 일관성을 갖추도록 하는 데에 주목한다.

723-한자조자법

분류(漢字造字法歸類)‖漢字造字法歸類‖造字法の分類‖Phân loại phương pháp tạo chữ Hán‖Classification of Chinese Character Creation Methods ◇한자는 그 조자법(造字法)에 따라 상형(象形), 지사(指事), 회의(會意), 형성(形聲)으로 분류할 수 있다.

724-한자직용학(漢字職用學)‖漢字職用學‖漢字機能学*‖Chức năng sử dụng Hán tự học‖Chinese Character Function Studies ◇한자직용학(漢字職用學)은 '한자학 삼평면 이론(漢字學三平面理論)'의 중요한 구성 부분이다. 이는 한자의 본체 속성에서 출발하여 한자의 형체(形體), 구조(結構), 직용(職用: 기능과 용도)을 연구하고, 한자형체계통(漢字形體系統), 한자구조계통(漢字結構系統),

한자직용계통(漢字職用系統)을 형성하여 한자학 삼차원
체계(漢字學三維體系)를 공동으로 구축한다.

725-한자체태(漢字體態) ‖ 漢字體態 ‖ 漢字の形態/漢字の書風 ‖ Thể thái chữ Hán ‖ The shape of Chinese Characters
◇한자체태(漢字體態)는 한자의 형태와 자태의 미를 말하며, 한자의 서사 풍격, 구조 배치 및 전체적인 시각적 감수성을 포함한다.

726-한자코드화(漢字編碼) ‖ 漢字編碼 ‖ 漢字コード ‖ Mã hóa Hán tự ‖ Chinese Character Encoding ◇한자 코드화(漢字編碼)는 코드화(編碼) 설계를 통해 한자에 일련의 순차적인 기호를 부여하여 컴퓨터가 인식할 수 있는 수치로 전환하는 것을 말한다. 예를 들어, GBK, GB18030, 유니코드(Unicode) 등의 코드 표준은 모두 한자를 디지털화하는 데 있어 중요한 실현 방식이다.

727-한자파생(漢字孶乳) ‖ 漢字孶乳 ‖ 複合化による派生字* ‖ Chữ Hán mở rộng ‖ Proliferation of Chinese Characters
◇한자파생(漢字孶乳)은 한어 어휘 체계 내에서 새로운 어휘가 끊임없이 증식하여, 이러한 새로운 어휘를 기록하는 문자의 증식을 초래하는 현상을 가리킨다. 이 과정은 생물학의 번식과 유사하여, 새로운 문자(즉 '자(字)')가 기존의 문자(즉 '문(文)')로부터 파생되어, 보다 풍부하고 복잡한 한자 체계를 형성하게 된다.

728-한자표음성(漢字表音性) ‖ 漢字表音性 ‖ 漢字の表音性 ‖ Tính biểu âm của chữ Hán ‖ Phonetic Expressiveness of Chinese Characters ◇한자표음성(表音性)은 한자가 언어를 기록하고 필사(筆寫)할 때, 직접 또는 간접적으로 해당 한자의 음성적 특징을 반영할 수 있음을 가리킨다. 이러한 특성은 한자가 음성적 측면에서 일정한 규칙성과 체계성을 가지고 있음을 의미하며, 사람들은 일정한 방법을 학습하고 파악함으로써 한자의

독음(讀音)을 추론할 수 있다.

729-한자표의성(漢字表意性) ‖ 漢字表意性 ‖ 漢字の表意性 ‖ Tính biểu ý của chữ Hán ‖ Expressiveness of Chinese Characters
◇한자표의성(漢字表意性)은 한자가 구조화될 때, 특정한 자형을 통해 직접 또는 간접적으로 어휘 또는 어소(語素)의 의미를 표현한다는 것을 지칭한다. 이러한 특성은 한자를 독특한 표의문자(表意文字) 체계로 만들었다.

730-한자표준교환코드(漢字標準交換碼) ‖ 漢字標準交換碼 ‖ 漢字標準コード ‖ Mã chuyển đổi tiêu chuẩn Hán tự ‖ Chinese Character Standard Exchange Code
◇한자표준교환코드(漢字標準交換碼)는 컴퓨터 시스템 간에 한자 정보를 교환하기 위한 표준화된 디지털 코드 체계이다. 이는 서로 다른 컴퓨터 시스템이나 소프트웨어 간에 한자 데이터를 안정적이고 일관되게 주고받을 수 있도록 설계된 규격화된 교환 코드이다. 이를 통해 시스템 간의 호환성을 확보하고 한자 정보의 손실 없는 교환이 가능해졌다.
'한자표준대체코드(漢字標準代碼)'와의 차이점은, 한자표준대체코드가 한자의 기본적인 코드화에 중점을 둔다면, '한자표준교환부호'는 특별히 서로 다른 시스템 간의 '교환'이라는 측면에 초점을 맞추고 있다는 점이다.

731-한자표준대체코드(漢字標準代碼) ‖ 漢字標準代碼 ‖ (中国の)国家標準文字コード ‖ Mã tiêu chuẩn Hán tự ‖ Chinese Character Standard Code ◇한자표준대체코드(漢字標準代碼)는 한자를 컴퓨터에서 처리하기 위한 표준화된 코드 체계를 의미한다. 이는 각각의 한자에 고유한 숫자나 기호를 할당하여 디지털 시스템에서 일관되게 사용할 수 있도록 만든 표준화된 규격이다. 대표적으로 Unicode나 ISO/IEC 10646과 같은 국제 표준이 있으며, 이를 통해 서로 다른 컴퓨터 시스템 간에 한자 데이터를 호환성 있게 교환할 수 있다.

⁷³²-한자표준화(漢字標準化) ‖ 漢字標準化 ‖ 漢字標準化 ‖ Quy phạm hoá chữ Hán ‖ Regulation of Chinese Characters ◇한자표준화(漢字標準化)는 문자 발전의 규율과 사회적 소통의 필요에 근거하여 한자의 응용을 위해 각 방면의 표준을 확정하고, 문자 발전 규율에 부합하는 새로운 성분과 새로운 용법을 고정시켜 널리 알리는 것을 가리킨다. 이와 동시에 문자 발전 규율에 부합하지 않고 존재할 필요가 없는 특이 성분 및 용법에 대해서는 표준의 요구에 근거하여 적절히 처리함으로써 한자가 사회적 소통과 현대화 건설에 더 잘 봉사하도록 하는 것이다.☞'한자규범화' 항목 참조.

⁷³³-한자학(漢字學) ‖ 漢字學 ‖ 漢字学 ‖ Hán tự học ‖ Chinese Characterology ◇한자학(漢字學)은 한자의 기원·구조·발전·변천 등을 종합적으로 연구하는 학문 분야이다. 구체적으로는 자형학(字形學), 음운학(音韻學), 훈고학(訓詁學)의 세 영역을 포함한다. 예를 들어 '강(江)'이라는 한자의 경우, 자형학에서는 '수(水=氵)'와 '공(工)'의 결합 구조를, 음운학에서는 [kaŋ]이라는 음가의 형성과 변천을, 훈고학에서는 '홍수'라는 의미의 발생과 확장을 연구한다. 이는 전통적인 육서(六書) 이론과 자서(字書) 연구를 기반으로 하되, 현대 언어학의 방법론도 수용하여 발전해 온 종합적 학문 체계이다.

⁷³⁴-한자합병(漢字合倂) ‖ 漢字合倂 ‖ ☆ ‖ Hợp nhất chữ Hán ‖ Chinese Character Merging ◇한자합병(漢字合倂)은 원래 서로 다르지만 의미가 비슷하거나 관련 있는 한자를 하나의 글자로 합치는 것을 가리킨다. 이러한 합병은 한자의 총량을 줄이고 필사(筆寫)와 독해(讀解)의 효율을 높이는 데 도움이 되지만, 동시에 이해와 사용에 있어 일부 어려움을 야기할 수 있다.

⁷³⁵-한자형의학(漢字形義學) ‖ 漢字形義學 ‖ 漢字形義学 ‖ Hán tự học hình nghĩa ‖ Chinese Character Semantics

◇한자형의학(漢字形義學)은 한자의 형태(形態)와 그것이 내포하고 있는 의미(意義) 사이의 내재적 연관성을 탐구하는 데 주력한다. 이는 한자의 구조 방식, 형체(形體)의 연변(演變), 그리고 상이한 역사 시기와 문화적 배경 하에서의 의미 변화를 분석함으로써 한자의 형체와 의미(形義) 간의 관계를 밝힌다.

736-한자형체(漢字形體) ‖ 漢字形體 ‖ 漢字字体/漢字書体 ‖ hình thể chữ Hán ‖ Chinese Character Forms
◇한자형체(漢字形體)는 한자의 필사형식(筆寫形式)과 구조특징(結構特點)을 가리킨다. 한자는 수천 년의 변화와 발전을 거쳐 여러 가지 상이(相異)한 자체(字體)와 스타일(風格)을 형성하였다.

737-한자형체학(漢字形體學) ‖ 漢字形體學 ‖ 漢字形態学 ‖ Hình thể học Hán tự ‖ Chinese Character Morphology
◇한자형체학(漢字形體學)은 한자의 형체(形體) 변화, 구조 및 그 규율을 연구하는 학문이다. 그것은 한자가 갑골문(甲骨文), 금문(金文), 소전(小篆), 예서(隸書), 해서(楷書), 행서(行書), 초서(草書)에서 현대 한자에 이르기까지 각 역사적 단계의 형체 변화, 그리고 이러한 변화의 배경이 되는 문화, 사회, 기술적 요인들을 포괄한다. ☞'한자구형학' 항목 참조.

738-한자형태(漢字形態) ‖ 漢字形態 ‖ 漢字字形 ‖ Hình thái chữ Hán ‖ Form of Chinese Characters ◇한자는 네모꼴평면형(方塊平面型)의 문자부호(文字符號)인데, 이 점은 라틴계문자(拉丁系文字), 슬라브계문자(斯拉夫系文字), 아랍계문자(阿拉伯系文字) 등의 선형문자(線性文字)와 현저한 차이가 있다. 한자의 필획(筆劃)은 질서정연하게 평면형(平面性)의 네모꼴 틀(方框) 속에 분포되어 독특한 시각형태(視覺形態)를 형성하였다.

739-한자형태소(漢字形素) ‖ 漢字形素 ‖ 字素/文字素* ‖ Hình tố

Hán tự ‖ Han Zi Morpheme ◇한자형태소(漢字形素)란 한자 중에서 형체상 상대적으로 독립적이며 구성 의미를 체현할 수 있는 구성요소를 가리킨다.

740-한자형태학(漢字形態學) ‖ 漢字形態學 ‖ 漢字字体学/漢字字形學 ‖ Hán tự học hình thái ‖ Chinese Character Form ◇한자형태학(漢字形態學)은 한자학(漢字學)의 한 중요한 분과로서, 한자의 외부 형태에 주목하여 연구하는 분야이다. 여기에는 글자체(字體)의 스타일(風格), 필획(筆劃)의 자태(姿態), 자형의 구조 방식 등이 포함된다. 이러한 측면들에 대한 연구를 통해, 한자형태학(漢字形態學)은 한자가 상이한 역사 시기와 문화적 배경 하에서 나타내는 형태적 특징과 변화 규율을 밝힐 수 있다.☞'한자형체' 항목 참조.

741-합문(合文) ‖ 合文 ‖ 合字/合文 ‖ hợp văn ‖ Juxtaposed characters ◇합문(合文)은 두 개 혹은 그 이상의 한자가 하나의 독립된 한자 필사 단위로 합병된 글자이지만, 그 독음은 여전히 원래의 다음절(多音節) 독법이 그대로 유지된다. 예컨대, '不用(bùyòng)'을 합쳐서 '甭(béng)'으로 만든 것과 같다.

742-합성구조(合成結構) ‖ 合成結構 ‖ 複合字の構造 ‖ Cấu trúc hợp thành ‖ Compound structure ◇한자의 합성구조(合成結構)는 주로 여러 부건(部件)이 조합되어 이루어진 한자 형태를 가리킨다. 이러한 부건들은 서로 다른 조합 방식과 규율에 따라 한자의 다양한 구조를 형성한다.

743-합성자부(合成字符)/부건(件) ‖ 合成字符/件 ‖ 複合字の構成要素 ‖ Ký tự/bộ phận hợp thành ‖ Compound character/component ◇합성자부(合成字符)는 둘 이상의 기초자부(基礎字符)가 조합되어 형성된 새로운 자부(字符)를 말한다.

744-합음자(合音字) ‖ 合音字 ‖ 合音字/反切字*/切身* ‖ Chữ hợp

âm ‖ Phonetic compound character ◇합음자(合音字)란 두 개 이상의 한자의 음절(音節)을 합병(合倂)하여, 하나의 새로운 한자를 창조해 내는 것으로, 특정한 의미(意義) 또는 개념(槪念)을 표현(表達)하기 위해 사용된다. 예컨대 '킬로와트'를 뜻하는 '瓩(qiānwǎ)'가 그렇다.

745-합체상형(合體象形) ‖ 合體象形 ‖ 象形性をもつ会意文字* ‖ Tượng hình hợp thể ‖ Compound pictograph ◇합체상형(合體象形)은 두 개 이상의 독체상형자(獨體象形字)가 조합되어 완전히 새로운 개념을 표현하는 한자 구조를 가리킨다.

746-합체자(合體字) ‖ 合體字 ‖ 複合字/合体字/字 ‖ Chữ hợp thể ‖ Compound character ◇합체자(合體字)는 두 개 이상의 독립적인 한자 문자, 즉 편방(偏旁)이나 부수(部首)가 조합되어 이루어진 새로운 한자를 말한다.

747-합체지사(合體指事) ‖ 合體指事 ‖ 指事文字* ‖ Chỉ sự hợp thể ‖ Compound Denotation ◇합체지사(合體指事)는 이미 존재하는 문자 형상(文字形象)이나 부호(符號)가 어떤 추상적 개념을 표현하기에 부족할 때, 한 개 혹은 다수의 지사부호(指事符號)를 조합하여 하나의 새롭고 더욱 복잡한 의미를 지닌 자형을 형성하는 것을 가리킨다.

748-합체표의자(合體表意字) ‖ 合體表意字 ‖ 会意文字* ‖ Chữ biểu ý hợp thể ‖ Ideogrammatic compound character ◇합체표의자(合體表意字)는 두 개 이상의 단독 자형이 결합하여 이루어진 것으로, 자형들 간의 상호 관련성과 조합을 통해 전혀 새로운 의미를 지니게 된 한자를 말한다.

749-해례(楷隷) ‖ 楷隷 ‖ 楷隷* ‖ Khải lệ ‖ Regular Clerical Script ◇해례(楷隷)는 다음의 두 가지 의미를 가진다. (1) 예서(隷書)를 가리키는데, 한(漢)나라와 위(魏)나라 때에 예서(隷書)를 해법(楷法)으로 여겼기 때문에 해례(楷隷)라고 불렀다. (2)

해서(楷書)와 예서(隸書)를 통칭한다.

750-해서(楷書) ‖ 楷書 ‖ 楷書/楷書体 ‖ Khải thư ‖ Regular Script
◇해서(楷書)는 달리 '정서(正書)', '진서(眞書)', '정해(正楷)'라고도 부른다. 예서(隸書)에서 변하여 형성되었다. 형체(形體)가 방정(方正)하고, 필획(筆劃)이 평직(平直)하여, 모범(楷範: 본보기)으로 삼을 수 있으므로, 해서(楷書)라고 이름 지어졌다.

751-해서화(楷化) ‖ 楷化 ‖ 楷書化 ‖ Khải hóa ‖ Regular Script Regularization ◇해서화(楷化)란 한자를 해서화(楷書化)하는 과정을 말하며, 주로 한례(漢隸)를 기초로 하여 필획(筆劃)의 형태와 구조를 변화시킴으로써 한자를 보다 반듯하고(方正) 규범적으로 만드는 것이다. 해화(楷化) 과정에서 파절(波折: 서예에서 파도처럼 굽이치듯 꺾이는 기법)이 들어간 필형(筆形)은 횡평수직(橫平豎直)으로 바뀌었고, 쓰기에 불편한 일부 글자 또한 약간의 간화(簡化)가 이루어져 한자의 필사 효율과 심미성을 높였다.

752-해성(諧聲) ‖ 諧聲 ‖ 谐声 ‖ Hài thanh ‖ Homophony
◇해성(諧聲)은 형성자(形聲字)의 일종의 구조 방식을 가리키는데, 그중 형부(形符: 의미부)는 의미를 나타내는 데에 사용되고, 성부(聲符: 소리부)는 독음을 나타내는 데에 사용된다.

753-해성편방(諧聲偏旁) ‖ 諧聲偏旁 ‖ 声符/音符 ‖ Bộ thủ bàng hài âm ‖ Phonetic radical ◇해성편방(諧聲偏旁)은 형성자(形聲字) 중의 성부(聲符) 부분을 말한다. 이는 통상적으로 그것이 구성하는 형성자(形聲字)의 독음(讀音)과 동일하거나 비슷하다.

754-해성표(諧聲表) ‖ 諧聲表 ‖ 谐声表 ‖ Bảng hài thanh ‖ Homophony table ◇해성표(諧聲表)는 해성편방(諧聲偏旁)을 일정한 상고음(上古音)의 운부(韻部) 목차에 따라 비슷하게 편집 배열하여 만든 표이다. 이러한 표는

각각의 해성편방(諧聲偏旁)이 상고음운(上古音韻)에서의 위치와 분포 상황을 이해하는 데 도움을 줄 수 있다.

755-해외한자학(域外漢字學) ‖ 域外漢字學 ‖ 域外漢字学* ‖ Hán tự học nước ngoài ‖ Chinese Characterology in Foreign Regions ◇해외한자학(域外漢字學)은 상대적으로 특수하고 학제 간 연구가 필요한 연구 영역으로, 주로 한자가 중국의 영토 밖 혹은 국외(즉 域外)에서의 전파, 사용, 연변 및 그것이 현지의 문화, 언어, 역사 등의 측면에서 어떻게 상호 영향하는 지에 초점을 맞춘다.

756-해음자(諧音字) ‖ 諧音字 ‖ 同音異義字*/諧声系列* ‖ Chữ hài âm ‖ Homophonic character ◇해음자(諧音字)는 통상적으로 발음상 유사하거나 동일하지만, 의미는 다른 두 개 이상의 글자나 단어를 지칭한다. 해음자(諧音字)를 사용함으로써, 사람들은 유머, 쌍관(雙關) 또는 함축적 표현 효과를 창출해 낼 수 있다.

757-행관(行款) ‖ 行款 ‖ 書字方向 ‖ Hành khoản ‖ Hang Kuan ◇행관(行款)은 문자의 서사 순서와 배열 형식으로, 자서(字序)와 행서(行序)를 포함한다. 예를 들어 한자 종배(縱排)는 자서가 위에서 아래로, 행서가 우에서 좌로; 횡배(橫排)는 자서가 좌에서 우로, 행서가 위에서 아래로 진행된다.

758-행서(行書) ‖ 行書 ‖ 行书 ‖ Hành thư ‖ Xing Script ◇행서(行書)는 초서(草書)와 해서(楷書) 사이에 있는 한자 자체(字體)의 일종을 가리킨다.

759-행초(行草) ‖ 行草 ‖ 行草/行草体 ‖ Hành thảo ‖ Xing Cursive ◇행초(行草)에는 다음의 두 가지 의미가 있다. (1) 행서(行書)와 초서(草書) 사이에 위치하는 일종의 서예(書藝) 자체(字體)를 이른다. (2) 행서(行書)와 초서(草書)를 아울러 이른다.

760-행해(行楷) ‖ 行楷 ‖ 行楷書 ‖ Hành khải ‖ Xing Regular Script ◇행해(行楷)는 행서(行書)와 유사한 해서(楷書) 자체(字體)를

지칭한다.

761-향가(鄕歌) ‖ 鄕歌 ‖ 鄕歌 ‖ Hyangga (Dân ca Hàn Quốc thời Trung đại) ‖ Village Songs ◇향가(鄕歌)는 한국이 자신의 문자를 창제하기 전 시대에 한국어를 한자로 표기한 방법의 하나이다. 모두 독음을 한자로 기록하였는데, 한자 본래의 의미와는 무관하다. 대부분 민가나 민요를 표기하는데 썼으며, 향가 또는 향례(鄕禮)라 부른다.

762-허신(許愼) ‖ 許愼 ‖ 許愼 ‖ Hứa Thận ‖ Xu Shen ◇허신(許愼, 약 58-147)은 후한(後漢) 시대의 저명한 한자 학자로, 중국 최초의 본격적인 자전(字典)인 『설문해자(說文解字)』의 저자이다. 그는 100년경에 완성된 이 저작에서 9,353자의 한자를 540개의 부수(部首)로 분류하여 체계적으로 정리하였으며, 각 글자의 형태, 발음, 의미를 분석하였다. 특히 육서(六書)의 이론을 정립하여 한자의 조자법(造字法)을 체계화한 공로가 크다. 허신의 『설문해자』는 중국뿐만 아니라 한국, 일본, 베트남 등 한자문화권 전체에 지대한 영향을 미쳤으며, 현대 한자학 연구의 기초를 마련한 고전으로 평가된다. 그의 한자 분석 방법론은 오늘날까지도 한자 교육과 연구에 중요한 이론적 토대를 제공하고 있다.

763-허학(許學) ‖ 許學 ‖ 许学/说文学 ‖ Hứa Thận học (Nghiên cứu về Hứa Thận) ‖ Xu Studies ◇허학(許學)은 통상적으로 후한(後漢)의 저명한 경학자(經學家)이자 문자학자(文字學家)였던 허신(許愼)이 저술한 『설문해자(說文解字)』에 대한 연구 및 이로 인해 형성된 학문을 연구하는 것을 가리킨다.

764-현대한자(現代漢字) ‖ 現代漢字 ‖ 現代漢字 ‖ Hán tự hiện đại ‖ Contemporary Chinese Characters ◇현대한자(現代漢字)는 현 단계에서 사용되고 있는 한자를 가리키며, 주로 현대 한어(漢語)를 기록하는데 사용된다. 사회의 빠른 발전과 과학기술의 끊임없는 진보에 따라, 현대한자(現代漢字)는

필사방식(筆寫方式), 폰트설계(字體設計), 언론매체(傳播媒介) 등 방면에서 모두 심한 변화가 발생하였다.

765-현대한자학(現代漢字學) ‖ 現代漢字學 ‖ 現代漢字学 ‖ Hán tự học hiện đại ‖ contemporary Chinese Characterology
◇현대한자학(現代漢字學)은 20세기 초 이후의 현대 한어(漢語) 용자(用字)를 연구 대상으로 하여, 현대 한자의 성질과 특징, 자형(字形), 자음(字音), 자서(字序)와 글자수량(字量: 자량) 등의 문제를 연구하고, 현대 한자의 구성과 운용 규율을 밝히며, 현대 한자 운용의 규범과 표준 및 상관된 어문정책(語文政策)을 연구 제정하는 한자학(漢字學)의 분과 학문이다.

766-현침문(懸針文) ‖ 懸針文 ‖ 懸針体* ‖ Huyền châm văn ‖ Suspended Needle Script ◇현침문(懸針文)은 서예에서 수획(豎畫: 세로획)을 이르는 명칭의 하나이다. 수획(豎畫)의 아래쪽 끝에서 필봉(筆鋒)이 나오는 데, 그것이 마치 바늘이 매달려 있는 것과 같기에 현침(懸針)이라 부른다.

767-현행한자(現行漢字) ‖ 現行漢字 ‖ 現行漢字 ‖ Chữ Hán hiện hành ‖ Current Chinese Characters ◇현행한자(現行漢字)는 곧 현대한자(現代漢字)를 말하는데, 중국 전국에서 통용되는 문자(文字)이며, 중화인민공화국의 공식 문자이기도 하다. 이것은 중국 전통 한자가 끊임없이 연변(演變)하고 발전하는 과정에서 형성되었으며, 뚜렷한 특징과 광범위한 응용 가치를 지니고 있다.

768-형근자(形近字) ‖ 形近字 ‖ 類形異字 ‖ Chữ cận hình ‖ Characters with similar forms ◇형근자(形近字)는 몇 개의 자형 구조가 서로 비슷한 한자를 가리키는데, 그것들의 외형은 유사하지만 읽는 음과 함의하는 바가 다르다.

769-형방(形旁) ‖ 形旁 ‖ 意符/義符 ‖ Bộ thủ bàng ‖ Xing pang
◇형방(形旁)은 '형부(形符)' 또는 '의부(義符)'라고도 하는데, 한자에서 사물을 분류하고 귀납하여 의미를 표시하는 글자

부호(字符)이다. 한자의 형성자(形聲字) 중에서 형방(形旁)은 글자의 의미를 나타내는 역할을 담당하며, 이와 상대되는 성방(聲旁)은 글자의 독음을 나타내는 역할을 담당한다.

⁷⁷⁰-형방교체(形旁的代換) ‖ 形旁的代換 ‖ 意符の交換 ‖ Thay thế bộ thủ bằng biểu nghĩa ‖ Radical substitution
　◇형방교체(形旁的代換)는 한자 사용에 있어서 일정한 목적에서 형성자(形聲字)의 형방(形旁)을 바꾸는 현상을 가리킨다.

⁷⁷¹-형부(形符) ‖ 形符 ‖ 意符/義符 ‖ hình phù ‖ Morphological Symbol　◇형부(形符)는 또한 '형방(形旁)'이나 '의부(義符)'라고도 하는데, 합체자(合體字)의 한 부분으로서 성방(聲旁)과 대응되는 개념이며, 주로 한자의 의미를 나타내는 역할을 한다.

⁷⁷²-형서법(形序法) ‖ 形序法 ‖ 形態配列 ‖ Phương pháp xếp theo kết cấu tự hình ‖ Form Sequence Method　◇형서법(形序法)은 한자의 형체 구조 특징에 따라 자순을 배열하는 방법과 규칙이다.

⁷⁷³-형성(形聲) ‖ 形聲 ‖ 形声 ‖ Hình thanh ‖ Morphological-phonetic　◇형성(形聲)은 한자 '육서(六書)' 조자법(造字法)의 하나로, '형(形)'과 '성(聲)' 두 부분으로 합성된 글자를 가리키는데, 그중 형방(形旁)은 의미와 관련되고, 성방(聲旁)은 독음과 관련된다.

⁷⁷⁴-형성겸회의(形聲兼會意) ‖ 形聲兼會意 ‖ 会意形声义字/亦声* ‖ Hình thanh kiêm hội ý ‖ Xing sheng jian hui yi　◇형성겸회의(形聲兼會意)는 어떤 한자들이 구조적으로 형성자(形聲字)이면서(형방(形旁)과 성방(聲旁)으로 구성됨), 동시에 그 성방(聲旁)이 표의(表意) 기능을 갖추고 있음을 뜻한다. 즉 형성자(形聲字)의 성방(聲旁)이 표음(表音)과 표의(表意)를 겸하는 것을 말한다.

⁷⁷⁵-형성자(形聲字) ‖ 形聲字 ‖ 形声文字 ‖ Chữ hình thanh ‖ Morphological-phonetic character　◇형성자(形聲字)는

한자 조자방식(造字方式)의 하나로, 형방(形旁)과 성방(聲旁)으로 구성된다. 형방(形旁)은 글자의 의미나 귀속을 나타내며, 성방(聲旁)은 글자의 동일하거나 유사한 독음을 나타낸다.

776-형성화(形聲化) ‖ 形聲化 ‖ 形声化 ‖ Hình thanh hóa ‖ Xing sheng hua ◇형성화(形聲化)는 한자가 발전 과정에서, 구자부건(構字部件)을 추가, 대체 또는 변경하는 방식을 통해, 본래 형성자(形聲字)가 아닌 한자나 이미 존재하는 형성자가, 그 독음을 유지하거나 변경함과 동시에, 그 형방(形旁)을 증가시키거나 변경함으로써, 그 의미를 보다 명확하게 표현하는 과정을 말한다.

777-형소(形素) ‖ 形素 ‖ 字素/文字素* ‖ Hình tố ‖ Morpheme ◇형소(形素)는 한자구형학(漢字構形學)에서 한자의 기본 구형 요소를 특별히 지칭한다.☞'**한자형태소**' 항목 참조.

778-형위(形位) ‖ 形位 ‖ 字素の分析法* ‖ Vị trí bộ biểu hình ‖ Position ◇형위(形位)는 한자구형학(漢字構形學) 개념의 하나로, 어떠한 공시적 형체 구성 체계에서 이사(異寫) 기초 구성요소를 귀납한 결과를 가리킨다. 이는 한자 구형 체계 중의 최소 요소 즉 형소(形素)를 귀납하여 도출한 것이다.

779-형음겸차자(形音兼借字) ‖ 形音兼借字 ‖ 字形が近く発音が通用する文字 ‖ Chữ vay mượn cả hình và âm ‖ Morphological-phonetic loan characters ◇형음겸차자(形音兼借字)란 자형이 유사함과 동시에 자음(字音)이 근접함을 통해 차용된 한자를 가리킨다.

780-형음의겸차(形音義兼借) ‖ 形音義兼借 ‖ 形音義の借用 ‖ Chữ vay mượn hình, âm và nghĩa ‖ Phono-semantic and ideographic loan character ◇형음의겸차(形音義兼借)는 언어학 현상의 하나로, 한 단어가 동시에 다른 언어의 독음, 필사 형식(筆寫形式), 의미를 차용하는 것을 말한다.

⁷⁸¹-형음합성자(形音合成字) ‖ 形音合成字 ‖ 象形と声符からなる 字 ‖ Chữ hợp thành hình âm ‖ Morphological-phonetic compound characters ◇형음합성자(形音合成字)는 하나의 상형 구성요소(象形構件) 즉 형방(形旁)과 하나의 시음 구성요소(示音構件) 즉 성방(聲旁)이 직접 조합하여 이루어진 글자이다.

⁷⁸²-형의합성자(形義合成字) ‖ 形義合成字 ‖ 象形と義符からなる 字 ‖ Chữ hợp thành hình nghĩa ‖ Morphological-semantic compound characters ◇형의합성자(形義合成字)는 표형구건(表形構件)과 표의구건(表義構件)이 결합하여 이루어진 것인데, 그중 표형구건이 주체가 되고 표의구건은 표형구건에 의미 정보를 더해주는 역할을 한다.

⁷⁸³-형체구조(形體結構) ‖ 形體結構 ‖ 字体の形態と構造 ‖ Kết cấu hình thể ‖ Form and Structure ◇한자의 형체구조(形體結構)는 한자를 필사(筆寫)하는 과정에서 형성되는 특정한 형상(形狀)과 구조(構造)의 특징을 가리킨다. 한자의 형체구조(形體結構)는 복잡하고 다변하지만, 서로 다른 분류 방식에 근거하여 귀납(歸納)하고 서술(敍述)할 수 있다.

⁷⁸⁴-형체유사자(形似字) ‖ 形似字 ‖ 類形字/類形異字 ‖ chữ có hình dạng gần giống ‖ Characters with similar form ◇형체유사자(形似字)는 형태상으로는 매우 유사하지만, 의미는 완전히 다른 한자를 가리킨다.

⁷⁸⁵-형태기호화(形態符號化) ‖ 形態符號化 ‖ 字形の記号化* ‖ Ký hiệu hóa hình thái ‖ Morphological Symbolization ◇한자의 형태(形態)는 점차 상형(象形), 지사(指事) 등 원시 조자법(造字法)에서 더욱 추상적(抽象的)이고 부호화(符號化)된 형식으로 변화하였는데, 이를 형태기호화(形態符號化)라고 한다.

⁷⁸⁶-형태소문자(語素文字) ‖ 語素文字 ‖ 音節文字*/形態素文字* ‖

văn tự từ tố ‖ Morpheme Script ◇한자의 기본 단위는 한어(漢語)의 형태소(語素)를 기록하고 있으므로 한자는 형태소문자(語素文字)이기도 하다. 형태소(語素)는 언어에서 의미를 가진 가장 작은 언어 단위인데, 한자는 다양한 조합과 배열을 통해 풍부한 형태소(語素)의 의미를 표현할 수 있다. 이러한 특성은 한자가 복잡한 사상과 감정을 표현할 때 독특한 우위를 가지게 한다. 달리 사소문자(詞素文字)라고도 한다.

787-혹체(或體) ‖ 或體 ‖ 或体 ‖ thể chữ khác ‖ Huo Ti ◇혹체(或體)는 정체자(正體字), 즉 규범 한자(規範漢字)에 대응하는 이체자(異體字) 또는 변체(變體)를 가리킨다.

788-화문(和文) ‖ 和文 ‖ 和文/日本文 ‖ Hòa văn ‖ He Script ◇화문(和文)은 일본 문자를 말한다.

789-화폐문자(貨幣文) ‖ 貨幣文 ‖ 泉文/貨幣文字 ‖ Hóa tệ văn ‖ Currency Inscriptions ◇화폐문(貨幣文)은 달리 '천문(泉文)' 또는 '전문(錢文)'이라고도 하는데, 고대에 화폐에 주조한 문자를 가리킨다. 이러한 문자는 대부분 선진(先秦) 시기의 금속 주화에서 볼 수 있으며, 내용은 주로 지명(地名)과 폐치(幣值: 통화 가치)가 주를 차지하며, 자체(字體)는 대부분 초략하고 간략하다.

790-환경기호화(場景符號化) ‖ 場景符號化 ‖ ☆ ‖ Ký hiệu theo tình huống ‖ Situational Symbolization ◇사회의 발전과 과학기술의 진보에 따라 한자의 사용 환경 또한 점점 더 광범위해지고 있다. 서로 다른 사용 환경에서 한자는 특정한 수요를 만족시키기 위해 상이(相異)한 부호화(符號化) 형식으로 출현해야 할 필요가 있을 수 있는데, 이를 환경기호화(場景符號化)라고 한다.

791-회의(會意) ‖ 會意 ‖ 会意 ‖ Hội ý ‖ Hui yi ◇회의(會意)는 한자 구조(構造)의 하나로, 구체적으로는 두 개 이상의 글자를

조합하고, 그것들 사이의 논리적 관계나 사리(事理)에 근거하여 공동으로(共同) 새로운 의미를 표현하는 것을 가리킨다.

792-회의겸형성자(會意兼形聲字) ∥ 會意兼形聲字 ∥ 会意形声文字/会意兼形声字 ∥ Chữ hội ý kiêm hình thanh ∥ Hui yi jian xing sheng zi ◇회의겸형성자(會意兼形聲字)는 회의(會意) 성분(즉 자부(字符) 결합 후 그 의미 관계를 통해 새로운 함의를 표현하는 것)과 형성(形聲) 성분(즉 자부(字符) 중 일부분은 독음(讀音)을 나타내고 다른 부분은 의미 범주를 나타내는 것) 모두를 포함하고 있는 한자를 가리킨다.

793-회의자(會意字) ∥ 會意字 ∥ 会意字/会意文字 ∥ Chữ hội ý ∥ Associative character ◇회의자(會意字)는 두 개 이상의 자형의 의미가 상호 관련되고, 상호 보충되거나 상호 제약되어 하나의 총체적 의미를 공동으로 표현하는 한자를 말한다. 이러한 자형들은 그 자체로 독립적인 의미를 가진 한자이지만, 함께 조합되면 이들은 공동으로 하나의 완전히 새로운 한자와 새로운 의미를 구성하게 된다.

794-후기본자(後起本字) ∥ 後起本字 ∥ 仮借字に意符を追加した形声文字 ∥ Chữ gốc tạo mới sau ∥ Newly Originated Original Characters ◇후기본자(後起本字)는 가차자(假借字) 기초 위에서 단어의 의미(語義)를 더 정확하게 표현하기 위해 새로 만든 글자를 가리킨다.

795-후기의부(後起意符) ∥ 後起意符 ∥ 追加された意符 ∥ Ký hiệu nghĩa tạo thêm ∥ Subsequent Semantic Symbol ◇후기의부(後起意符)란 이미 존재하는 문자를 바탕으로, 어떤 의미를 명확히 하거나 구분하기 위해 나중에 추가한 의부(意符, 또는 형부(形符)라고도 함)를 지칭한다.

796-후기자(後起字) ∥ 後起字 ∥ 後起字 ∥ Chữ tạo sau ∥ Newly Originated Characters ◇후기자(後起字)는 문자학(文字學)에서

동일한 글자의 후대에 생겨난 필사 방식을 가리키는데, 합체자(合體字)가 대부분을 차지하며, 초문(初文)에 상대되는 개념이다.

797-훈독(訓讀) ‖ 訓讀 ‖ 訓読み ‖ Huấn độc (cách đọc dựa theo hình và nghĩa chữ Hán) ‖ Xun Du ◇훈독(訓讀)은 일본어에서 한자의 한 독음 방식으로, 한자의 자형과 의미를 차용하되 일본 고유의 언어로 읽는 것이다.

798-훈몽자회(訓蒙字會) ‖ 『訓蒙字會』 ‖ 『訓蒙字会』 ‖ Huấn mông tự hội ‖ Xun Meng Character Association ◇『훈몽자회(訓蒙字會)』는 조선시대 문학대가이자 운서대가인 최세진(崔世珍)이 편찬했다. 한반도 역사상 최초로 음과 의미를 함께 표기한 몽학자서로, 아동에게 더욱 실용적이고 체계적인 한자 학습 자료를 제공하고자 했다. 이 책은 한자의 조선시대 실제 사용 상황을 기록했을 뿐만 아니라, 조선시대 교육용 한자의 글자수량(字量: 자량), 자형, 자음, 자의 등 여러 측면의 정보를 보존했다.

799-훈민정음(訓民正音) ‖ 『訓民正音』 ‖ 『訓民正音』 ‖ Huấn dân chính âm ‖ Xun Min Zheng Yin ◇『훈민정음(訓民正音)』은 조선 세종 25년(1443년)에 창제되어 1446년에 정식 공포되었다. 한국어와 외국 문자 연구를 바탕으로 표음문자를 공동 창립했다.

800-희평석경(熹平石經) ‖ 熹平石經 ‖ 熹平石経 ‖ Hy Bình thạch kinh ‖ Xiping Stone Sutra ◇희평석경(熹平石經)은 동한(東漢) 때에 새긴 비석 경서(經書)이다. 한나라 영제(漢靈帝) 희평(熹平) 4년에 채옹(蔡邕) 등이 확정한 경본(經本)의 문자를 바탕으로 총 46점의 비석을 새겼는데, 예서(隸書) 한 가지 서체로만 썼다. 태학(太學) 강당 앞의 동쪽에 세워졌으며, 『노시(魯詩)』, 『상서(尚書)』, 『주역(周易)』, 『의례(儀禮)』, 『춘추(春秋)』, 『공양전(公羊傳)』, 『논어(論語)』 등 7종의 경문(經文)이 있어 중국 역사상 가장 이른 시기의 정부에서 확정한 유가 경전 판본이다.

03
색인

색인(1) 한국어

* 번호는 표제항의 일렬번호를 나타냄

가차(假借)…1
가차분화자(假借分化字)…2
가차소리부(借音符)…3
가차의미(假借義)…4
가차자(假借字)…5
가차자형(借形)…6
가체지사(加體指事)…7
각계설(刻契說)…8
각부(刻符)…9
각획부호(刻畫符號)…10
간독문(簡牘文)…11
간록자서(干祿字書)…12
간자(簡字)…13
간접구성요소(間接構件)…14
간체자(簡體字)…15
간필자(簡筆字)…16
간화(簡化)…17
간화성(簡化性)…18
간화원자(簡化原字)…19
간화자(簡化字)…20
간화자총표(簡化字總表)…21
간화편방(簡化偏旁)…22
감필자(減筆字)…23
갑골문(甲骨文)…24
갑골문
　문자학(甲骨文文字學)…25
갑골학(甲骨學)…26
강영여서(江永女書)…27
개체자부(個體字符)…28
거란대자(契丹大字)…29
거란문자(契丹文)…30
거란소자(契丹小字)…31
검자법(檢字法)…32
격음부호(隔音符號)…33
결승(結繩)…34
결승기사설(結繩記事說)…35
결체(結體)…36
셩필서법(硬筆書法)…37
계량한자학(計量漢字學)…38
고금자(古今字)…39
고금자변이(古今字變異)…40
고금통용자(古今通用字)…41
고대한자(古代漢字)…42
고도문(古陶文)…43

고려역음(高麗譯音)…44
고문(古文)…45
고문자(古文字)…46
고문자학(古文字學)…47
고빈도추간율(高頻趨簡律)…48
고예(古隸)…49
고주(古籒)…50
곡랑비(穀朗碑)…51
과두문(蝌蚪文)…52
관각체(館閣體)…53
광의의 이체자(廣義異體字)…54
광초(狂草)…55
구건(構件)…56
구건대체(構件替換)…57
구별부호(區別符號)…58
구별자(區別字)…59
구성요소(組件)…60
구역위치번호(區位號)…61
구자법(構字法)…62
구자이거(構字理據)…63
구자형(舊字形)…64
구조(漢字結構)…65
구조규칙(結構規律)…66
구조법칙(構造法則)…67
구조변화(結構變化)…68

구조유형(結構類型)…69
구첩전(九疊篆)…70
구체(歐體)…71
구형법(構形法)…72
귀갑문자(龜甲文字)…73
규범성(規範性)…74
규범자체/형(規範字體/形)…75
규범한자(規範漢字)…76
규범화(規範化)…77
근대한자(近代漢字)…78
근대한자학(近代漢字學)…79
글자(字)…80
글자간 관계(字際關係)…81
글자구성 부건(構字部件)…82
글자구조(字構)…83
글자데이터베이스(字庫)…84
글자등급(字級)…85
글자량(字量)…86
글자부건(字件)…87
글자빈도(字頻)…88
글자뿌리(字根)…89
글자수(字數)…90
글자수집(字集)…91
글자표(字表)…92
글자형식(字式)…93
글자부호(字符)…94
금문(今文)…95

금문(金文)…96
금문학(金文學)…97
금석문(金石文)…98
금석학(金石學)…99
금자(今字)…100
금초(今草)…101
급총고문(汲塚古文)…102
기능기호화(功能符號化)…103
기본의미(基本義)…104
기본필획(基本筆劃)…105
기본형체(基本形體)…106
기원문자(自源文字)…107
기일성문설(起一成文說)…108
기자(奇字)…109
기초구건(基礎構件)…110
기초자소/요소(基礎字符/件)…111
기초한자(基礎漢字)…112
기타 기원문자(他源文字)…113
기호자(記號字)…114
나시문자(納西文)…115
냉벽자(冷僻字)…116
누증자(累增字)…117
다음다의자(多音多義字)…118
다음자(多音字)…119
다의자(多義字)…120
단옥재(段玉裁)…121

단일구조(單一結構)…122
단일필획(單一筆劃)…123
단필기초자부/부건(單筆基礎字符/部件)…124
단필한자(單筆漢字)…125
당대 예서(唐隸)…126
당대 해서(唐楷)…127
당용한자(當用漢字)…128
대각체(台閣體)…129
대리한자(大理漢字)…130
대만한자코드(臺灣碼)…131
대문회의(對文會意)…132
대용한자(帶用漢字)…133
대전(大篆)…134
대초(大草)…135
대해(大楷)…136
데이터베이스 한자학(數據庫漢字學)…137
도문(陶文)…138
도부(陶符)…139
도템(圖騰)…140
도형상징법(圖符示意法)…141
도화문자(圖畫文字)…142
도화설(圖畫說)…143
독음(讀音)…144
독음가차법(音借法)…145
독음표시구건(示音構件)…146

독음표시기능(示音功能)…147
독음표시독체자(示音獨體字)
　…148
독음화(音化)…149
독체변이자(獨體變異字)…150
독체상형(獨體象形)…151
독체자(獨體字)…152
독체지사(獨體指事)…153
동경명문(鏡銘)…154
동구자(同構字)…155
동문회의(同文會意)…156
동원자(同源字)…157
동음대체(同音代替)…158
동음자(同音字)…159
동음통용자(同音通用字)…160
동음한자필사규칙(同音漢字書
　寫規則)…161
동의본자(同義本字)…162
동의자(同義字)…163
동형(同形)…164
동형이용(同形異用)…165
동형자(同形字)…166
동화작용(同化作用)…167
라후문자(拉祜文)…168
리수문자(傈僳文)…169
만요가나(萬葉假名)…170
맹서(盟書)…171

명대 해서(明楷)…172
명문(銘文)…173
모인(摹印)…174
묘사문자학(描寫文字學)…175
무두자(無頭字)…176
무성자(無聲字)…177
무성자다음설(無聲字多音說)
　…178
무전(繆篆)…179
문(文)…180
문시(文始)…181
문자(文字)…182
문자개혁(文字改革)…183
문자구성단위(文字構成單位)
　…184
문자구조단위(文字結構單位)
　…185
문자부호(文字符號)…186
문자분화(文字分化)…187
문자체계(文字體系)…188
문자학(文字學)…189
문해보운(文海寶韻)…190
반기호반표음자(半記號半表音
　字)…191
반기호반표의자(半記號半表意
　字)…192
반기호자(半記號字)…193

방괴자(方塊字:네모꼴
　문자)…194
방서(榜書)…195
방자(方字)…196
방필원필(方筆圓筆)…197
백문(白文)…198
백서(帛書)…199
번간변이(繁簡變異)…200
번간자변이(繁簡字變異)…201
번체자(繁體字)…202
번한합시장중주(番漢合時掌中
　珠)…203
법서(法書)…204
법첩(法帖)…205
벽과서(擘窠書)…206
벽중서(壁中書)…207
변체부건(變體部件)…208
변체자(變體字)…209
변체표음(變體表音)…210
변체표음법(變體表音法)…211
변체표음자(變體表音字)…212
변체표의(變體表意)…213
변체표의법(變體表意法)…214
변체표의자(變體表意字)…215
변형(變形)…216
변형문자(變形文字)…217
변형부수(變形部首)…218

별도 신자(新字) 창제…219
별자(別字)…220
별체(別體)…221
병기문(兵器文)…222
병기문자(兵器文字)…223
병음문자(拼音文字)…224
복사(卜辭)…225
본의(本義)…226
본자(本字)…227
봉니문자(封泥文字)…228
부건(部件)…229
부건변위조자(部件變位造字)
　…230
부건위치관계(部件位置關係)
　…231
부건증가(部件增加)…232
부수(部首)…233
부수검자법(部首檢字法)…234
부호(符號)…235
분별자(分別字)…236
분화자(分化字)…237
불성자부건(不成字部件)…238
불완전구건(非字構件)…239
비교문자학(比較文字學)…240
비백서/필법(飛白書/筆法)…24
1
비별자(碑別字)…242

비초(飛草)…243
비필(肥筆)…244
비한족한자학(外族漢字學)…245
사정(四定)…246
사체이용설(四體二用說)…247
사회용자(社會用字)…248
사회한자학(社會漢字學)…249
삼십육법(三十六法)…250
삼체석경(三體石經)…251
상교구조(相交結構)…252
상리구조(相離結構)…253
상물자(象物字)…254
상사(象事)…255
상사자(象事字)…256
상성(象聲)…257
상용자(常用字)…258
상용한자(常用漢字)…259
상의문자(象意文字)…260
상접구조(相接結構)…261
상징성부호(象徵性符號)…262
상징표의(象徵表意)…263
상형(象形)…264
상형겸형성(象形兼聲)…265
상형기능(象形功能)…266
상형독체자(象形獨體字)…267
상형법(象形法)…268
상형부호(象形符號)…269
상형자(象形字)…270
상형초기문자(象形初文)…271
상형표의(象形表意)…272
새인문자(璽印文字)…273
생략(省略)…274
생벽자(生僻字)…275
생변(省變)…276
생병(省竝)…277
생성(省聲)…278
생체(省體)…279
생형(省形)…280
서개(徐鍇)…281
서계(書契)…282
서단(書丹)…283
서도(書道)…284
서보(書譜)…285
서서(署書)…286
서체(書體)…287
서하문자(西夏字)…288
서현(徐鉉)…289
서화동원(書畫同源)…290
석각문자(石刻文字)…291
석경문자(石磬文字)…292
석고문(石鼓文)…293
선조화(線條化)…294
설문학(說文學)…295

설문해자학(說文解字學)…296
설형문자(楔形文字)…297
성류(聲類)…298
성방(聲旁)…299
소리부(聲符)…300
소리부 첨가자(加音字)…301
소전(小篆)…302
소해(小楷)…303
속자(俗字)…304
속체자(俗體字)…305
송대 해서(宋楷)…306
송체자(宋體字)…307
수금체(瘦金體)…308
수두자(手頭字)…309
수로체(垂露體)…310
수리한자학(數理漢字學)…311
수사체(手寫體)…312
수서(殳書)…313
수서/자(水書/字)…314
수필(瘦筆)…315
순수음부(純音符)…316
순수지사(純指事)…317
습용자(習用字,
    상용자(常用字))…318
식필(飾筆)…319
신자형(新字形)…320
신조분화자(新造分化字)…321

신조자(新造字)…322
신증자(新增字)…323
심리문자학(心理文字學)…324
쌍성부자(雙聲符字)…325
쌍성통가(雙聲通假)…326
쌍음부자(雙音符字)…327
쌍의음복합자(雙意音複合字)
    …328
씨족문자(氏族文字)…329
씨족표지문자(氏族標誌文字)
    …330
안체(顔體)…331
약자(略字)…332
양문(陽文)…333
양성자(兩聲字)…334
양용편방(兩用偏旁)…335
언문(諺文)…336
언해(諺解)…337
여진문자(女眞字)…338
역사문자학(歷史文字學)…339
역사통용자(歷史通用字)…340
역성(亦聲)…341
역외방언(域外方言)…342
연면자(聯綿字)…343
연문(衍文)…344
영자팔법(永字八法)…345
예변(隸變)…346

예서(隸書)…347
예정(隸定)…348
예정고문(隸定古文)…349
예해(隸楷)…350
오음(吳音)…351
옥석문자(玉石文字)…352
옥저전(玉箸篆)…353
옥편학(玉篇學)…354
와당문자(瓦當文字)…355
와변(訛變)…356
완전구건(成字構件)…357
완전기호법(全記號法)…358
완전기호자(全記號字)…359
완전이체자(完全異體字)…360
용자기본단위(用字基本單位,
  기본자(基本字))…361
용자단위(用字單位)…362
용필(用筆)…363
우문설(右文說)…364
우음설(右音說)…365
운필(運筆)…366
원대 해서(元楷)…367
원시문자(原始文字)…368
원시한자(原始漢字)…369
위나라 해서(魏楷)…370
위비(魏碑)…371
위석경(魏石經)…372

위치교환(換位)…373
유부(類符)…374
유체(柳體)…375
유추간화(類推簡化)…376
유편(類篇)…377
유화(類化)…378
육국고문(六國古文)…379
육기(六技)…380
육서(六書)…381
육서고(六書故)…382
육서삼우설(六書三耦說)…383
육체(六體)…384
은허복사(殷墟卜辭)…385
음독(音讀)…386
음문(陰文)…387
음방(音旁)…388
음부(音符)…389
음부겸의부(音符兼意符)…390
음부교체(音符改換)…391
음부자(音符字)…392
음서법(音序法)…393
음의동원설(音義同源說)…394
음의문자(音意文字)…395
음의합체자(音義合體字)…396
응용한자학(應用漢字學)…397
의근형방통용(義近形旁通用)
  …398

의류설(義類說)…399
의미가차법(義借法)…400
의미부첨가자(加意字)…401
의미부추가(加注意符)…402
의미화(義化)…403
의방(義旁)…404
의부(意符)…405
의부(義符)…406
의부교체(意符改換)…407
의부표의(義符表意)…408
의서법(義序法)…409
의위(義位)…410
의음문자(意音文字)…411
의음합성자(義音合成字)…412
의음화(意音化)…413
의형합체자(義形合體字)…414
이거중구(理據重構)…415
이구자(異構字)…416
이독자(異讀字)…417
이두(吏讀)…418
이두문자(吏讀文字)…419
이론문자학(理論文字學)…420
이문(異文)…421
이문자(彝文)…422
이사자(異寫字)…423
이원동체자(異源同體字)…424
이음동용(異音同用)…425

이음동형자(異音同形字)…426
이의동음동형(異義同音同形)…427
이자동형(異字同形)…428
이체분해(異體分解)…429
이체자(異體字)…430
이체자변이(異體字變異)…431
이체자정리(異體字整理)…432
이체자폐지(異體字廢除)…433
이체전이(異體轉移)…434
이체합병(異體合併)…435
이형사(異形詞)…436
이형자(異形字)…437
인성구의설(因聲求義說)…438
인쇄체(印刷體)…439
인쇄통용한자자형표(印刷通用漢字字形表)…440
인쇄한어통용자표(印刷漢語通用字表)…441
인장문자(印章文字)…442
일반문자학(普通文字學)…443
일본한자(日本漢字)…444
일자다용자(一字多用字)…445
일자다의자(一字多義字)…446
일자다직자(一字多職字)…447
일자중음설(一字重音說)…448
일형다음의(一形多音義)/일자

다음의(一字多音義)…449
잉여필(贅筆)…450
자량학(字量學)…451
자서(字序)…452
자서(字書)…453
자서법(字序法)…454
자서첩(自敍帖)…455
자설(字說)…456
자소(字素)…457
자양(字樣)…458
자양학(字樣學)…459
자용(字用)…460
자원(字元)…461
자원(字原)…462
자원(字源)…463
자원학(字源學)…464
자위(字位)…465
자위귀납(字位歸納)…466
자음(字音)…467
자의(字義)…468
자의분석법(字義分析法)…469
자이와문자(載瓦文)…470
자종(字種)…471
자종수(字種數)…472
자체(字體)…473
자체구조(字體結構)…474
자체스타일변이(字體風格變異)…475
자체유형(字體類型)…476
자체학(字體學)…477
자학(字學)…478
자형(字形)…479
자형가차(形借)…480
자형번화(字形繁化)…481
자형변체(字形變體)…482
자형분석법(字形分析法)…483
자형분화(字形分化)…484
자형비교법(字形比較法)…485
자형수(字形數)…486
자형정리(字形整理)…487
자형추출(字樣提取)…488
자화(字畫)…489
자훈(字訓)…490
잠두연미(蠶頭燕尾)…491
장법(章法)…492
장식부호(裝飾符號)…493
장식필획(裝飾筆畫)…494
장자(壯字)…495
장초(章草)…496
저초문(詛楚文)…497
전국고문(戰國古文)…498
전국문자(戰國文字)…499
전례(篆隸)…500
전문용자(專門用字)…501

전법(篆法)…502
전보코드(電報碼)…503
전서(篆書)…504
전승자(傳承字)…505
전용자(專用字)…506
전주(轉注)…507
전주동족설(轉注同族說)…508
전주자(轉注字)…509
전주형의설(轉注形義說)…510
전주호훈설(轉注互訓說)…511
전초고문(傳抄古文)…512
전통문자학(傳統文字學)…513
전통육서이론/설(傳統六書理論/說)…514
전통한자학(傳統漢字學)…515
점합(黏合)…516
정량(定量)…517
정보한자학(信息漢字學)…518
정복문자(貞卜文字)…519
정부(定符)…520
정사법(正寫法)…521
정서(定序)…522
정서(正書)…523
정시석경(正始石經)…524
정음(定音)…525
정음자(正音字)…526
정자(整字)…527

정자(正字)…528
정자법(正字法)…529
정자통(正字通)…530
정체(正體)…531
정체자(正體字)…532
정형(定形)…533
정형부수(正形部首)…534
제1차 이체자 정리표(第一批異體字整理表)…535
제2차 간화자(二簡字)…536
제안(提按)…537
조자계승관계(造字相承關係)…538
조자동구(造字同構)…539
조자법(造字法)…540
조자원칙(造字原則)…541
조체(趙體)…542
조충서(鳥蟲書)…543
족휘문자(族徽文字)…544
종정문자(鐘鼎文字)…545
좌서(左書)…546
주문(朱文)…547
주문(籀文)…548
주음문자(注音文字)…549
주음부호(注音符號)…550
주음자모(注音字母)…551

주형부건(主形部件)…552
주형부수(主形部首)…553
죽서(竹書)…554
준합체자(準合體字)…555
준합체표의법(準合體表意法)…556
준합체표의자(準合體表意字)…557
중국국가표준코드(國標碼)…558
중문(重文)…559
중문정보처리(中文資訊處理)…560
중봉(中鋒)…561
중일한통일표의문자(中日韓統一表意文字/CJK)…562
중첩부호(重文符號)…563
중해(中楷)…564
중형자(重形字)…565
증백문자(繒帛文字)…566
지사(指事)…567
지사부호(指事符號)…568
지사자(指事字)…569
직능속성(職能屬性)…570
직능전이(職能轉移)…571
직접구건(直接構件)…572
진계문자(秦系文字)…573

진나라 팔체(秦書八體)…574
진문자(秦文字)…575
진서(真書)…576
진예(秦隸)…577
진전(秦篆)…578
집필법(執筆法)…579
쯔놈(喃字)…580
차용기원문자(借源文字)…581
차용자(次用字)…582
차자(借字)…583
착간(錯簡)…584
착금서(錯金書)…585
착별자(錯別字)…586
창힐조자설(倉頡造字說)…587
철운장귀(鐵雲藏龜)…588
첩문(疊文)…589
첩자쌍음어(疊字雙音詞)…590
청대 해서(清楷)…591
청예(清隸)…592
초기문자(初文)…593
초기창제문자(初造字)…594
초백서(楚帛書)…595
초서(草書)…596
초서 해서화(草書楷化)…597
초예(草隸)…598
초체가나(草體假名)…599

추상상형기호(抽象象形符號)
　…600
추상자(抽象字)…601
추상형부(抽象形符)…602
축약자(縮寫字)…603
충서(蟲書)…604
칠기문자(漆器文字)…605
칠서(漆書)…606
탁본(拓本)…607
통가자(通假字)…608
통계한자학(統計漢字學)…609
통속문자(通俗文字)…610
통용(通用)/보통(普通)/일반(一般) 문자학(文字學)…611
통용규범한자표(通用規範漢字表)…612
통용부건(通用部件)…613
통용자(通用字)…614
통용한자(通用漢字)…615
통행자(通行字)…616
통행한자식묘문자(通行漢字式苗文)…617
특수문자/부건(特殊字符/件)…618
특수부건(特殊部件)…619
파생자(孶乳字)…620
파스파문자(八思巴字)…621

파음자(破音字)…622
파책(波磔)…623
파체자(破體字)…624
파촉네모꼴문자(巴蜀方塊文字)…625
팔괘설(八卦說)…626
팔분서(八分書)…627
팔체(八體)…628
편가나(片假名)…629
편방(偏旁)…630
편방변형(偏旁變形)…631
편방분석법(偏旁分析法)…632
편방자형생략(偏旁字形省略)
　…633
편방혼동(偏旁混同)…634
평가나(平假名)…635
포백(布白)…636
표사문자(表詞文字)…637
표사문자-어소문자(表詞文字-語素文字)…638
표시구건(標示構件)…639
표음문자(標音文字)…640
표음문자(表音文字)…641
표음법(表音法)…642
표음 부호(表音符號)…643
표음초기문자(表音初文)…644
표음편방(表音偏旁)…645

표의구건(表義構件)…646
표의독체자(表義獨體字)…647
표의문자(表意文字)…648
표의법(表意法)…649
표의부호(表意符號)…650
표의자(表意字)…651
표의체계(表意體系)…652
표의초기문자(表意初文)…653
표의편방(表意偏旁)…654
표준문자(標準文字)…655
표준초서(標準草書)…656
표형문자(表形文字)…657
피휘자(避諱字)…658
필법(筆法)…659
필사단위(書寫單位)…660
필사방법(書寫方法)…661
필사방식(書寫方式)…662
필사방향(書寫方向)…663
필사순서(書寫順序)…664
필사스타일(書寫風格)…665
필세(筆勢)…666
필순(筆順)…667
필의(筆意)…668
필형(筆形)…669
필획(筆畫)…670
필획검자법(筆畫檢字法)…671
필획수(筆劃數)…672

필획증가(筆劃增加)…673
필획차용(筆畫借用)…674
필획탈락(缺畫/劃(筆))…675
필획화(筆劃化)…676
한간(汗簡)…677
한국한자(韓國漢字)…678
한예(漢隸)…679
한예자원(漢隸字源)…680
한용자(罕用字)…681
한월어(漢越語)…682
한음(漢音)…683
한자…684
한자간화(漢字簡化)…685
한자간화방안(漢字簡化方案)
　　…686
한자개혁(漢字改革)…687
한자검자법(漢字檢字法)…688
한자교환코드(漢字交換碼)…689
한자구조(漢字構造)…690
한자구조분류(漢字結構歸類)
　　…691
한자구형학(漢字構形學)…692
한자규범화(漢字規範化)…693
한자기능(漢字功能)…694
한자기호화(漢字符號化)…695
한자디지털처리(漢字數字化處

理)…696
한자디지털화(漢字數字化)…697
한자라틴화(漢字拉丁化)…698
한자묘문자(漢字苗文字)…699
한자문화권(漢字文化圈)…700
한자문화학(漢字文化學)…701
한자미학(漢字美學)…702
한자백문자(漢字白文字)…703
한자번화(漢字繁化)…704
한자변이(漢字變異)…705
한자병용추진방안(推動漢字竝用方案)…706
한자병음화(漢字拼音化)…707
한자분화(漢字分化)…708
한자빈도(漢字頻率)…709
한자사용(漢字使用)…710
한자생태학(漢字生態學)…711
한자서법(漢字書法)…712
한자엔트로피(漢字的熵)…713
한자예술(漢字藝術)…714
한자원류(漢字源流)…715
한자응용(漢字應用)…716
한자인지(漢字認知)…717
한자자원학(漢字字源學)…718
한자전파학(漢字傳播學)…719
한자정리(漢字整理)…720

한자정보처리(漢字信息處理)…721
한자정자학(漢字正字學)…722
한자조자법 분류(漢字造字法歸類)…723
한자직용학(漢字職用學)…724
한자체태(漢字體態)…725
한자코드화(漢字編碼)…726
한자파생(漢字孳乳)…727
한자표음성(漢字表音性)…728
한자표의성(漢字表意性)…729
한자표준교환코드(漢字標準交換碼)…730
한자표준대체코드(漢字標準代碼)…731
한자표준화(漢字標準化)…732
한자학(漢字學)…733
한자합병(漢字合倂)…734
한자형의학(漢字形義學)…735
한자형체(漢字形體)…736
한자형체학(漢字形體學)…737
한자형태(漢字形態)…738
한자형태소(漢字形素)…739
한자형태학(漢字形態學)…740
합문(合文)…741
합성구조(合成結構)…742

합성자부(合成字符)/부건(件)…743
합음자(合音字)…744
합체상형(合體象形)…745
합체자(合體字)…746
합체지사(合體指事)…747
합체표의자(合體表意字)…748
해례(楷隸)…749
해서(楷書)…750
해서화(楷化)…751
해성(諧聲)…752
해성편방(諧聲偏旁)…753
해성표(諧聲表)…754
해외한자학(域外漢字學)…755
해음자(諧音字)…756
행관(行款)…757
행서(行書)…758
행초(行草)…759
행해(行楷)…760
향가(鄕歌)…761
허신(許愼)…762
허학(許學)…763
현대한자(現代漢字)…764
현대한자학(現代漢字學)…765
현침문(懸針文)…766
현행한자(現行漢字)…767
형근자(形近字)…768

형방(形旁)…769
형방교체(形旁的代換)…770
형부(形符)…771
형서법(形序法)…772
형성(形聲)…773
형성겸회의(形聲兼會意)…774
형성자(形聲字)…775
형성화(形聲化)…776
형소(形素)…777
형위(形位)…778
형음겸차자(形音兼借字)…779
형음의겸차(形音義兼借)…780
형음합성자(形音合成字)…781
형의합성자(形義合成字)…782
형체구조(形體結構)…783
형체유사자(形似字)…784
형태기호화(形態符號化)…785
형태소문자(語素文字)…786
혹체(或體)…787
화문(和文)…788
화폐문자(貨幣文)…789
환경기호화(場景符號化)…790
회의(會意)…791
회의겸형성자(會意兼形聲字)…792
회의자(會意字)…793
후기본자(後起本字)…794

후기의부(後起意符)…795
후기자(後起字)…796
훈독(訓讀)…797

훈몽자회(訓蒙字會)…798
훈민정음(訓民正音)…799
희평석경(熹平石經)…800

색인(2) 중국어

* 번호는 표제항의 일련번호를 나타냄 (한어병음순 배열)

八分書…627
八卦說…626
八思巴字…621
八體…628
巴蜀方塊文字…625
白文…198
半記號半表意字…192
半記號半表音字…191
半記號字…193
榜書…195
碑別字…242
本義…226
本字…227
比較文字學…240
筆法…659
筆畫…670
筆畫檢字法…671
筆劃化…676
筆劃數…672
筆劃增加…673
筆勢…666

筆順…667
筆形…669
筆意…668
壁中書…207
避諱字…658
變體表意…213
變體表意法…214
變體表意字…215
變體表音…210
變體表音法…211
變體表音字…212
變體部件…208
變體字…209
變形…216
變形部首…218
變形文字…217
標示構件…639
標音文字…640
標準草書…656
標準文字…655
表詞文字…637

表詞文字-語素文字…638
表形文字…657
表意初文…653
表意法…649
表意符號…650
表意偏旁…654
表意體系…652
表意文字…648
表意字…651
表義獨體字…647
表義構件…646
表音初文…644
表音法…642
表音符號…643
表音偏旁…645
表音文字…641
別體…221
別字…220
兵器文…222
兵器文字…223
波磔…623
帛書…199
擘窠書…206
卜辭…225
不成字部件…238

佈白…636
部件…229
部件變位造字…230
部件位置關係…231
部件增加…232
部首…233
部首檢字法…234
蠶頭燕尾…491
倉頡造字說…587
草隸…598
草書…596
草書楷化…597
草體假名…599
常用漢字…259
常用字…258
場景符號化…790
成字構件…357
蟲書…604
抽象象形符號…600
抽象形符…602
抽象字…601
初文…593
初造字…594
楚帛書…595
傳抄古文…512

傳承字…505
傳統漢字學…515
傳統六書理論/說…514
傳統文字學…513
垂露體…310
純音符…316
純指事…317
次常用字…582
錯別字…586
錯簡…584
錯金書…585
大草…135
大楷…136
大理漢字…130
大篆…134
帶用漢字…133
單筆漢字…125
單筆基礎字符/件…124
單一筆劃…123
單一結構…122
當用漢字…128
第一批異體字整理表…535
電報碼…503
疊文…589
疊字雙音詞…590

定符…520
定量…517
定形…533
定序…522
定音…525
读音…144
獨體變異字…150
獨體象形…151
獨體指事…153
獨體字…152
段玉裁…121
對文會意…132
多義字…120
多音多義字…118
多音字…119
訛變…356
二簡字…536
廢除異體字…433
法書…204
法帖…205
番漢合時掌中珠…203
繁簡變異…200
繁簡字變異…201
繁體字…202
方筆圓筆…197

方塊字…194
方字…196
非字構件…239
飛白書/筆法…241
飛草…243
肥筆…244
分別字…236
分化字…237
封泥文字…228
符號…235
改換意符…407
改換音符…391
干祿字書…12
高麗譯音…44
高頻趨簡律…48
隔音符號…33
個體字符…28
功能符號化…103
構件…56
構件替換…57
構形法…72
構造法則…67
構字部件…82
構字法…62
構字理據…63

古代漢字…42
古今通用字…41
古今字…39
古今字變異…40
古隸…49
古陶文…43
古文…45
古文字…46
古文字學…47
古籀…50
穀朗碑…51
館閣體…53
廣義異體字…54
規範漢字…76
規範化…77
規範性…74
規範字體/形…75
龜甲文字…73
國標碼…558
韓國漢字…678
罕用字…681
汗簡…677
漢隸…679
漢隸字源…680
漢音…683

漢越語…682
漢字…684
漢字白文…703
漢字編碼…726
漢字變異…705
漢字標準代碼…731
漢字標準化…732
漢字標準交換碼…730
漢字表意性…729
漢字表音性…728
漢字傳播學…719
漢字的熵…713
漢字繁化…704
漢字分化…708
漢字符號化…695
漢字改革…687
漢字功能…694
漢字構形學…692
漢字規範化…693
漢字合併…734
漢字檢字法…688
漢字簡化…685
漢字簡化方案…686
漢字交換碼…689
漢字結構…690

漢字結構歸類…691
漢字拉丁化…698
漢字美學…702
漢字苗文…699
漢字拼音化…707
漢字頻率…709
漢字認知…717
漢字生態學…711
漢字使用…710
漢字書法…712
漢字數字化…697
漢字數字化處理…696
漢字體態…725
漢字文化圈…700
漢字文化學…701
漢字信息處理…721
漢字形素…739
漢字形態…738
漢字形態學…740
漢字形體…736
漢字形體學…737
漢字形義學…735
漢字學…733
漢字藝術…714
漢字應用…716

漢字源流…715	或體…787
漢字造字法歸類…723	貨幣文…789
漢字整理…720	基本筆劃…105
漢字正字學…722	基本形體…106
漢字職用學…724	基本義…104
漢字孶乳…727	基礎構件…110
漢字字源學…718	基礎漢字…112
合成結構…742	基礎字符/件…111
合成字符/件…743	汲塚古文…102
合體表意字…748	計量漢字學…38
合體象形…745	記號字…114
合體指事…747	加體指事…7
合體字…746	加意字…401
合文…741	加音字…301
合音字…744	加注意符…402
和文…788	甲骨文…24
後起本字…794	甲骨文文字學…25
後起意符…795	甲骨學…26
後起字…796	假借…1
許慎…762	假借分化字…2
許學…763	假借義…4
換位…373	假借字…5
會意…791	間接構件…14
會意兼形聲字…792	減筆字…23
會意字…793	檢字法…32

簡筆字…16
簡牘文…11
簡化…17
簡化偏旁…22
簡化性…18
簡化原字…19
簡化字…20
簡化字總表…21
簡體字…15
簡字…13
江永女書…27
結構(漢字結構)…65
結構變化…68
結構規律…66
結構類型…69
結繩…34
結繩記事說…35
結體…36
借形…6
借音符…3
借用筆畫…674
借源文字…581
借字…583
今草…101
今文…95

今字…100
金石文…98
金石學…99
金文…96
金文學…97
近代漢字…78
近代漢字學…79
鏡銘…154
九疊篆…70
舊字形…64
楷化…751
楷隸…749
楷書…750
蝌蚪文…52
刻符…9
刻畫符號…10
刻契說…8
狂草…55
拉祜文…168
累增字…117
類符…374
類化…378
類篇…377
類推簡化…376
冷僻字…116

理據重構…415
理論文字學…420
吏讀…418
吏讀文字…419
倮儸文…169
歷史通用字…340
歷史文字學…339
隸變…346
隸定…348
隸定古文…349
隸楷…350
隸書…347
聯綿字…343
兩聲字…334
兩用偏旁…335
另造新字…219
柳體…375
六國古文…379
六技…380
六書…381
六書故…382
六書三耦說…383
六體…384
略字…332
盟書…171

描寫文字學…175
繆篆…179
明楷…172
銘文…173
摹印…174
納西文…115
喃字…580
黏合…516
鳥蟲書…543
女真字…338
歐體…71
偏旁…630
偏旁變形…631
偏旁分析法…632
偏旁混同…634
片假名…629
拼音文字…224
平假名…635
破體字…624
破音字…622
普通文字學…443
漆器文字…605
漆書…606
奇字…109
起一成文說…108

契丹大字…29
契丹文…30
契丹小字…31
秦隸…577
秦書八體…574
秦文字…575
秦系文字…573
秦篆…578
清楷…591
清隸…592
區別符號…58
區別字…59
區位號…61
全記號法…358
全記號字…359
缺畫/劃(筆)…675
日本漢字…444
三十六法…250
三體石經…251
社會漢字學…249
社會用字…248
生僻字…275
聲符…300
聲類…298
聲旁…299

省變…276
省并…277
省略…274
省略偏旁字形…633
省聲…278
省體…279
省形…280
石鼓文…293
石刻文字…291
石磬文字…292
石玉文字…352
氏族標誌文字…330
示音獨體字…148
示音功能…147
示音構件…146
飾筆…319
手頭字…309
手寫體…312
瘦筆…315
瘦金體…308
殳書…313
書丹…283
書道…284
書畫同源…290
書譜…285

書契…282	他源文字…113
書體…287	拓本…607
書寫單位…660	台閣體…129
書寫方法…661	臺灣碼…131
書寫方式…662	唐楷…127
書寫方向…663	唐隸…126
書寫風格…665	陶符…139
書寫順序…664	陶文…138
署書…286	特殊部件…619
數據庫漢字學…137	特殊字符/件…618
數理漢字學…311	提按…537
雙聲符字…325	鐵雲藏龜…588
雙聲通假…326	通假字…608
雙意音復合字…328	通俗文字…610
雙音符字…327	通行漢字式苗文…617
水書/字…314	通行字…616
說文解字學…296	通用/普通/一般文字學…611
說文學…295	通用部件…613
四定…246	通用規範漢字表…612
四體二用說…247	通用漢字…615
宋楷…306	通用字…614
宋體字…307	同構字…155
俗體字…305	同化作用…167
俗字…304	同文會意…156
缩写字…603	同形…164

同形異用…165

同形字…166

同義本字…162

同義字…163

同音代替…158

同音漢字書寫規則…161

同音通用字…160

同音字…159

同源字…157

統計漢字學…609

圖符示意法…141

圖畫說…143

圖畫文字…142

圖騰…140

推動漢字竝用方案…706

瓦當文字…355

外族漢字學…245

完全異體字…360

萬葉假名…170

(完整的)文字體系…188

魏碑…371

魏楷…370

魏石經…372

文…180

文海寶韻…190

文始…181

文字…182

文字分化…187

文字符號…186

文字改革…183

文字構成單位…184

文字結構單位…185

吳音…351

無聲字…177

無聲字多音說…178

無頭字…176

西夏字…288

熹平石經…800

習用字(常用字)…318

璽印文字…273

現代漢字…764

現代漢字學…765

現行漢字…767

線條化…294

相交結構…252

相接結構…261

相離結構…253

鄕歌…761

象聲…257

象事…255

象事字…256
象物字…254
象形…264
象形表意…272
象形初文…271
象形獨體字…267
象形法…268
象形符號…269
象形功能…266
象形兼聲…265
象形字…270
象意文字…260
象徵表意…263
象徵性符號…262
小楷…303
小篆…302
楔形文字…297
諧聲…752
諧聲表…754
諧聲偏旁…753
諧音字…756
心理文字學…324
新造分化字…321
新造字…322
新增字…323

新字形…320
信息漢字學…518
行草…759
行楷…760
行款…757
行書…758
形符…771
形借…480
形近字…768
形旁…769
形旁的代換…770
形聲…773
形聲化…776
形聲兼會意…774
形聲字…775
形似字…784
形素…777
形態符號化…785
形體結構…783
形位…778
形序法…772
形義合成字…782
形音合成字…781
形音兼借字…779
形音義兼借…780

徐鍇…281
徐鉉…289
懸針文…766
訓讀…797
訓蒙字會…798
訓民正音…799
顏體…331
衍文…344
諺解…337
諺文…336
陽文…333
一形/字多音義…449
一字多義字…446
一字多用字…445
一字多職字…447
一字重音說…448
彝文…422
亦聲…341
異讀字…417
異構字…416
異體分解…429
異體合併…435
異體轉移…434
異體字…430
異體字變異…431

異體字整理…432
異文…421
異寫字…423
異形詞…436
異形字…437
異義同音同形…427
異音同形字…426
異音同用…425
異源同體字…424
異字同形…428
意符…405
意音化…413
意音文字…411
義符…406
義符表意…408
義化…403
義借法…400
義近形旁通用…398
義類說…399
義旁…404
義位…410
義形合體字…414
義序法…409
義音合成字…412
因聲求義說…438

音讀…386
音符…389
音符兼意符…390
音符字…392
音化…149
音借法…145
音旁…388
音序法…393
音意文字…395
音義合體字…396
音義同源說…394
殷墟卜辭…385
陰文…387
印刷漢語通用字表…441
印刷體…439
印刷通用漢字字形表…440
印章文字…442
硬筆書法…37
應用漢字學…397
永字八法…345
用筆…363
用字單位…362
用字基本單位(基本字)…361
右文說…364
右音说…365

語素文字…786
玉篇學…354
玉箸篆…353
域外方言…342
域外漢字學…755
元楷…367
原始漢字…369
原始文字…368
運筆…366
載瓦文…470
造字法…540
造字同構…539
造字相承關係…538
造字原則…541
繒帛文字…566
戰國古文…498
戰國文字…499
章草…496
章法…492
趙體…542
貞卜文字…519
真書…576
整字…527
正始石經…524
正書…523

正體…531
正體字…532
正寫法…521
正形部首…534
正音字…526
正字…528
正字法…529
正字通…530
直接構件…572
執筆法…579
職能的轉移…571
職能屬性…570
指事…567
指事符號…568
指事字…569
中鋒…561
(中國)文字學…189
中楷…564
中日韓統一表意文字(CJK)
　…562
中文資訊處理…560
鐘鼎文字…545
重文…559
重文符號…563
重形字…565

籀文…548
朱文…547
竹書…554
主形部件…552
主形部首…553
注音符號…550
注音文字…549
注音字母…551
專門用字…501
專用字…506
篆法…502
篆隸…500
篆書…504
轉注…507
轉注互訓說…511
轉注同族說…508
轉注形義說…510
轉注字…509
裝飾筆畫…494
裝飾符號…493
壯字…495
贅筆…450
準合體表意法…556
準合體表意字…557
準合體字…555

孳乳字…620
自敘帖…455
自源文字…107
字…80
字表…92
字符…94
字根…89
字構…83
字畫…489
字級…85
字集…91
字際關係…81
字件…87
字庫…84
字量…86
字量…90
字量學…451
字頻…88
字式…93
字書…453
字說…456
字素…457
字體…473
字體風格變異…475
字體結構…474

字體類型…476
字體學…477
字位…465
字位歸納…466
字形…479
字形比較法…485
字形變體…482
字形繁化…481
字形分化…484
字形分析法…483
字形數…486
字形整理…487
字序…452
字序法…454
字學…478
字訓…490
字樣…458
字樣提取…488
字樣學…459
字義…468
字義分析法…469
字音…467
字用…460
字元…461
字原…462

字源…463

字源學…464

字種…471

字種數…472

族徽文字…544

族氏文字…329

組件…60

詛楚文…497

左書…546

색인(3) 영어

* 번호는 표제항의 일련번호를 나타냄

A book of rubbings…607
Abbreviated Character…603
Abstract Character…601
Abstract Pictographic Symbols…600
Adjacent Structure…261
Alliance Inscriptions…171
Allograph…416
alphabetic writing system…224
Analogical Simplification…376
Ancient and Modern Character Variation…40
Ancient and Modern Characters…39
Ancient and Modern Common Characters…41
Ancient Chinese Characters…42
Ancient Chinese Characters…46

Ancient Clerical Script…49
Ancient Linguistics…47
Ancient Pottery Inscriptions…43
Ancient Scripts of the Six States…379
Ancient Text…45
Ancient Zhou Script…50
Annotated Ideographic Symbols…402
Application of Chinese Characters…716
Applied Chinese Characterology…397
Approximative Compound Character…555
Approximative Compound Ideogram…557
Assimilation…167
Associative character…793
Augmentative Character…401
Augmentative phonetic…301

Ba Fen Script…627
Ba Shu Square Script…625
Ba Si Ba Script…621
Bai Ke Shu…206
Bai Wen…198
Bai Wen in Chinese Characters…703
Bamboo and Wooden Slip Inscriptions…11
Bamboo Script…554
Bang Shu…195
Basic Character Usage Unit (Basic Character)…361
Basic Character/Component…111
Basic Chinese Characters…112
Basic Component…110
Basic form…106
Basic Meaning…104
Basic stroke…105
Bei Bie Zi…242
Bi hua hua…676
Bie Character…220
Bird and Insect Script…543
Block Characters…194

Bo Zhe…623
Borrowed Character…5
Borrowed Differentiation Characters…2
Borrowed form…6
Borrowed Meaning…4
Borrowed Script…581
Borrowed Stroke…674
Borrowed word…583
Borrowed Yin Fu…3
Borrowing in Writing…1
Broad Sense Variant Character (Narrow Sense Variant Character)…54
Broken Characters…624
Bronze Inscriptions…96
Brush Holding Method…579
Brush Movement…366
Brush techniques…363
Bu Bai…636
Calligraphic style…668
Calligraphy style of Liu Gongquan…375
Calligraphy style of Ouyang Xiu…71
Calligraphy style of Yan

Zhenqing···331
Calligraphy style of Zhao
    Mengfu···542
Calligraphy with pens···37
Can Tou Yan Wei···491
Carved Symbols···10
Category of Meaning···399
Change of Ideographic
    Symbol···407
Character···80
Character Accumulation···117
Character Book···453
Character Component···87
Character Count···90
Character Creation
    Inheritance
    Relationship···538
Character Creation
    Method···540
Character Creation
    Principles···541
Character
    Differentiation···187
Character Element···461
Character Explanation···456
Character form···479

Character Form Analysis
    Method···483
Character Form Comparison
    Method···485
Character form
    complication···481
Character form
    differentiation···484
Character Form
    Number···486
Character Form
    Organization···487
Character Form
    Variant···482
Character formation
    method···62
Character Frequency···88
Character Level···85
Character Library···84
Character Meaning···468
Character Meaning Analysis
    Method···469
Character Order···452
Character Order
    Method···454
Character Origin···462

Character Pattern⋯458
Character Position⋯465
Character Position Summarization⋯466
Character Pronunciation⋯467
Character Quantity⋯86
Character Quantity Studies⋯451
Character Reduction⋯23
Character Relationship⋯81
Character Root⋯89
Character Set⋯91
Character Species⋯471
Character Species Number⋯472
Character Stroke⋯489
Character Structure⋯83
Character Studies⋯478
Character Style⋯93
Character Style Extraction⋯488
Character Style Studies⋯459
Character Symbol⋯186
Character Symbol⋯94
Character Table⋯92

Character Transformation⋯216
Character Usage⋯460
Character Usage Unit⋯362
Character-forming Component⋯357
Character-forming Component⋯82
Characters for Special Use⋯501
Characters of External Origin⋯113
Characters with semi-notation and semi-phonetics⋯191
Characters with semi-notation and semi-semantics⋯192
Characters with similar form⋯784
Characters with similar forms⋯768
Characters with the Same Form but Different Origins⋯424
Characters with the same sound⋯159

Chinese calligraphy…712
Chinese Character…684
Chinese Character
   Aesthetics…702
Chinese character art…714
Chinese Character
   Cognition…717
Chinese Character
   Communication
   Studies…719
Chinese Character Cultural
   Studies…701
Chinese Character
   Differentiation…708
Chinese Character Digital
   Processing…696
Chinese Character
   Ecology…711
Chinese Character
   Encoding…726
Chinese Character Exchange
   Code…689
Chinese Character
   Form…740
Chinese Character
   Forms…736
Chinese Character

Frequency…709
Chinese Character Function
   Studies…724
Chinese character indexing
   method…688
Chinese Character
   Information
   Processing…721
Chinese Character
   Latinization…698
Chinese Character
   Merging…734
Chinese Character
   Morphology…692
Chinese Character
   Morphology…737
Chinese Character
   Organization…720
Chinese Character
   Orthography…722
Chinese Character
   Reform…687
Chinese Character
   Romanization…707
Chinese Character
   Semantics…735
Chinese Character

Simplification···685
Chinese Character
　Simplification Plan···686
Chinese Character Standard
　Code···731
Chinese Character Standard
　Exchange Code···730
Chinese character
　structure···690
Chinese Character
　Symbolization···695
Chinese Character
　Usage···710
Chinese Character
　Variation···705
Chinese Characterology···733
Chinese Characterology in
　Foreign Regions···755
Chinese Information
　Processing···560
Chinese Philology···189
Chinese-character cultural
　circle···700
Chu Silk Texts···595
CJK Unified
　Ideographs···562

Clan Badge
　Inscriptions···330
Clan Characters···329
Clan Emblem
　Characters···544
Classification of Chinese
　Character Creation
　Methods···723
Classification of Chinese
　Character Structures···691
Clerical Script···347
Clerical Script···350
Clerical Script
　Transformation···346
Cognate Characters···157
Combined Character···182
Common Han Miao
　Script···617
Common Script
　Studies···443
Common Use of
　Semantically Similar
　Radicals···398
Commonly Used
　Character···318
Commonly Used
　Character···616

Commonly Used Characters…614
Comparative Linguistics…240
Complete Allographic Character…360
Complete Script System…188
Complete Symbol Character…359
Complete Symbol Method…358
Component…229
Component…56
Component…60
Component Addition…232
Component Substitution…57
Component Variation for Character Creation…230
Component-Position Relationship…231
Composition…492
Compound character…746
Compound character/component…743
Compound Denotation…747

Compound pictograph…745
Compound structure…742
Consolidation…277
Construction Method…72
contemporary Chinese Characterology…765
Contemporary Chinese Characters…764
Continuous Characters…343
Creation of New Characters…219
Cuneiform Script…297
Cuo Jian…584
Cuo Jin Shu…585
Currency Inscriptions…789
Current Chinese Characters…767
Cursive Clerical Script…598
Cursive Jia Ming…599
Cursive Script…596
Cursive Script Regularization…597
Da Kai…136
Dai Yong Chinese Characters…133
Dali Chinese

Characters···130
Dang Yong Chinese Characters···128
Database Chinese Characterology···137
Decorative stroke···494
Decorative symbol···493
Descriptive Philology···175
Determinant···520
Dewdrop Style···310
diacritical mark Symbol···643
Diaeresis···33
Different Characters with the Same Form···428
Different form character···437
Different sounds used in the same way···425
Different writing character···423
Differentiated Characters···237
Digitalization of Chinese Characters···697
Direct component···572

Distinct Style···221
Distinguished Character···236
Distinguishing Character···59
Distinguishing Symbol···58
Divination Texts···225
Double Phonetic Symbol Character···325
Dual Ideographic-Phonetic Compound Character···328
Dual Script···559
Dual Script Symbol···563
Dual-pronunciation Character···334
Dual-purpose Radical···335
Duan Yucai···121
Dui Wen Hui Yi···132
Eight Styles···628
Eight Styles of Qin Script···574
Elimination of Variant Characters···433
Error Variation···356
Etymology···464
Etymology of Chinese Characters···463
Etymology of Chinese

Characters…718
Evidence Reconstruction…415
Expressiveness of Chinese Characters…729
Fa calligraphy…204
Fa Tie…205
Fei Bai Script/Calligraphy Style…241
Fei Bi…244
First Batch of Variant Characters Sorting Table…535
Fixed Form…533
Flying Cursive…243
Font Style Variation…475
Font Type…476
Foreign Chinese Characterology…245
Foreign Dialect…342
Form and Structure…783
Form of Chinese Characters…738
Form Sequence Method…772
Formation Rule…67

Four Fixes…246
Frequently Used Characters…258
Frequently Used Chinese Characters…259
Function of Chinese Characters…694
Functional Attributes…570
Functional Symbolization…103
Fusion…516
Gai Huan Yin Fu…391
Gan Lu Character Book…12
Gao Li Transcription…44
General Standard Chinese Characters Table…612
General Table of Simplified Characters…21
General/Universal/Standard Philology…611
General-use Chinese Characters…615
Grapheme…457
Great Cursive…135
Great Seal…134
Gu Lang Stele…51

Guan Ge Style···53
Han Clerical Script···679
Han Pronunciation···683
Han Script···677
Han Zi Morpheme···739
Handwriting Style···312
Hang Kuan···757
Han-Vietnamese···682
He Script···788
Headless Character···176
High-frequency Simplification Law···48
Hiragana···635
Historical Commonly Used Characters···340
Historical Philology···339
Homograph···164
Homographic Character···166
Homologous Character Creation···539
Homology of Sound and Meaning Theory···394
Homomorphous Heterophone···426
Homophones with the same form···427
Homophonic character···756
Homophonic Chinese Character Writing Rules···161
Homophonic Common Characters···160
Homophonic substitution···158
Homophony···752
Homophony table···754
Hui yi···791
Hui yi jian xing sheng zi···792
Huo Ti···787
Ideogrammatic compound character···748
Ideogrammatic Proto-writing···653
Ideographic Character···651
Ideographic Component···646
Ideographic element···405
Ideographic element···406
Ideographic Independent Character···647
Ideographic Method···649

Ideographic Radical⋯654
Ideographic Script⋯648
Ideographic Symbol⋯650
Ideographic System⋯652
Independent Character⋯152
Independent Denotation⋯153
Independent Pictograph⋯151
Independent Variant
 Character⋯150
Indexing Method⋯32
Indicative Component⋯639
Indirect component⋯14
Individual Character⋯28
Information Chinese
 Characterology⋯518
Inherited Characters⋯505
Initial Character
 Creation⋯594
Inscription Carving⋯9
Inscription Texts⋯173
Inscriptions on Bronze and
 Stone⋯98
Insect Script⋯604
Interchange with form and
 meaning⋯510
Interchange with mutual

explanation⋯511
Interchange within the same
 category⋯508
Intersecting Structure⋯252
Isomorphic Character⋯155
Japanese kanji⋯444
Ji Zhong Ancient
 Script⋯102
Jia ti zhi shi⋯7
Jiang Yong Nü Shu⋯27
Jie Ti⋯36
Juxtaposed characters⋯741
Katakana⋯629
Knotting⋯34
Korean Hanja⋯678
Lacquer Script⋯606
Lacquerware
 Inscriptions⋯605
Lahu Script⋯168
Lei Fu⋯374
Lei Pian⋯377
Less Commonly Used
 Characters⋯582
Lexical Script - Morpheme
 Script⋯638
Lexical Script⋯637

Li Du…418
Li Du Characters…419
Linearization…294
Lisu Script…169
Liu Ji…380
Liu Shu…381
Liu Shu Gu…382
Liu Shu San Ou Shuo…383
Location Number…61
Logograph…332
Mathematical Studies on Chinese Characters…311
Miao Script in Chinese Characters…699
Ming Regular Script…172
Mirror Inscriptions…154
Missing Stroke…675
Mistaken Character…586
Mo Yin…174
Modern Characters…100
Modern Chinese Characterology…79
Modern Chinese Characters…78
Modern Cursive…101
Modern Script…95
Momentum of writing…666
Morpheme…777
Morpheme Script…786
Morphological Script…657
Morphological Symbol…771
Morphological Symbolization…785
Morphological-phonetic…773
Morphological-phonetic character…775
Morphological-phonetic compound characters…781
Morphological-phonetic loan characters…779
Morphological-semantic compound characters…782
Mou Zhuan…179
Multi-role Character…447
Multi-use Character…445
Nan Characters…580
National Standard Code…558
Naxi Script…115
New Character Forms…320
Newly Added Characters…323

Newly Created Characters⋯322

Newly Created Differentiated Characters⋯321

Newly Originated Characters⋯796

Newly Originated Original Characters⋯794

Nine-fold Seal Script⋯70

Non-character Component⋯238

Non-character Component⋯239

Notational Characters⋯114

Nü Zhen Script⋯338

Number of Strokes⋯672

Old Character Forms⋯64

Omission⋯274

Omission of Radical Form⋯633

One Form/Character with Multiple Pronunciations and Meanings⋯449

Onomatopoeia⋯257

Oracle Bone Script⋯24

Oracle Bone Script Studies⋯25

Oracle Bone Studies⋯26

Organization of Variant Characters⋯432

Original Character⋯227

Original Meaning⋯226

Origins of Han Clerical Script⋯680

Ornamentation Strokes⋯319

Orthodox Style⋯531

oscillating Component⋯146

Overlapping Script⋯589

Pearl in the Palm⋯203

Phonetic Alphabet⋯551

Phonetic Borrowing Method⋯145

Phonetic Category⋯298

Phonetic Component⋯299

Phonetic component⋯388

Phonetic compound character⋯744

Phonetic Expressiveness of Chinese Characters⋯728

Phonetic Fix⋯525

Phonetic Function⋯147

Phonetic Independent

Character···148
Phonetic Method···642
Phonetic notation···550
Phonetic Notation System···549
Phonetic Order Method···393
Phonetic Proto-writing···644
Phonetic Radical···645
Phonetic radical···753
Phonetic Script···640
Phonetic Script···641
Phonetic Symbol···300
Phonetic Symbol···389
Phonetic-semantic compound···396
Phonologization···149
Phono-semantic and ideographic loan character···780
Phono-semantic compound···412
Phono-semantic script···395
Phương pháp hợp thể biểu ý···556
Pictograph···264
Pictograph with

Phonetic···265
Pictographic Character···270
Pictographic Function···266
Pictographic Ideographic···272
Pictographic Independent Character···267
Pictographic Method···268
Pictographic Proto-writing···271
Pictographic Symbol···269
Pictorial Sign Method···141
Picture Writing···142
Plan for the Joint Use of Chinese Characters···706
Po Yin Zi···622
Polyphonic and Polysemous Character···118
Polyphonic Character···119
Polysemous Character···120
Polysemous Character···446
Popular Script···610
Position···778
Pottery Inscriptions···138
Pottery Symbols···139
Primitive Chinese

Characters…369
Primitive Writing…368
Principal graphic component…552
Principal radical…553
Printing Chinese Commonly Used Character Table…441
Printing Commonly Used Chinese Character Form Table…440
Printing Script…439
Proliferated Characters…620
Proliferation of Chinese Characters…727
Pronunciation…144
Proto-writing…593
Psycholinguistics…324
Pure Denotation…317
Pure Tone…316
Qi Dan Large Script…29
Qi Dan Small Script…31
Qidan Script…30
Qin Clerical Script…577
Qin lineage script…573
Qin script…575

Qin Seal Script…578
Qing Clerical Script…592
Qing Regular Script…591
Quantitative Fix…517
Radical…233
Radical Analysis Method…632
Radical Confusion…634
Radical Dictionary Method…234
Radical substitution…770
Radical Transformation…631
Rarely Used Characters…681
Redundant strokes…450
Reduplicated Disyllabic Words…590
Regular Clerical Script…749
Regular Script…523
Regular Script…750
Regular Script Characters…532
Regular Script Regularization…751
Regulation…74
Regulation of Chinese Characters…693

Regulation of Chinese
　Characters…732
Regulation of Chinese
　Characterss…77
Repeated Form
　Character…565
Same Contextual
　Meaning…156
Same Form Different
　Use…165
Script Reform…183
Script Styles…287
Seal Clerical Script…500
Seal Inscriptions…442
Seal Script…273
Seal Script…504
Seal Script Method…502
Seal Script on Clay…228
Second Simplified
　Characters…536
Seeking Meaning from
　Sound Theory…438
Self-Origin Characters…107
Semantic and Morphological
　Compound…414
Semantic borrowing…480

Semantic Borrowing
　Method…400
Semantic Ideogram…408
Semantic order method…409
Semantic position…410
Semantic radical…404
Semanticization…403
Semantic-Phonetic
　Script…411
Semi-Notation
　Characters…193
Separated Structure…253
Sequential Fix…522
'Shang of' Chinese
　Characters…713
Sheng Bian…276
Sheng Sheng…278
Sheng Ti…279
Sheng Xing…280
Shi Qing Script…292
Shift of Functionality…571
Shou Tou Zi…309
Shu Dan…283
Shu Dao…284
Shu Pu…285
Shu Script…313

Shu Shu…286

Shuang Sheng Tong Jia…326

Shuang Yin Fu Zi…327

Shui Shu/Characters…314

Shuowen Jiezi Studies…295

Shuowen Jiezi Xue…296

Si Ti Er Yong Shuo…247

side component…630

Silent Character…177

Silent Character Polyphony Theory…178

Silk Texts…199

Silk Texts…566

Simplification…17

Simplification…18

Simplification of Original Characters…19

Simplified Characters…13

Simplified Characters…15

Simplified Characters…20

Simplified Radicals…22

Simplified Stroke Characters…16

Single Character…180

Single Character Dual

Sound Theory…448

Single Stroke…123

Single Structure…122

Single-stroke Basic Character/Component…124

Single-stroke Chinese Character…125

Situational Symbolization…790

Six Styles…384

Slender Gold Style…308

Small Seal Script…302

Social Chinese Characterology…249

Social Use Characters…248

Song Font…307

Song Regular Script…306

Special Character/Component…618

Special Components…619

Special Use Character…506

Square and Round Brush Strokes…197

Square Characters…196

Standard Character…528

Standard Character

Method…529
Standard Cursive
  Script…656
Standard Form Radical…534
Standard Pronunciation
  Character…526
Standard Script…655
Standard Writing
  Method…521
Standardized Ancient
  Script…349
Standardized Chinese
  Character…76
Standardized Clerical
  Script…348
Standardized
  Typeface/Shape…75
Statistical Chinese
  Characterology…609
Stone and Jade Script…352
Stone Drum Script…293
Stone Inscriptions…291
Strange Characters…109
Stroke Form…669
Stroke Increase…673
Stroke Order…667

Strokes…670
Strokes-Based Character
  Lookup Method…671
Structural Change…68
Structural Justification for
  Characters…63
Structural pattern…66
Structural type…69
Structure (Chinese character
  structure)…65
Study of Bronze
  Inscriptions…97
Study of Inscriptions on
  Bronze and Stone…99
Subsequent Semantic
  Symbol…795
Suspended Needle
  Script…766
Syllabic character…392
Syllabic with ideographic
  element…390
Symbol…235
Symbol with
  Abstract-Shape…602
Symbolic
  Characterization…378

Symbolic ideogram…263
Symbolic symbol…262
Synonymous Characters…163
Synonymous Original
　Character…162
Taboo Characters…658
Tadpole Script…52
Tai Ge Style…129
Taiwan Code…131
Tang Clerical Script…126
Tang Regular Script…127
Technique of
　calligraphy…659
Telegram Code…503
Textual Constituent
　Unit…184
Textual Structural Unit…185
The Common Origin of
　Calligraphy and
　Painting…290
The Complexity of Chinese
　Characters…704
The Legend of Cangjie
　Creating Characters…587
The Origin and Evolution of
　Chinese Characters…715

The shape of Chinese
　Characters…725
The Study of Quantitative
　Chinese Characters…38
The study of Typeface…477
The Theory of Carving and
　Notching…8
The Theory of Knot-Tying
　for Record-Keeping…35
The Theory of Picture
　Narration…143
The Theory of Starting with
　a Single Stroke to Form
　a Character…108
The Theory of the Eight
　Trigrams…626
Theoretical Philology…420
Thin Brush…315
Thirty-Six Methods…250
Three Scripts Stone
　Classics…251
Ti An…537
Tie Yun Cang Gui…588
Tile Inscriptions…355
Tong Jia Zi…608
Tortoise Shell Script…73

Totem…140
Traditional and Simplified Character Variation…201
Traditional and Simplified Variations…200
Traditional Characters…202
Traditional Chinese Characterology…515
Traditional Liu Shu Theory…514
Traditional Philology…513
Transcribed ancient script…512
Transcription by interchange…507
Transcription by interchange character…509
Transformed Characters…217
Transformed Radical…218
Transposition…373
Typeface…473
Typeface Structure…474
Uncommon Character…116
Uncommon Characters…275
Universal Components…613
Variant Character…209

Variant Character Variation…431
Variant Characters…430
Variant Characters…436
Variant Component…208
Variant Decomposition…429
Variant Ideogram…213
Variant Ideogram Character…215
Variant Ideogram Method…214
Variant Merging…435
Variant Phonogram…210
Variant Phonogram Character…212
Variant Phonogram Method…211
Variant text…421
Variant Transfer…434
Vernacular Explanation…337
Village Songs…761
Vulgar Characters…304
Vulgar Characters…305
Wall Inscriptions…207
Wan Ye Jia Ming…170
Warring States Ancient

Script…498
Warring States Script…499
Weapon Inscriptions…223
Weapon Texts…222
Wei Regular Script…370
Wei Stele…371
Wei Stone Sutra…372
Wen Hai Bao Yun…190
Wen Shi…181
Whole Characters…527
Wild Cursive…55
Writing Contracts…282
Writing Direction…663
Writing Method…661
Writing Order…664
Writing style…662
Writing Style…665
Writing Unit…660
Wu Pronunciation…351
Xi Xia Script…288
Xiang shi…255
Xiang Shi Character…256
Xiang wu zi…254
Xiang Yi script…260
Xiao Kai…303
Xing Cursive…759

Xing pang…769
Xing Regular Script…760
Xing Script…758
Xing sheng hua…776
Xing sheng jian hui yi…774
Xiping Stone Sutra…800
Xu Kai…281
Xu Shen…762
Xu Studies…763
Xu Xuan…289
Xun Du…797
Xun Meng Character Association…798
Xun Min Zheng Yin…799
Yan wen…336
Yan Wen…344
Yang Script…333
Yi Du Zi…417
Yi Script…422
Yi Sheng…341
Yi Yin Hua…413
Yin Du…386
Yin Script…387
Yinxu Oracle Bone Inscriptions…385
Yong zi ba fa…345

You Wen Shuo···364

You Yin Shuo···365

Yu Zhu Zhuan···353

Yuan Regular Script···367

Yupian Studies···354

Zaihua Script···470

Zhang Cao···496

Zhen Script···576

Zhenbu Script···519

Zheng Zi Tong···530

Zhengshi Stone Sutra···524

Zhi shi···567

Zhi shi character···569

Zhi shi symbol···568

Zhong Ding Script···545

Zhong Feng···561

Zhong Kai···564

Zhou Wen···548

Zhu Wen···547

Zhuang Characters···495

Zi Xu Tie···455

Zi Xun···490

Zu Chu Wen···497

Zuo Shu···546

색인(4) 베트남어

* 번호는 표제항의 일련번호를 나타냄

Âm chữ···467
Âm đọc(cách đọc theo âm Hán)···386
âm đọc···144
âm Hán Việt···682
âm Hán···683
Âm hóa···149
âm Ngô···351
Âu thể···71
Ba mươi sáu pháp···250
Bác thư···199
Bách kha thư···206
Bạch văn (văn bản chưa tô mực)···198
Bảng chữ Hán quy phạm thông dụng···612
Bảng chữ in tiếng Hán thông dụng···441
Bảng chữ···92
Bảng điều chỉnh chữ dị thể chữ đợt 1···535

Bảng hài thanh···754
Bảng thư (chữ lớn để trưng bày)···195
Bảng tổng hợp chữ giản hóa···21
Bảng tự hình chữ in thông dụng tiếng Hán···440
Bát phân thư···627
Bát thể···628
Bi biệt tự···242
Bích trung thư···207
Biến đổi cấu trúc···68
Biến đổi hình chữ···216
Biến thể biểu âm···210
Biến thể biểu ý···213
Biến thể tự hình···482
Biệt thể···221
Biểu âm sơ văn···644
Biểu ý sơ văn···653
biểu ý tượng trưng···263
Bố bạch···636

Bộ biểu âm···388
Bộ cấu tạo chữ···82
Bộ chữ chính···552
Bộ chữ đặc thù···619
Bộ chữ thông dụng···613
Bộ chữ···229
Bộ phận biến thể···208
Bộ phận biểu âm···146
bộ phận biểu nghĩa···646
Bộ phận biểu ý···654
Bộ phận cấu thành cơ bản···110
Bộ phận cấu thành gián tiếp···14
bộ phận cấu thành thay thế···57
bộ phận cấu thành trực tiếp···572
bộ phận cấu thành···56
bộ phận chỉ âm···299
Bộ phận chỉ nghĩa đồng chỉ âm···341
Bộ phận chỉ thị···639
bộ phận độc lập thành chữ···357
bộ phận không độc lập thành chữ···239
bộ phận tạo chữ···60
Bộ thủ (bộ phận cơ bản của chữ Hán)···630
Bộ thủ bảng biểu âm···645
bộ thủ bảng biểu nghĩa···404
bộ thủ bảng dị hình···631
Bộ thủ bảng hài âm···753
Bộ thủ bảng···769
Bộ thủ biến đổi hình chữ···218
Bộ thủ chính hình···534
Bộ thủ chính···553
Bộ thủ hai chức năng···335
Bộ thủ không độc lập thành chữ···238
Bộ thủ···233
Bốc từ···225
Bốn nguyên tắc chuẩn hóa chữ Hán···246
Bút họa trang trí···494
Bút pháp···659
Bút thế···666
bút thuận···667
Bút ý···668

Cách dùng chữ⋯460

Cách viết chính thống⋯521

Cách viết⋯661

Cải cách Hán tự⋯687

Cải cách văn tự⋯183

Càn lộc tự thư⋯12

Cấp chữ⋯85

Cấu tạo chữ Hán⋯690

Cấu trúc chữ⋯83

Cấu trúc hợp thành⋯742

Chân thư⋯576

Chỉ sự đơn thể⋯153

Chỉ sự hợp thể⋯747

Chỉ sự thêm nét⋯7

Chỉ sự⋯567

Chính khởi thạch kinh⋯524

Chính thể⋯531

Chính thư⋯523

Chính tự học Hán tự⋯722

Chính tự thông (từ điển chữ chuẩn)⋯530

Chính tự⋯528

Chữ bán ký hiệu bán biểu âm⋯191

Chữ bán ký hiệu bán biểu ý⋯192

Chữ bán ký hiệu⋯193

Chữ Bát Tư Ba (Phát tư bát)⋯621

Chữ biến dị cấu trúc⋯416

Chữ biến hình⋯217

Chữ biến thể biểu âm⋯212

Chữ biến thể đơn thể⋯150

Chữ biến thể⋯209

Chữ biệt thể⋯220

Chữ biểu âm-ý⋯411

Chữ biểu tượng của bộ tộc⋯544

Chữ biểu ý biến thể⋯215

Chữ biểu ý hợp thể⋯748

Chữ biểu ý thống nhất Trung-Nhật-Hàn (CJK)⋯562

Chữ biểu ý⋯651

Chữ bớt nét⋯23

Chữ cái chú âm⋯551

Chữ cận hình⋯768

Chữ chỉ sự⋯569

Chữ chính âm⋯526

Chữ chính thể⋯532

Chữ Choang⋯495

Chữ chuẩn hợp thể⋯555

Chữ chuyển chú⋯509
Chữ chuyên dùng⋯506
Chữ có hai ký tự biểu âm⋯327
chữ có hình dạng gần giống⋯784
Chữ cổ kim⋯39
Chữ có ký tự biểu âm kép⋯325
Chữ có ký tự biểu âm⋯392
Chữ có nguồn gốc khác⋯113
Chữ đa âm đa nghĩa⋯118
Chữ đa âm⋯119
Chữ đa nghĩa⋯120
Chữ đại Khiết Đan⋯29
chữ Đại thảo⋯135
chữ Đại triện⋯134
Chữ dị độc⋯417
Chữ dị hình⋯437
Chữ dị thể hoàn toàn⋯360
Chữ dị thể nghĩa rộng (khác: Chữ dị thể nghĩa hẹp)⋯54
chữ dị thể⋯430

Chữ Di⋯422
Chữ độc thể chỉ âm⋯148
Chữ đơn thể biểu nghĩa⋯647
Chữ đơn thể tượng hình⋯267
Chữ đơn thể⋯152
Chữ đồng âm thông dụng⋯160
Chữ đồng âm⋯159
Chữ đồng cấu trúc⋯155
Chữ đồng hình dị âm⋯426
Chữ đồng hình dị tự⋯428
Chữ đồng hình⋯166
Chữ đồng nghĩa⋯163
Chữ đồng nguyên⋯157
Chữ đồng thể dị nguyên⋯424
Chữ dùng chuyên biệt⋯501
chữ Đường khải⋯127
chữ Đường lệ⋯126
Chữ ghép ký tự biểu âm và nghĩa⋯328
Chữ ghi âm⋯549
Chữ giả tá (chữ mượn)⋯5
Chữ giản đốc⋯11

Chữ giản hóa lần hai···536
Chữ giản hoá nét···16
Chữ giản hóa···20
Chữ giản thể···13
Chữ giản thể···15
Chữ giáp cốt···24
Chữ gốc đồng nghĩa···162
Chữ gốc tạo mới sau···794
chữ gốc···227
Chữ hai âm···334
Chữ hài âm···756
Chữ Hán cơ bản···112
Chữ Hán đơn nét···125
Chữ Hàn Hangul···336
Chữ Hán hiện hành···767
Chữ Hán mở rộng···727
Chữ Hán quy phạm···76
chữ Hán thay thế···133
Chữ Hán thông dụng···615
Chữ Hán···684
Chữ hiếm dùng···681
Chữ hiếm gặp···275
chữ hiện đại···100
Chữ hình nêm···297
Chữ hình thanh···775
Chữ hình vẽ···142

Chữ hội ý kiêm hình thanh···792
Chữ hội ý···793
Chữ hợp âm···744
Chữ hợp thành âm nghĩa···412
Chữ hợp thành hình âm···781
Chữ hợp thành hình nghĩa···782
Chữ hợp thể âm nghĩa···396
Chữ hợp thể biểu ý···557
Chữ hợp thể hình nghĩa···414
Chữ hợp thể···746
Chữ Idu (ký tự Hán-Hàn cổ)···31
Chữ in···439
Chữ ít gặp (hiếm gặp)···116
Chữ Kanji···635
Chữ kế thừa···505
chữ khắc chìm···387
chữ khắc nổi···333
chữ khắc trên gương···154
chữ Khải Minh···172

Chữ Khiết Đan (Chữ viết của dân tộc Khiết Đan)…30
Chữ khoa đẩu…52
Chữ khuyết phần đầu…176
chữ Kim thảo…101
chữ kim văn…96
Chữ ký hiệu hoá hoàn toàn…359
Chữ ký hiệu…114
Chữ kỵ húy…658
chữ lạ…109
chữ Lạp Hỗ…168
Chữ Lật Túc (Chữ viết của dân tộc Lật Túc)…169
Chữ láy…343
Chữ Lệ cổ…49
Chữ Miêu dạng chữ Hán phổ thông…617
Chữ mở rộng…620
Chữ mới bổ sung…323
Chữ mới tạo…322
chữ mượn hình…480
Chữ mượn từ nguồn khác…581
Chữ mượn…583

Chữ Nạp Tây (Chữ viết của dân tộc Nạp Tây)…115
Chữ nhất thể đa âm đa nghĩa…449
Chữ nhất thể đa chức năng…447
Chữ nhất thể đa dụng…445
Chữ nhất thể đa nghĩa…446
Chữ Nôm…580
Chữ Nữ Chân…338
Chữ phá âm (chữ có nhiều cách đọc)…622
Chữ phân biệt…236
Chữ phân biệt…59
Chữ phân hóa giả tá…2
Chữ phân hóa tạo mới…321
Chữ phân hóa…237
chữ Phồn thể…202
Chữ phương khối Ba Thục…625
chữ Phương khối…194
Chữ quen dùng…318
Chữ sai, chữ viết sai…586
Chữ sơ khai…593

Chữ tái cấu trúc tri nhận⋯415

chữ Tangut⋯203

chữ tạo ban đầu⋯594

Chữ tạo sau có thêm bộ thủ bàng⋯117

Chữ tạo sau⋯796

Chữ Tây Hạ⋯288

chữ Thảo Khải hóa⋯597

Chữ thêm âm⋯301

Chữ thêm ý⋯401

Chữ thông dụng cổ kim⋯41

Chữ thông dụng lịch sử⋯340

Chữ thông dụng⋯614

Chữ thông dụng⋯616

Chữ thông giả (chữ thông mượn)⋯608

Chữ thông tục⋯610

Chữ thủ đầu⋯309

Chữ thường dùng thứ cấp⋯582

Chữ thường dùng⋯258

Chữ tinh lược bộ thủ bàng⋯633

Chữ tỉnh lược⋯332

chữ Triện cửu điệp⋯70

Chữ trùng hình⋯565

Chữ trừu tượng⋯601

Chữ tự tạo⋯107

Chữ tục thể⋯304

Chữ tục thể⋯305

Chữ tượng hình sơ khai⋯271

Chữ tượng hình⋯270

Chữ tượng sự⋯256

Chữ tượng vật⋯254

Chu văn (chữ khắc dương, thường tô đỏ)⋯547

Chữ vay mượn cả hình và âm⋯779

Chữ vay mượn hình, âm và nghĩa⋯780

chữ viết chiêm bói⋯519

chữ viết của dân tộc Thủy⋯314

Chữ viết khác⋯423

Chữ viết Khiết Đan⋯283

chữ viết Nữ thư Giang Vĩnh⋯27

Chữ viết tắt⋯603

Chữ viết tay⋯312
chữ viết trên binh khí⋯223
chữ viết trên chuông đỉnh⋯545
chữ viết trên đồ sơn mài⋯606
Chữ viết trên lụa và vải⋯566
Chữ viết văn phong hành chính⋯286
Chữ vô thanh⋯177
chữ vuông⋯196
Chữ xã hội hoá⋯248
Chữ Zaiwa (một loại văn tự cổ)⋯470
Chữ⋯80
chuẩn hóa chữ dị thể⋯432
Chuẩn hoá chữ Hán⋯720
Chuẩn hoá chữ viết⋯527
Chức năng biểu âm⋯147
Chức năng của chữ Hán⋯694
Chức năng sử dụng Hán tự học⋯724
Chức năng tượng hình⋯266
Chương pháp⋯492

chương thảo⋯496
Chuyển chú⋯507
Chuyển đổi chức năng⋯571
Chuyển đổi dị thể⋯434
Chuyết bút⋯450
Cổ triện⋯50
Cổ văn Chiến Quốc⋯498
Cổ văn từ Mộ Cấp Trủng⋯102
Cổ văn tự⋯42
Cổ văn⋯45
Cốc Lãng bi⋯51
Cuồng thảo⋯55
Đại khải⋯136
Dị biến chữ cổ kim⋯40
Dị biến chữ dị thể⋯431
Dị biến chữ phồn thể giản thể⋯200
Dị biến đồng hóa⋯378
Dị biến Hán tự⋯705
Dị biến phồn - giản⋯201
Dị biến phong cách chữ⋯475
Dị văn⋯421
dịch âm Cao Ly⋯44
Diễn văn⋯559

Điệp văn⋯589

Điểu trùng thư⋯543

Định âm⋯525

Định hình⋯533

Định lượng⋯517

Định thứ tự⋯522

Đồ đằng (biểu tượng vật tổ)⋯140

Đoạn Ngọc Tài⋯121

Đơn vị cấu thành chữ viết⋯184

Đơn vị chữ viết⋯660

Đơn vị chữ⋯461

Đơn vị dụng chữ cơ bản⋯361

Đơn vị dụng chữ⋯362

Đơn vị kết cấu văn tự⋯185

Đồng dùng dị âm⋯425

Đồng hình dị dụng⋯165

đồng hình đồng âm khác nghĩa⋯427

Đồng hình⋯164

Đồng văn hội ý⋯156

Dụng bút⋯363

Đường nét hóa⋯294

Gấp khúc⋯623

Giả tá (sử dụng ký tự mượn)⋯1

Giải thích cách đọc và nghĩa của Hán tự⋯490

Giản hóa bộ thủ bàng⋯22

Giản hóa chữ ban đầu⋯19

Giản hóa Hán tự⋯685

giản hóa luỹ tiến⋯376

Giản hóa⋯17

giản lược tự hình⋯279

Giáp cốt học⋯26

Gốc chữ⋯89

Hài thanh⋯752

Hãn giản (Thẻ tre thời Hán)⋯677

Hán Lệ tự nguyên⋯680

Hán lệ⋯679

Hán tự bạch văn⋯703

Hán tự cận đại⋯78

Hán tự cổ⋯46

Hán tự Đại Lý⋯130

Hán tự dữ liệu học⋯137

Hán tự đương dụng⋯128

Hán tự Hàn Quốc⋯678

Hán tự hiện đại⋯764

Hán tự học cận đại⋯79
Hán tự học cấu hình⋯692
Hán tự học định lượng⋯38
Hán tự học hiện đại⋯765
Hán tự học hình nghĩa⋯735
Hán tự học hình thái⋯740
Hán tự học ngoại lai⋯245
Hán tự học nước ngoài⋯755
Hán tự học sinh thái⋯711
Hán tự học số học⋯311
Hán tự học tâm lý⋯324
Hán tự học thống kê⋯609
Hán tự học thông tin⋯518
Hán tự học truyền thống⋯515
Hán tự học tự nguyên⋯718
Hán tự học ứng dụng⋯397
Hán tự học văn hóa⋯701
Hán tự học xã hội⋯249
Hán tự học⋯733
Hán tự Miêu văn⋯699
Hán tự Nhật Bản⋯444
Hán tự sơ khai⋯369
Hán tự thường dùng⋯259

Hành khải⋯760
Hành khoản⋯757
Hành thảo⋯759
Hành thư⋯758
Hệ thống biểu ý⋯652
hệ thống chữ viết thời Tần⋯573
hệ thống hóa hình thái chữ⋯487
Hệ thống văn tự (hoàn chỉnh)⋯188
Hiện tượng đồng hóa⋯167
hình bàng cận nghĩa dùng chung⋯398
Hình dạng chữ cũ⋯64
Hình dạng chữ mới⋯320
Hình dạng nét chữ⋯669
Hình phù trừu tượng⋯602
hình phù⋯771
Hình thái chữ Hán⋯738
hình thanh hóa⋯413
Hình thanh hóa⋯776
Hình thanh kiêm hội ý⋯774
Hình thanh⋯773
hình thể chữ Hán⋯736

Hình thể cơ bản⋯106

Hình thể học Hán tự⋯737

Hình tố Hán tự⋯739

Hình tố⋯777

Hình vị⋯457

Hóa tệ văn⋯789

Hòa văn⋯788

Hoán vị⋯373

Học thuyết Ngọc Thiên⋯354

Học thuyết Thuyết văn⋯295

Hội ý đối văn⋯132

Hội ý⋯791

Hợp nhất chữ Hán⋯734

Hợp nhất dị thể⋯435

Hợp nhất tỉnh lược⋯277

hợp văn⋯741

Hứa Thận học (Nghiên cứu về Hứa Thận)⋯763

Hứa Thận⋯762

Huấn dân chính âm⋯799

Huấn độc (cách đọc dựa theo hình và nghĩa chữ Hán)⋯797

Huấn mông tự hội⋯798

Hướng viết⋯663

Huyền châm văn⋯766

Hy Bình thạch kinh⋯800

Hyangga (Dân ca Hàn Quốc thời Trung đại)⋯761

Kết cấu (kết cấu chữ Hán)⋯65

Kết cấu đơn nhất⋯122

kết cấu giao nhau⋯252

Kết cấu hình thể⋯783

kết cấu liền kề⋯261

kết cấu phân tách⋯253

Kết cấu thể chữ⋯474

kết dính⋯516

Kết thể⋯36

Kết thừng⋯34

Khải hóa⋯751

Khải lệ⋯749

Khải thư⋯750

Kho ký tự⋯84

khuyết nét⋯675

Kiểu chữ⋯93

Kim thạch học⋯99

Kim thạch văn⋯98

Kim văn học⋯97

Kim văn⋯95

ký hiệu âm thay thế⋯391

Ký hiệu biểu âm kiêm biểu nghĩa⋯390

Ký hiệu biểu âm⋯300

ký hiệu biểu âm⋯389

Ký hiệu biểu ý⋯650

Ký hiệu cách âm⋯33

Ký hiệu chỉ sự⋯568

Ký hiệu chú âm⋯550

Ký hiệu hóa chữ Hán⋯695

Ký hiệu hóa chức năng⋯103

Ký hiệu hóa hình thái⋯785

Ký hiệu khắc⋯10

ký hiệu không trùng lặp⋯374

Ký hiệu mang tính tượng trưng⋯262

ký hiệu nghĩa biểu ý⋯408

Ký hiệu nghĩa tạo thêm⋯795

Ký hiệu phân biệt⋯58

Ký hiệu theo tình huống⋯790

Ký hiệu trang trí⋯493

Ký hiệu trên đồ gốm⋯139

Ký hiệu trùng văn⋯563

Ký hiệu tượng hình trừu tượng⋯600

Ký hiệu tượng hình⋯269

Ký hiệu văn tự⋯186

ký hiệu xác định nghĩa⋯520

Ký hiệu⋯235

ký tự biểu âm⋯643

Ký tự biểu nghĩa thay thế⋯407

Ký tự biểu nghĩa thêm chú thích⋯402

ký tự biểu nghĩa⋯405

ký tự biểu nghĩa⋯406

Ký tự cá thể⋯28

Ký tự chữ cơ bản đơn nét⋯124

Ký tự chữ⋯94

Ký tự văn khắc⋯9

Ký tự/bộ phận hợp thành⋯743

Ký tự/bộ phận tạo chữ đặc biệt⋯618

Ký tự/đơn vị cơ bản⋯111

Lại độc (ký tự Hán-Hàn cổ)⋯418
Latin hóa chữ Hán⋯698
Lệ biến⋯346
Lệ định cổ văn⋯349
Lệ định⋯348
Lệ khải⋯347
Lệ thư⋯350
Liễu thể⋯375
Loại âm⋯298
Loại chữ⋯471
Loại hình chữ⋯476
Loại hình kết cấu⋯69
Loại thiên (Từ điển chữ Hán thời Tống)⋯377
Lục kỹ⋯380
Lục quốc cổ văn⋯379
Lục thể⋯384
Lục thư cổ (Sách nghiên cứu về sáu nguyên tắc cấu tạo chữ Hán)⋯382
Lục thư⋯381
Lượng chữ⋯86
Lý luận văn tự học⋯420
Lý luận/sách lục thư truyền thống⋯514

Mã chuyển đổi Hán tự⋯689
Mã chuyển đổi tiêu chuẩn Hán tự⋯730
Mã Đài Loan⋯131
Mã điện báo⋯503
Mã hóa Hán tự⋯726
Mã khu vực/ mã vùng⋯61
Mã tiêu chuẩn Hán tự⋯731
Mã tiêu chuẩn quốc gia⋯558
mẫu chữ chuẩn⋯205
Mẫu chữ⋯458
Miêu triện⋯179
Minh văn (chữ khắc)⋯173
Mô ấn⋯174
Mối liên hệ văn tự⋯81
Mối quan hệ kế thừa trong tạo chữ⋯538
Mức độ phức tạp của chữ Hán⋯713
Mượn hình⋯6
Mỹ học Hán tự⋯702
Nét bút cơ bản⋯105
Nét bút hoá⋯676
nét bút⋯670

Nét chữ⋯489

Nét đậm⋯244

Nét đề và án (nét nhấn và thả trong thư pháp)⋯537

nét đơn⋯123

Nét mảnh⋯315

Nét trang trí⋯319

Nét vuông tròn⋯197

Ngạn giải (giải thích bằng văn xuôi)⋯337

Nghệ thuật Hán tự⋯714

nghệ thuật thư pháp⋯284

Nghĩa chữ⋯468

Nghĩa cơ bản⋯104

Nghĩa giả tá (nghĩa mượn)⋯4

nghĩa gốc⋯226

Nghĩa hóa⋯403

Ngoa biến⋯356

Ngọc tráp triện⋯353

người sáng lập chữ viết⋯181

Nguồn gốc chữ Hán⋯715

Nguồn gốc chữ⋯463

Nguồn mượn⋯462

Ngụy bi (bia thời Ngụy)⋯371

Ngụy khải⋯370

Ngụy thạch kinh⋯372

Nguyên khải⋯367

Nguyên lý tạo chữ⋯63

Nguyên tắc tạo chữ⋯541

Nhầm lẫn bộ thủ bàng⋯634

Nhan thể⋯331

Phá thể tự⋯624

Phân giải dị thể⋯429

Phân hóa chữ viết⋯187

Phân hóa Hán tự⋯708

Phân hóa hình chữ⋯484

Phân loại cấu trúc chữ Hán⋯691

Phân loại phương pháp tạo chữ Hán⋯723

Pháp thư⋯204

Phép cầm bút⋯579

Phép phân tích hình chữ⋯483

Phép phân tích nghĩa chữ⋯469

Phi thảo⋯243

Phiên âm hoá chữ

Hán⋯707
Phiến giả danh
(Katakana)⋯629
Phồn hóa hình chữ⋯481
Phồn thể hoá chữ Hán⋯704
Phong cách thư pháp cung
đình thời Minh⋯129
Phong cách viết⋯665
Phương án đẩy mạnh sử
dụng đồng thời chữ
Hán⋯706
Phương án giản hóa Hán
tự⋯686
Phương ngữ ngoài lãnh
thổ⋯342
Phương pháp biến thể biểu
âm⋯211
Phương pháp biểu âm⋯642
Phương pháp biểu thị bằng
ký hiệu đồ họa⋯141
Phương pháp biểu ý biến
thể⋯214
Phương pháp biểu ý⋯649
Phương pháp cấu hình⋯72
Phương pháp hợp thể biểu
ý⋯556

Phương pháp ký hiệu hoá
hoàn toàn⋯358
Phương pháp mượn
âm⋯145
Phương pháp mượn
nghĩa⋯400
Phương pháp phân tích bộ
thủ bàng⋯632
Phương pháp sắp xếp thứ
tự chữ⋯454
Phương pháp so sánh chữ
viết⋯485
Phương pháp tạo chữ⋯540
Phương pháp tạo chữ⋯62
Phương pháp tra chữ theo
bộ thủ⋯234
Phương pháp tra chữ theo
nét⋯671
Phương pháp tra chữ⋯32
Phương pháp tra cứu chữ
Hán⋯688
Phương pháp trật tự
nghĩa⋯409
Phương pháp tượng
hình⋯268
Phương pháp viết chữ chính
tự⋯529

Phương pháp xếp theo âm…393
Phương pháp xếp theo kết cấu tự hình…772
Phương thức viết…662
Quan hệ vị trí giữa các bộ chữ…231
Quy luật giản hóa các ký hiệu thường dùng…48
Quy luật kết cấu…66
Quy nạp vị trí chữ…466
Quy phạm hóa chữ Hán…693
Quy phạm hoá chữ Hán…732
Quy phạm hóa…77
Quy tắc cấu tạo…67
Quy tắc viết chữ Hán đồng âm…161
Sấu kim thể…308
Sở bác thư…595
Số hóa chữ Hán…697
Số lượng chữ…90
Số lượng loại chữ…472
Số lượng tự hình…486
Số nét chữ…672

Sử dụng Hán tự…710
Tả thư…546
Tằm đầu yến vĩ…491
Tam thể thạch kinh…251
Tần lệ…577
Tần suất chữ…88
Tần suất Hán tự…709
Tần thư bát thể…574
Tần triện…578
Tăng thêm bộ chữ…232
Tăng thêm nét bút…673
tạo chữ có cấu trúc tương đồng…539
Tạo chữ mới…219
Tạo chữ qua biến đổi vị trí bộ chữ…230
Tập chữ…91
Thác bản…607
Thác giản…584
Thác kim thư…585
Thạch cổ văn…293
Thạch khắc văn tự…291
Thạch khanh văn tự…292
Thạch ngọc văn tự…352
Thanh khải…591
Thanh lệ…592

Thành phần chữ⋯87
Thảo lệ⋯598
Thảo thể giả danh⋯599
Thảo thư⋯596
Thay thế bộ phận đồng âm⋯158
Thay thế bộ thủ bàng biểu nghĩa⋯770
thể chữ khác⋯787
thể Quán các⋯53
Thể thái chữ Hán⋯725
Thiết Vân tàng quy⋯588
Thông giả song âm (hai âm mượn thông dụng)⋯326
Thư họa đồng nguyên⋯290
Thư khế⋯282
Thư pháp bút cứng⋯37
thư pháp Hán tự⋯712
Thư pháp Phi Bạch⋯241
Thư phổ⋯285
Thư thể⋯287
Thù thư⋯313
Thứ tự chữ⋯452
Thuần chỉ sự⋯317
Thuần ký hiệu biểu âm⋯316

Thuộc tính chức năng⋯570
Thùy lộ thể⋯310
Thuyết âm nghĩa đồng nguyên⋯394
Thuyết Bát quái⋯626
Thuyết chữ khắc⋯8
Thuyết chữ nhất thể trùng âm⋯448
Thuyết chữ vô thanh đa âm⋯178
Thuyết chuyển chú hình và nghĩa⋯510
Thuyết hình vẽ⋯143
Thuyết hữu âm⋯365
Thuyết hữu văn⋯364
Thuyết kết dây⋯35
Thuyết khởi nhất thành văn⋯108
Thuyết loại hình ý nghĩa⋯399
Thuyết tam ngẫu lục thư tam ngẫu⋯383
Thuyết Thương Hiệt tạo chữ⋯587
Thuyết tìm nghĩa qua bộ biểu âm⋯438

Thuyết tứ thể lưỡng dụng···247
Thuyết tương chú và đồng tộc···508
Thuyết tương chú và hoán đổi···511
Thuyết văn giải tự học···296
Tiêu chuẩn Thảo thư···656
Tiểu khải···303
Tiểu triện···302
Tính biểu âm của chữ Hán···728
Tính biểu ý của chữ Hán···729
Tính giản hóa···18
Tính giản hóa···276
tỉnh lược âm đọc···278
tỉnh lược ký hiệu biểu nghĩa···280
tỉnh lược···274
Tính quy phạm···74
Tổng khải···306
Tổng thể tự···307
Trật tự viết···664
Tri nhận chữ Hán···717

Trích xuất mẫu chữ···488
Triện lệ···500
Triện pháp (phương pháp viết triện thư)···502
Triện thư···504
Triệu thể···542
Trúc thư···554
Trung khải···564
Trung phong (nét giữa trong thư pháp)···561
Trùng thư···604
Trùng văn···344
Trừu văn···548
Truyền bá Hán tự học···719
Truyền sao cổ văn···512
tự dạng học···459
Từ dị hình···436
tự điển···453
tự hình···479
Từ Huyền···289
Từ Khải···281
tự lượng học···451
Từ nguyên học···464
Từ Sở văn···497
Từ song âm lặp chữ···590
Tự thể học···477

Tự thể/ tự hình quy phạm⋯75

Tự thể⋯473

Tự thuyết (tự điển giải nghĩa chữ)⋯456

Tự truyện thư pháp (của tác giả Hoài Tô- Trung Quốc)⋯455

Tượng hình biểu ý⋯272

tượng hình độc thể⋯151

Tượng hình hợp thể⋯745

Tượng hình kiêm biểu âm⋯265

Tượng hình⋯264

Tượng sự⋯255

Tượng thanh⋯257

Ứng dụng Hán tự⋯716

Vận bút (cách điều khiển bút)⋯366

Vạn diệp giả danh⋯170

Văn hải bảo vận⋯190

văn khắc trên binh khí⋯222

văn khắc trên đồ sơn mài⋯605

Văn tự (Chữ viết)⋯180

Văn tự âm tiết⋯641

Văn tự âm ý⋯395

Văn tự ấn chương⋯442

Văn tự biểu âm⋯640

Văn tự biểu hình⋯657

văn tự biểu trưng thị tộc⋯330

văn tự biểu từ - văn tự ngữ tố⋯638

Văn tự biểu từ⋯637

Văn tự biểu ý⋯648

văn tự chiêm bói Ân Khư⋯385

Văn tự Chiến Quốc⋯499

Văn tự học (Trung Quốc)⋯189

Văn tự học cổ⋯47

Văn tự học đối chiếu⋯240

văn tự học Giáp cốt⋯25

văn tự học lịch sử⋯339

văn tự học mô tả⋯175

Văn tự học phổ thông⋯443

Văn tự học thông dụng/phổ thông⋯611

văn tự học truyền thống⋯513

văn tự học···478
văn tự Lại độc···419
văn tự nhà Tần···575
Văn tự phiên âm (Chữ latinh hóa)···224
văn tự phong nê···228
văn tự quy giáp···73
Văn tự sơ khai···368
văn tự thị tộc···329
Văn tự tiêu chuẩn···655
văn tự trên ấn triện···273
Văn tự trên đồ gốm cổ···43
Văn tự trên gốm···138
văn tự trên khế ước···171
văn tự trên ngói đỉnh···355
văn tự từ tố···786

văn tự tượng ý···260
văn tự···182
vay mượn ký hiệu biểu âm···3
vay mượn nét bút···674
Vị trí bộ biểu hình···778
Vị trí bộ biểu nghĩa···410
Vị trí chữ···465
Vĩnh tự bát pháp···345
Vòng văn hóa chữ Hán···700
Xóa bỏ chữ dị thể···433
Xử lý số hoá Hán tự···696
Xử lý thông tin Hán tự···721
Xử lý thông tin tiếng Trung···560

○저자○

하영삼(河永三): 한국 경성대학교 중국학과 교수이자 한국한자연구소 소장. 문자학을 전공하였으며, 『한자어원사전』과 『완역 설문해자』 등 60여권의 저술과 50여 편의 논문이 있다.

신근영(辛勤英): 한국 경성대학교 한국한자연구소 HK연구교수. 중국어학과 응용언어학을 전공하였으며, 「코퍼스를 활용한 중국어 연구」와 「ChatGPT與SnowNLP情感分析的準確性對比研究」등등 5권의 저술과 24여 편의 논문이 있다.

왕 핑(王平): 홍콩 수인대학(樹仁大學) 중문과 교수. 문자학, 『설문(說文)』학, 동아시아 『옥편(玉篇)』학을 전공하였으며, 학술 저작 20여 권과 100편 이상의 논문을 발표하였다.

웨이 양(魏陽): 홍콩 수인대학(樹仁大學) 중문과 조교수. 중국어언어학, 음운학, 진화음운학을 전공하였으며, 중화인민공화국 교육부 인문사회과학연구청년기금 프로젝트를 주관한 바 있다.

사사하라 히로유키(笹原宏之): 일본 와세다대학교 사회과학종합학술원 교수로 재직 중이다. 일본어학과 한자학을 전공하였으며, 『국자의 위상과 전개(国字の位相と展開)』, 『일본의 한자(日本の漢字)』 등 다양한 저술이 있다.

꽝 티 응아(郭氏娥): 베트남 타이응우옌대학교(太原大學) 외국어학부 전임강사로 재직 중이다. 언어 및 응용언어학, 한어문자학을 전공하였으며, 학술 저작 5권과 30편 이상의 논문을 발표하였다.

한자학 학술용어 5개 국어 대조사전

초판 1쇄 인쇄 2025년 4월 30일
초판 1쇄 발행 2025년 4월 30일

저자 하영삼(河永三), 신근영(辛勤英), 왕핑(王平), 웨이양(魏陽), 사사하라 히로유키(笹原宏之), 꽝 티 응아(郭氏娥)
펴낸이 정혜정
펴낸곳 도서출판3
표지디자인·편집 김형준

출판등록 2013년 7월 4일 (제2020-000015호)
주소 부산광역시 금정구 중앙대로 1929번길 48
전화 070-7737-6738
팩스 051-751-6738
전자우편 3publication…gmail.com

ISBN: 979-11-87746-78-2 (94720)
　　　979-11-87746-76-8 (세트)

이 책은 저작권법에 의하여 보호를 받는 저작물이므로 무단 전재와 복제를 금합니다.

잘못된 책은 구입처에서 교환해 드립니다. 가격은 겉표지에 표시되어 있습니다.